本当の仏教の話　上巻

幹《みき》編第5章まで

幹《みき》編

サンチーの仏塔（ストゥーパ）

目次

・この目次ですが、この本の概要を知るため章名、節名、項目名だけでなく、その内容についても分かるようにしてある箇所があります。
・本文と目次に、【】が打ってある語句、文章は、著者が重要だと思う語句、文章です。
・目次に、★、☆が打ってある箇所は、興味を持ってもらえると思われる箇所です。★の方がより面白いと思っていただける内容です。参考になさって下さい。
・この目次には、この本には収録していない部分、下巻も含めています。上巻と下巻とは内容に有機的な繋がりがあるからです。

幹《みき》編

第1章　大地　インド

お釈迦さまの時代

第2章　教え　仏教

お釈迦さまの語られたこと

「▼」のしるしが打ってあります。このしるしを辿《たど》ってもらうだけでも、流れが分かるかもしれません。】

第2節 教えを伝えるということ

▼ここからは、『仏教の本当の話　下巻』に収録されています。ページも下巻のものです。▲

第2節　優《すぐ》れもの「無量寿経」

六つの優れていること　……31

第3章　華　漢訳無量寿経（大無量寿経）

第4章 繁る枝葉

親鸞さん

第2節　親鸞さんの、仏教の流れの中での受け止め

注記

この本は、全体の構成が、すっきり縦割りになっている訳ではありません。この本は、普通の本のように、最初から読んでいって、その内容が頭の中に入ってくるということではないかもしれません。そうならないことの方が多いような気がします。それは、この本の意図が、仏教の流れを意識していただきたい、ということにあるからです。

読み始めてもらうと、「なんだ、これは?」みたいな感覚が出てくるのかもしれません。歴史の断片的な話が出てくると思えば、知らない間に、筆者の推測でしかない話になっていってしまうし、そんな話は聞きたくないと思われる方は多いことでしょう。

私がこの本で取り上げた歴史的事実は、選りすぐりのものと自負しております。貴重なものばかりです。仏教を語る上で外してはいけないものばかりだと思っています。

そして、私の推測話がお気に召さない時は、読者の方々に、それぞれの推測、想像をしていただきたいのです。そうすることによって、読者の方に、仏教の流れを意識していただきたいのです。皆さん方が捉えられた流れが、私がこの本に記述しました流れとは異なっていることは、大いに有り得ることだと思っております。流れを感じることは、決めつけることではありません。仏教そのものを感じることです。お釈迦さまその人を感じることです。

この注記は、この本を書き始めて、書く予定の4分の3ぐらい書き終わった時点で書いています。この本に書いたことは、今、思うに、私の「決めつけた」ものではないな、と思います。そうではなく、私が、今、「思っている」ことなのです。だから、絶えず手直ししています。別に、校正をしている訳ではありません。何カ月か前に書いたことが、今自分の思っているのと少しでも距離があるように感じたら、書き直したり、書き足したりしています。

私は、この本に書いたことに、自信を持っています。しかし、私の言っていることが正しいと言っている訳ではありません。ここに書かれていることは、私の無謬性の主張ではありません。間違いが数多くあると思います。私の想像、推測が、度を超して、歴史的事実からかけ離れたものになっているのかもしれません。

誤りがあれば、教えていただきたいのです。その方がもっと、読者の方も、私も、仏教の本流、仏教の本当の流れに近づくことになるのだと思います。その方がもっと、流れを辿ることができるのです。その方がもっと、お釈迦さまと近くなれるのです。

プロローグ　1

最近、檀家さんの家へお参りに行って、ときどき言われることがあります。「お寺さんも大変ですね。どんどん、数が減っているみたいですね。そう言えば、近所のお寺さんも誰も住んでいなくて、将来なくなるみたいですね」。

インターネットや雑誌では、「10年前には、7万カ寺あった寺院が、20年後には5万カ寺よりはるかに少なくなります。現在、寺院数がどんどん減少しているのです」と、同じような内容の記事が出されています。私の推測では、人口の多い地域で20％、過疎の地域では50％の寺院が統廃合されるでしょう。テレビの情報番組でも、よく取り上げられています。

最大の寺院数を有する宗派の場合、寺院収入が年収300万以下の寺院は45％だそうです。寺院収入だけでは食べていけないのです。それに追い打ちをかけて、寺離れが進み、檀家さんがどんどん減少しているのです。そして、過疎地域にある寺院の住職が、「この辺りのお寺さんも、跡を取る者がいないお寺がほとんどですよ」と言って、その困惑ぶりを強調する、といったところです。

今から20年前の論調とは、大きく変わってきました。寺院の実態が少しは理解されてきたのでしょう。

少し前までは、宗教といえば人をだますもので、税金が足りないのなら宗教法人から取れば一遍に解決してしまう。なんて、乱暴なことを専門家らしき人が言えば、みんながそうだそうだとなってしまう、というのが、よくテレビ番組でありました。その頃、「坊主まる儲け」と言って、お坊さんは金儲けにだけ熱心でとんでもない輩だ、ということがよく言われました。本当は、そういう人はほんの一握りの人だけなんですけれど。多くの住職さんたちは、兼職をして稼いできた給料も、お寺の修繕費に充てるというようなことをやっておられます。しかも、お坊さんはほとんどが給与所得者で、サラリーマンと全く同じように税金を払っています。所得税、住民税を払っています。

こういう話題の時は、この後に、寺を元気にする取り組みをしているお坊さんが紹介されます。お寺で、ダンスを。お寺でヨガ教室を。お寺でコンサートを。お寺で芝居を。ラップでお経を読んでみたりもします。もともとあることでは、写経に、座禅に、マインドフルネス。落語に、講談に、盆踊り大会に、フリーマーケット。最近では、婚活に、酒場に、バー。いろいろやっておられてすごいなあ、と思います。声援を送ります。今の若いお坊さんたちは、本当によくやっておられます。真面目です。

私も同じようなことを、少しはすることもあります。それでもやはり、私がする一番のことではないなあ、と思います。

今のお寺さんたちは、本当に厳しい所に立たされていることは、分かっています。この現実を直視しています。これを打開するには、お参りに行っているだけではだめだ。教化活動こそが一番大事なことなんだと、研修に努め、勉強会に参加して、門徒さんに対する教化活動を実践しておられます。お説教、「ご法話」に熱心に取り組んでおられる方も多くおられます。

少し前から「直葬《じきそう》」（通夜も葬儀も行わず、遺体を直接火葬場へ持って行くこと）、「墓じまい」（跡を取る者がいないからと、今あるお墓を処分すること）という言葉が世の中に出始め、現在は、「寺離れ」ぐらいではなく、「寺じまい」という言葉さえ、人口に介するようになってしまっては、もう、お寺さんは、気が気でありません。

仏教の、2400年余りの歴史の中で、仏教の衰退は数限りなくありました。ひどいことは、中国でもスリランカでもミャンマーでも、国が仏教徒を弾圧する。寺を破壊し、僧侶を還俗《げんぞく》する。僧徒を殺すことすらあったのです。これらは、基本、僧徒の秩序が乱れ、国に対する務め（納税）すら軽んじることが起きた時に発動されました。

現在の日本での動きは、社会の変化、具体的には、「家族」というものの中の一人一人の結びつきが、次第に細く細くなっていること、伸びきって切れることさえあること、これが、元にあることでしょう。

うどんが伸びる。伸びたくなくても、うどんは伸びる、のでしょう。ほうっておいたら、うどんは伸びるんでしょう。今までこういうことは、経験したことのないことなので、右往左往というところです。

昔から世の中が、社会秩序、その基盤にある「家族」というものを維持するために、仏教を利用してきたのでしょう。仏教も、自らの勢力の安寧のために、「家族」というものを利用してきたのでしょう。持ちつ持たれつ、というところだったのでしょう。

仏教はそういうものではありません。仏教は本来、一人一人の、人の中に生きるもので、家族の中に生きるものではありません。

なんて言ってみても、何の気休めにもなりません。ごめんなさい。

プロローグ　2

この30年間、いろいろな所で仏教のお話をさせてもらいました。自分のお寺の門徒さん、別院や各お寺にお参りになっておられる方、そして、京都の本山にも熱心な方は、たくさんおられました。それらの方々に、ご法話として、お話をしておりました。受ける話、面白い話は苦手でしたが、それでも皆さん、私の顔を見て、ニコニコと聞いておられました。その頃は、お寺さんがする、お坊さんがする、普通の当たり前の法話をしていたのです。

その後、私の話の仕方が少しずつ変わっていきました。自然に、だんだんと、変わっていったようです。

私の話の内容は、その時その時で、さまざまです。ある時は、仏教の深遠な（真理の）世界の話をすることがあります。しかも、「まともに」です。

こういう時、私は難しい言葉を使って話はしません。目の前で私の話を聞いている人に尋ねてみます。「このことをきちんと話そうと思ったら、最低丸1日はかかりますが、どうしましょう？ 10分で話せと言われたら、10分でお話しします。1分で話せと言われたら、1分でお話しします。どうしたらいいですか?」

間髪を入れず、「1分」と即答があります。それから、1分でお話をして、その時言った私の言葉を黒板に書き、「どうでしょうか?」と尋ねると、ほとんど全員の人の反応は、「さっぱり分からん」です。

そこで、私は黒板に書いた文章を、そこにいる人の顔すべてを見ながら、理解してもらうようにします。私が黒板に書くのは、30字までの文章一つか、20字ぐらいまでの文章二つか三つです。しかも、子どもでも分かる日本語です。

例えば、「他力とはどういうことですか?」という質問があったとします。

途中は端折って、黒板に書くとしたら、「私は知っています」、「仏さまは知っています」、「仏さまが知っていることを私は分かっています」の三つです。この三つも、この文章を書いている、今、考えたことです。あらかじめ考えておいた言葉は書きません。質問された瞬間、私の頭の中の演算装置はフル稼働します。

この三つの言葉をどうするのか、この三つの言葉をどのように操るのか、これは皆さんで、考えてみて下さい。

その後、私はあることをすることがあります。尋ねたことが今切実に分かりたいと思っている人に対してだけです。その時は自分でもなぜそんなことをするのか、分かりませんが、してしまうことがあるのです。私の手を使って、相手の頭の上に置いてなでるようにしてみたり、相手の手を握ってみたりすることがあります。必ずする前には、「頭に、手に触れてもいいですか?」と言って、相手の了解を取りますが。

このようにすると、ほぼ100%の人が、その表情を一変します。ぱっと明るくというか、ぱっと穏やかな顔になります。それまで体が硬くなっていた人が柔らかく、小さく見えた人が大きくなります。

ある時は、昔の思い出話。ガスも車も冷蔵庫もなかった時代のお話。うちの田舎でそれらがどんどん変わっていくのは、昭和30年代前半のことでした。その頃の記憶が、ありがたいことに私の中に鮮明に残っているのです。初めてプロパンガスのコンロが入り、竈で煮炊きすることがなくなった時。冷蔵庫が初めて家に入り、お祖父さんが買ってきたお肉が大事にまん中に入っていた時。子どもは、氷作りに夢中になっていた時。家に氷があるということが大変なことであった時代なのです。

そして、ある時は、お墓、仏壇、納骨の話。ひとつひとつ、それはもともと何のためのものかというお話をして、納得してもらってから、「これからどうしていこうかねえ。どうしたいのですか?」と話は進んでいく。ここでも、世の中の普通の話とは大分違っています。墓じまいの相談の時も「なんで今処分すんの? そのまんまにして、ほうっておきゃあ」と、岐阜弁丸出しで、誰も言わないようなことを勧めたりします。よく言われます。「先生、過激やねえ」。私は私の言っていることが一番まともだと思っています。

話題はいろいろな所に飛びますが、全体としては仏教の話になっています。

そういうことを続けていながら、最初の頃は、話の内容が相手にうまく伝わるように、ということばかりを考えていました。話をすることにある程度慣れてくると、今度は、私のしている話の中身のことに気が向くようになりました。

ここで言う、話の中身というのは、次に言うようなことではありません。

何を話すのか、何を題材にするのか。前振りは昨日のテレビ番組のあれを使おう。主になる部分はお釈迦さまのこのエピソードを話そう。そして、最後に浄土真宗の教えのこの言葉を取り上げて、しっかり解説して終わろう。または、自分の実際に体験した話、実践した話をメインにしよう、とか。

普通、こういうようなことをあらかじめ考えておいて、話をするものです。人によってはこれを一瞬でできる人もおられますが、普通は、ある程度の時間は必要です。しかし、どちらでも、本質は一緒です。話というのは、あらかじめ準備、用意されたものの披露、表現ということになります。

これは､芝居､落語などの芸事でも同じことが言えます。コンサートでも､政治家の演説でも。ところが、こういう理解からはるかに逸脱した舞台を3カ月前に見てきました。こんな芝居がこの世の中に存在するのか？こんなものが有り得るのか？もう、私は狂喜で震えました。それは、2019年9月8日まで下北沢の劇場で上演された舞台『私の恋人』です。主演は渡辺えり、小日向文世、のんの俳優3人です。この舞台は、渡辺えりさんが脚本、演出、キャスティング、音楽、舞台装置まで全部を1人で手がけているのです。こういったことを知らずに舞台を見ていると、渡辺さんのエネルギーというか、気持ちがあらゆる所で渦巻いているのです。そして後の2人も、その渦に巻き込まれるのでなく、ちゃんと自分の時間をその舞台の中に流しているのです。私はそのようなものを、一度として見たことがありませんでした。

私の言葉で言えば、その場でその時に演じられるべく用意されたものを使って、その時その場で思い感じていることを、その場でその時に演じるということです。そこには巨大なエネルギーを感じました。その場に溢れ出てくるエネルギーです。

私が話したいのは、こういう感じのことです。私は、誰かの受け売りの話はしたくありません。どんなによいものであっても、誰かが作った話などしたくありません。私がその時その場で思い考えていることをお話ししたいのです。

これが成立するのに必要なことは、あらかじめ準備されたものの吟味、ということになります。吟味というのは当然、私が吟味をするということです。

私がお話ししたいのはあくまで仏教です。ですから、準備されたものとは、私が何をもって仏教とするのか？　私が仏教と呼ぶのはいかなるものであるのか？　ということになってきます。私が今まで仏教と思ってきたすべての記憶の全体を、スクロールアップして、これは仏教であると言えるものを、もう一度「仏教」として再記憶する。これは仏教とは言えないものをスクロールアウトして、「仏教」の中から消去する。こういうことが必要になってきます。

これらの作業をする時に最も大事なことは、「仏教」ということの、私の中における定義です。それは厳密なものでなければなりません。私は、「仏教」とは「お釈迦さまの仏教」のことだとしました。お釈迦さまの仏教と私が呼べないものは、「仏教」ではないのです。

私は、ほんまもんの中身の話がしたいと強烈に思うようになったということです。

それから、私は、「本当の仏教」という言葉を意識するようになり、「本当の仏教の話」をしたいと思うようになりました。この言葉は決して受け狙いの言葉ではありません。私の覚悟の言葉なのです。

ですから、「本当の」という言葉も、私の中では厳格な意味で使われています。「仏教」という言葉も、先に言いましたように、私の中で厳格な意味で使われているのです。

時々、本のタイトルでも、「本当の仏教」という言葉を見かけます。それは、その著者の方が、今まで言われていた話ではなく、これぞ、本当の仏教と言えるものを見つけられた、という意味で、使っておられるんでしょう。

また、仏教を語る日本人で、「本当の仏教」ということを公言して、得意げに私だけが本当の仏教に辿り着いたのだと、思われている方も少しおられます。学者といわれている人の中にもおられます。

「本当の仏教」という言葉で、アマゾンで検索してみると、タイトルにその言葉が使われている本が5冊ありました。これらは大体、この二つのどちらかです。私は、それらのほとんどを読んでみましたが、私にとって、関心のないものばかりでした。

そういう方々は、大抵、「仏教」という言葉の含む範囲を非常に曖昧なものにしてしまっています。何となく、「仏教」、そう言っているのです。これはほとんど無意識にそうしているのです。そして、本当は、わざとです。なんか矛盾する表現ですが、そういうことです。そういう人は、自分の属している仏教の世界のことを、肯定的に「ただ、仏教」と言っているのです。

そういう曖昧さは排除すべきだと、私は主張します。私は、「仏教」という言葉は、「お釈迦さまの教え」のことだとします。この厳格さは強調しておいた方がよいでしょう。

私は、「お釈迦さまの教え」から外れた意味で、曖昧な意味での「仏教」という言葉を使わないようにします。

そういう曖昧な「仏教」という言葉を使う人に、「あなたの仰っている仏教とはどういうことですか?」と、尋ねてみたくなります。

例えば、世の中ではよく、こういう表現があるでしょう。

「仏教の堕落」

「葬式仏教」

私からすると、これも非常に変な表現です。

その仰られる方の言わんとするのは、お寺に住んでいるお坊さんたちが、修行に励む清らかな僧侶という理想像とは、かけ離れている。それにふさわしくない、という意味で言っているのでしょう。「仏教」のもともとの意味、仏教の教えが堕落している、ということを意味しているのではないでしょう。ここでいう「仏教」とは、お寺に住んでいるお坊さんたちのことです。

「葬式仏教」という言葉は、昔からよく言われる言葉です。お葬式、法事しかしなくて、お参りに精を出し、がめつくお布施を要求するお坊さんたち。それを非難するために言われた言葉です。私たちの年代の僧侶も、この言葉は若い時から気にして、こんな坊さんにはならないようにしようと、もがいてきました。

もともと、お釈迦さまが、お弟子さん（阿難さん）に「私の葬儀に関わるな」、と仰られたことから、葬式はすべきではなく、本来の修行、教化にいそしむべきだということを主張するお坊さんたちが、おられます。

その反動で、「いや、それは誤解で、お釈迦さま当時から、そしてそれ以後も、弟子たちは死者儀礼に関わっていたことが、原典から読み取れるので、葬式無用論など論外だ」ということを主張するお坊さんたちが出てきたりもしました。

私、どちらでもよいです。どちらも事実と合っていることは少しはあります。しかし、そうでない部分も相当あるのです。

ぐらぐらしていて、今自分たちのしていることを変えていくことは全く考慮することなしに、どちらがよいのかと心騒がせているお坊さんたち。お葬式はやるべきでない論に自分の主張がなっても、お葬式をしないという選択肢は0（ゼロ）％、いや、マイナス100％ぐらいでしょうね。葬式はすべきでないと頑固に主張していても、自分がそれを止めることは全く考えていない。なんやかんやと妥協策を見つけてきて、結局は前と同じようにしている。何と純真無垢のお坊ちゃんお嬢ちゃんばかりなのか。驚くばかりです。

しかし、私は、そういうことよりも、嘘はつかない、ごまかした話はしない、という意味で、「本当の仏教」という言葉を使いたいと思います。

序文

夕日を見ていました。

病室の窓が暖色になってきたのに気づき、西の空を見ました。太陽が薄い雲の下から出て、まん丸の姿で明るく輝いています。太陽はまん丸なんだと再発見しました。

ゆっくりゆっくり遠くの山際に近づいていきます。変わらず絶えず明るい暖かい光を放ちながら。なぜか頼れるなと思ってしまう姿でした。堂々としたということでもなく、雄大なということでもありませんでした。あらゆる表現が全然違うなと思ってしまうような情景でした。

太陽の下端が山際に掛かり、山の向こうへゆっくりゆっくり下がっていきました。そして、山の向こう側に完全に行ってしまいました。8分間の素晴らしい時間でした。

姿がなくなっても、山の向こうにいるのだな。太陽はこの体に染みて、姿が見えなくても本当にいるのだな。そのように思うのが、当たり前のことになっていました。

私は生来の怠け者です。こつこつやり続けることなど、全く無縁の人間です。何年間も仏教の本を広げることのないこともありました。

何もしない何年間かの後には、必ず、強烈に調べたくなる渇望が湧き上がってくるのです。本当に、渇きのような欲望です。そうなると徹底的です。手に入るあらゆるテキスト、研究者たちの著書、論文、地図、遺跡の発掘記録などを、私の目の前に持って来て、3、4カ月は調べ物に夢中になります。

ある事象が起きたその場所に、その当時のものが存在しないのかを調べ、遺跡があるのなら半年がかりでもそこへ行こうとします。今までどうしても行きたくて行きたくて仕方がないようになったのは、次の5カ所です。インドのマトゥラー博物館、インドの「バールフット・ストゥーパのあった場所」、インドの「サンチー・ストゥーパの周囲の丘の上にあるストゥーパ」、中国の蘭州の「炳霊寺石窟」、ウズベキスタンの「カラ・テパ遺跡」でした。年月はかかり苦労しましたが、なんとか訪れることができました。

そして、各地の博物館は大好きです。興味のある時代のものは写真を撮りまくります。インドでいうと6世紀以前の遺跡、発掘品、中国でいうと魏晋南北朝の遺跡、発掘品です。

これまで私は「本当の仏教の話」ということで、いろいろな所で、お話をしてきました。そして、この本のタイトルも「本当の仏教の話」としました。

▽この本の内容の主旨

お釈迦さまが仏教を説かれた時から、現代に至るまで（現在の今まで）、とうとう（蕩蕩）と、教えの流れが流れていることを実証します。

教えの流れに途絶がないこと、

仏教の流れの本流は何かということ、

この2点をお話しします。

そうすると、私たちの「仏教」という教えが、すっきりとしてきます。はっきりとしてきます。

▽この本の内容には、三つの特徴があります。

現在、日本で語られているほとんどの仏教の話は、ある歪《ゆが》み（誤り）の上になされています。

1　私は、歪みは歪み（誤り）とはっきり言います。

(1)　その最も大きな歪み（誤り）は、大乗仏教の経典がお釈迦さまが説かれたことになっていることです。仏教に携わっている人のほぼ１００％の人が、お釈迦さまの直に説かれたものでないことを知っています。そうであるのに、お釈迦さまが説かれたことを大前提にして、各宗派の仏教の話が成り立っているのです。これは、私が属している真宗大谷派の中でも同じ事です。この歴史的事実を隠して、仏教を語ろうとしているのです（注1）。

(2)「小乗仏教」、「大乗仏教」という言葉を使って、知らず知らずのうちに日本の仏教の方を上に見るということが起こっています。

さらには仏教の歴史でも、長年そして今も、実態とかけ離れていることが語られています。部派仏教という小乗仏教の時代があって、その後、大乗仏教が起こってきました、というように多くの人たちは学んできています。

でも実態は、その当時インド、中央アジアにいた出家僧は、大乗、小乗という意識は全くありませんでした。多くの僧侶が伝統経典、大乗経典の両方を学んでいました。当然、片方だけという僧侶もあったのです（注2）。

ほとんどの仏教者が、このことがどれほど深刻な問題なのかを理解していないのです。

このことがしっかり意識化されていないと伝統仏教のことも、大乗仏教経典の位置も重要性も分かりません。

ただ、「小乗」という言葉を使ってはいけないという問題ではないのです。

私は「小乗」、「大乗」という言葉は使いません。「初期大乗仏教経典」という言葉だけは使います。般若経、無量寿経、維摩経、華厳経、法華経などの経典群を表す言葉が他にないからです（注3）。

2　私は、歴史的事実を基《もと》にしてお話しします。

・ある事象があったその時代の、なるべく近くに成立したテキストを基にしてお話しします。

・ある地方のことであるなら、その地方のその当時の状況をなるべく正確に推定してお話しします。自然環境、民族、その規模も含めて。

・その当時のもの、遺跡、出土品、などを第一級の資料とします。絶対に無視はしません。

・今、仏教が語られている現状、状況についても、ありのままの事実に基づいてお話しします。

3　私は、全体を見てお話しします。

この3は、2の内容を違った角度から説明したものです。全くの繰り返しです。

例えば、「般若経は南インドで作られた」ということが言われたりしますが、その南インドとは、どの辺りのことなのか。般若経は一体どういった人たちがどのようにして誰の意向、または熱意で、いつどの位の時間をかけ作ったのか。こういったことを調べ考えていきたいのです。

私の考えでは、般若経は、サンチー、ウッジャイン地域、その当時最も仏教が盛んな所で作られたと思います。

もう一つ、「仏教徒」という言葉がよく使われますが、それはどういった人たちなのでしょうか。「仏教に携わる人たち」に対する想像力が欠けている人が多いのでないでしょうか。本当はいろんな人たちがいるんでしょう。

比丘《びく》と呼ばれる出家僧の中には、高僧と言われる人もいるでしょう。中くらいの位置にいる僧、挑戦的な若者の僧、出家する前の子どもたちもいるでしょう。出家はしていないが仏教に対する造詣が深い専門家（その多くの人たちの職業は商人、手工業者、役人）、経済的支援を惜しまない人々（大商人、貿易商）、武力を持つ人々、寺院にお参りに行く村人たち（農耕民）、西北方から来た人々、ギリシャ人、パルティア人、シリア人、サカ人（北方遊牧民）、クシャン人（北方から東方の遊牧民、大月氏）、少数ですがローマ人。などなどいろいろな人々がいることは、絶えず、考えの前提として意識していなければなりません（注4）。

○時間の連続を心掛けて、お話しします。

時間の流れを追いかけて辿ろうとします。しかし、どうしても辿ることができない時には、その断絶の時間を、私の考え得る限りの方法で、私の有り得る限りの想像力で描こうとします。

たとえ、ファンタジーと呼ばれようとも、私は全く気にしません。これは「仮説」と呼ぶべきもので、歴史を語る者は、必ずしなければならないものだと思います。

例えば、今まで語られてきた仏教の歴史の中で、ほとんど歴史の連続性が感じられない時代があります。それは「部派仏教」といわれる時代です。どなたの本を読んでも、どなたの話を聞いてもよく分からないのです。だいたい、それは200年間ぐらいのことなのか、300年間のことなのか、400年間のことなのか、それ以上の期間のことなのか、しっかり書いてあるものはほとんどありません。それよりも、その中身にいたっては、何とか部、何とか部という言葉が出てきても、何のことかさっぱり分かりません。大衆部と上座部の分裂は書いてありますが、その分裂の実態すら、よくは分かりません。

ただお一人、中村元先生の著書は本当に素晴らしいです。この時代はこういう時代ですと言うのではなく、その時代の事実と思われる断片的事実を丹念に記述されるのです。この地球上に残されているあらゆる手掛かりを網羅して、丹念に記述されています。その成果を利用させていただきました。それで、なんとか、全体像をイメージすることができました。

各地に残っている遺跡、その場所のグーグルの衛星写真、私が実際に各地に降り立った時の印象も使いました。当然その時代のことが記述されているテキストを見るのは言うまでもありません。（第2章参照）

○空間の連続を見て、お話しします。

仏教の歴史を語る時、地名は出てきますが、その場所がどういった場所なのかの説明はほとんどありません。

最も不思議なのが、経典はインド世界で作られて、中国世界に入って漢訳される訳ですが、その途中誰が何のためにどのようにしてどれだけの時間をかけて中国世界に運んだのか、ということは誰も論じておられないのです。シルクロードのロマンということで調べてみないのでしょうか。私は何でも調べてみたくなります。例えば、インド世界から中国世界へ行くのにかかる時間はどれくらいなのか、というようなことも(注5)。

▽この本の内容

1　お釈迦さまの教えとは何なのか。

お釈迦さまのことを考える上で、まず、私はお釈迦さまの生没年を推定してみます。(BC472〜392)

最もお釈迦さまに近いとされる経典のみを使って、お釈迦さまの肉声、実体に迫ります。

2　それを受け継いだ人たちはどうしてきたのか。

㋑〈お釈迦さま没後の100年間余〉は、先生から弟子へと教えを順々に伝えてきました。
㋺〈次の100年間余〉は、強大な国家が、仏教に影響を与えてきました。
㋩〈その次の200年間余〉は、度重なる西北方からの遊牧民の進入が、仏教にさまざまな影響を与えました。

3 その中で、紀元前100年頃から、「今まで先生から弟子へと受け継いできた教えが、本当のお釈迦さまの教えだろうか？」という、問い直しが起こりました。

その後、「本当の仏教」を再び取り戻そうとする動きが起こりました。それは、先の問い直しを契機に起こり始め、仏教徒同志の議論の中で大きなうねりになったものでした。

それが普通「大乗仏教の興起」と呼ばれているものです。

その動きの最初は、細々としたものでした。しかし、プラジュニャー・パーラミター(般若波羅蜜《はんにゃはらみつ》)という言葉を獲得、確保すると、それを合い言葉に、本格的に始まっていったのです。

4 そのプラジュニャー・パーラミターから始まった動きは、多くのうねりを生み出しました。それが、般若経から始まって、無量寿経、維摩経、華厳経、法華経など、さまざまな経典(初期大乗仏教経典)を生み出していく動きになっていくのです。

5 紀元前後から紀元後400年余の頃まで、ある一つの経典が、一般の人々から信奉されながら、絶えず編纂されつつありました。

ずっと一般の人々の中で支持され、経典を伝持している人々が絶えず吟味と議論を繰り返しながら創っていった、そういう経典があったのです。

経典を伝持してきた人々と、一般の人々（信奉者）が、言葉を交わしながら経典を創出し、編纂し、内容、順序（何を先にし、何を後にするのか）について絶えず議論をしていました。それが、約400年間続いてきたのです。それが、『無量寿経』です（注6）。

私は、経典を保持してきた人々のことを、「プロ菩薩」、一般の信奉者の人々のことを「アマチュア菩薩」と呼びたいです。

注1　大乗仏教の経典がお釈迦さまが説かれたことになっていることです。仏教に携わっている人のほぼ100％の人が、お釈迦さまの直に説かれたものでないことを知っています。阿含経（ここでは簡単に説明するために、パーリ語経典、漢訳阿含経両者を含めることにします）と大乗経典との間に、はっきり制作年代の違いがあること。これは、大乗経典に阿含経の引用があっても、阿含経に大乗経典の引用がないことから、分かります。お釈迦さまが亡くなってから、少しずつ阿含経は作られていったのに対し、大乗経典は、お釈迦さまが亡くなってから約300年後ぐらいから作られ始めたと考えられます。
注2　インド、中央アジアにいた、多くの僧侶が伝統経典、新しく作られた（大乗）経典の両方を学

んでいました。当然、片方だけという僧侶もありました。このことは、紀元399年インドに遊学した中国僧、法顕《ほっけん》の書かれた『法顕伝』（東洋文庫　平凡社）の中の記述で明らかです。

注3　「初期大乗仏教経典」という言葉だけは使います。般若経、無量寿経、維摩経、華厳経、法華経などの経典群を表す言葉が他にないからです。また、それを含めた大乗経典という言葉も使うことがあります。

注4　西北方から来た人々、ギリシャ人、パルティア人、シリア人、サカ人（北方遊牧民）、クシャン人（北方から東方の遊牧民、大月氏）、少数ですが、ローマ人。これらのことは、中村元先生の著書『インド史Ⅲ』選集第7巻（春秋社）の中に詳しいです。

注5　経典はインド世界で作られて、中国世界に入って中国語訳（漢訳）される訳ですが、その途中、誰が何のためにどのようにしてどれだけの時間をかけて中国世界に運んだのか、ということは誰も論じておられないのです。シルクロードのロマンということで調べてみないのでしょうか。私は何でも調べてみたくなります。

例えば、こういうようなことも。

☆▽インド世界から中国世界へ行くのにかかる時間はどれくらいなのか？

モンゴルの遊牧民の少年に、「馬を使った移動、荷物を馬に乗せて運ぶ移動、予備の馬も引き連れての移動で、1日にどれくらいの距離が可能ですか？」と直接尋ねてみました。その答えは、「今、自分の持っている馬で行くとすると、1日30キロが限度で、それを連続1週間とすると、最低2、3日は休息が必要です。できれば、1週間ほど、休息させたいです」ということでした。そうすると、10日間で、200キロ移動できることになります。インド世界から、中国世界へだいたい、3千キロあります。3000÷200×10で、3千キロを踏破するのにかかる日数は、150日。約5カ月。予備と休息に3カ月とすると、全体で8カ月。

例えば、3月の中頃、出発すると、到着するのは11月の中頃ということになります。結論としては、1年で、インド世界から中国世界へ、中国世界からインド世界へと移動することが可能となります。ただし、途中で邪魔する者がいないという、歴史の中ではほとんど有り得ない、幸運な状況下でということになります。

でも、インド世界から中国世界へは、私たちが何となく思っているのよりは、ずっと近いということが分かります。

注6　次の文章を添えておきます。私の個人的な意見です。

その『無量寿経』の中身(内容)と、成立の400年間の歴史とを正しく理解した人が、歴史上、ただ一人おられました。それが、親鸞さんです。約800年前の日本でのことです。現在は、その教えを受け継ぐ立場の人々はおられますが、その教えの流れを正しく受け止めている人はほとんどおられません。

第1章　大地　インド
お釈迦さまの時代

第1節　大地　インド

現在のインドは、人口は13億人で世界第2位、国土の面積は世界7位の大国です。インド亜大陸といわれるくらい広大な国土です。

北はヒマラヤ山脈で遮られ、東は大湿地帯のガンジス川河口で遮られ、さらに峻険で大密林地帯を形成しているアラカン山地で遮られています。

南はデカン台地（デカン高原）が逆三角形の形でインド洋に突き出しています。

西はインダス川、カイバル峠を越えてその西はアフガニスタン高地。アフガニスタン高地の北にはヒンドゥークシュ山脈が横たわっています。アフガニスタン高地の西そして南は、極端な乾燥地帯です。

つまり、北、東、南は行き止まりなのです。そして、辛うじて開いているのが、西なのです。その西の入り口も北にはヒンドゥークシュ山脈、西と南は極端な乾燥地帯です。

しかし、ヒンドゥークシュ山脈は標高が高いですが、谷筋を辿って行って高度を稼ぎ、抜けられる峠が、あるにはあります。

紀元前4世紀のアレクサンドロス大王はここを行き来しています。インドに侵入した多くの異民族もこのルートを通っています。北からヒンドゥークシュ山脈の峠越えをして高地の中の谷あいの地域を南、そして東へ行くとカイバル峠、そこを東へ抜けるとペシャワール、インダス川流域の大平原に入ることができます。ここから先は完全に「インド世界」です。

ここで私が「インド世界」というのは、インドの文化の影響下にある世界ということです。ただし、私が最も興味を持っている紀元前3世紀から紀元後6世紀頃までは、ヒンドゥークシュ山脈の北、アムダリア川の流域まで、「インド世界」と言ってもよいと私は思っています。

この地理的特徴は、「インド世界」の歴史を見ていく上で、ものすごく重大な要素になるのです。この本の中でも度々触れることになります。

次に「インド世界」の内部について、概観します。このインドという大地の地理について、10年ほど前までは、私は本当のところ、よく分かっていなかったと思います。そして、インド仏教を語る人たちも、しっかりした理解なしに、中インドとか南インドとか北西インドという言葉を使っているのでないかと思うことが多くあります。例えば、ある人の言う「南インド」

とは、一体どこのことなのか、よく分からないということがあります。昔は私も分かった気になって読んでいたのだと思います。今まで何回もインドには行ってきたし、インドに関する本もたくさん読んでいるし、インドの地図はいつも開いて眺めているのに、きちんとは了解していなかったのです。

昨年の春頃、白地図を広げ、詳しい地図を見ながら、まず最初に川に水色を塗りました。それから、越えにくい山脈に焦げ茶色を塗りました。そして、台地状の所を薄い茶色で塗りつぶしました。そうして白地図の上の地形を見ると、インドという国は、幾つかの地域に分けることができることに気づきました。

六つの地域に分けてみます。

インドの六つの地域

① 「中インド」（「中央インド」）

現在のデリーからコルカタ（カルカッタ）にかけての、ガンジス河、ヤムナー川の流域を指します。インドの中の最も広大な地域です。昔も現代もインドの中心地域です。これを「中インド」と呼びます。

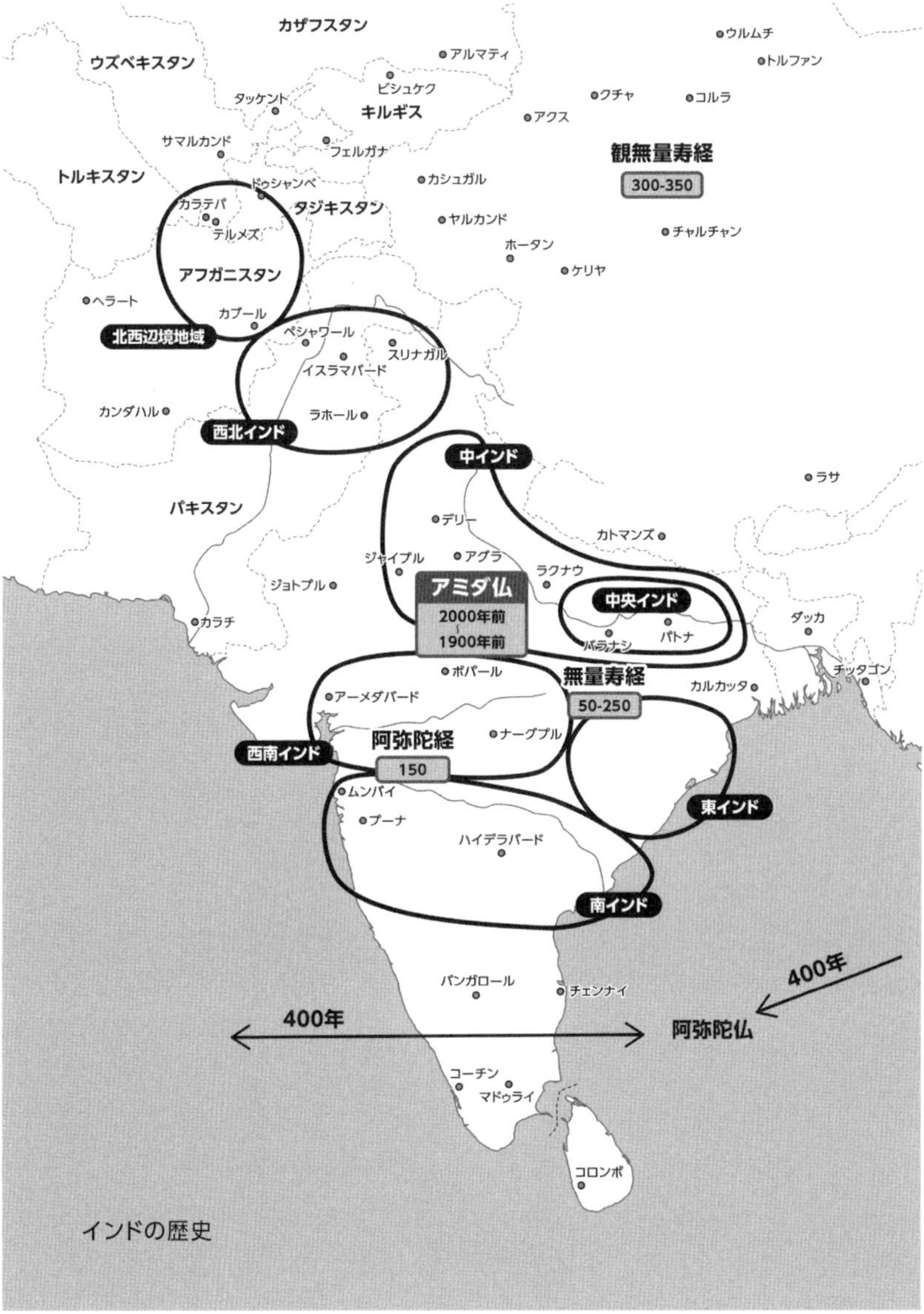
カザフスタン
ウルムチ
ウズベキスタン
アルマティ
トルファン
ビシュケク
タッケント
キルギス
クチャ
コルラ
アクス
サマルカンド
フェルガナ
観無量寿経
300-350
トルキスタン
ドゥシャンベ
カシュガル
カラテパ
タジキスタン
テルメズ
ヤルカンド
チャルチャン
ホータン
アフガニスタン
ケリヤ
ヘラート
カブール
北西辺境地域
ペシャワール
スリナガル
イスラマバード
カンダハル
ラホール
西北インド
中インド
ラサ
パキスタン
デリー
カトマンズ
ジャイプル
アグラ
ラクナウ
アミダ仏
2000年前
1900年前
ジョトプル
中央インド
ダッカ
カラチ
パトナ
バラナシ
ボパール
無量寿経
チッタゴン
アーメダバード
カルカッタ
50-250
ナーグプル
阿弥陀経
西南インド
150
ムンバイ
東インド
プーナ
ハイデラバード
南インド
400年
バンガロール
チェンナイ
400年
阿弥陀仏
コーチン
マドゥライ
コロンボ
インドの歴史

ガンジス河は、北西のヒマラヤから南東のベンガル湾へ流れていきます。その中で、ガンジス河の中流域を「中央インド」と呼びます。

「中インド」のその中に、「中央インド」があります。

お釈迦さまの活躍されたのがこの「中央インド」です。この辺りは、雨期になると川が氾濫して、村のあるところ以外は水の下に沈むことがよくあるところです。農耕に最も適した地域です。

② 「東インド」

コルカタ（カルカッタ）から海岸沿いに南西に300キロ行った辺りまでと、現在のオリッサ州から南西に400キロぐらいまでの地域を、「東インド」と呼びます。ベンガル湾沿いの、現在、ブバネーシュワル、プリーという都市のあるところです。アショカ王が武力で殲滅したカリンガ国のあった地域です。この戦いの悲惨な結末を見て、アショカ王は仏教の「法」による政治をしようと決心したとされる場所です。

③ 「西南インド」

ガンジス河中流域、ヤムナー川との合流地点のすぐ上《かみ》にアラハバードという都市があります。そこから南西に少し行くと、いきなり高さ200メートルから300メートルほどの河岸段丘のような台地が現れます。その断崖状の所を、つづら折れになった道を上がっていくと、その上はひどく平坦な道が延々と続くのです。なんとこの道はそこから西南西に400キロメートル離れたサンチーまで続くのです。インドの学者はそれを「ハイウェイ」と呼んでいます。高原の平坦で木々のまばらな、移動のしやすいハイウェイなのです。このハイウェイは、紀元前から紀元後3、4世紀まで存在したローマとの海上航路のインド側の入り口、アラビア海沿岸部と、中インドとの重要な連絡路なのです。

その途中にバールフットのストゥーパ（仏塔）があります（現在地には跡があるだけです。ストゥーパの欄楯《らんじゅん》の実物はコルカタの博物館にあります）。

そして、古く華麗な仏塔、ストゥーパが現在もあるサンチーがあり、ウッジャインと呼ばれた地域があるのです。

この辺りを、「西南インド」と呼びます。ナルマダー川の流域、そして南側に平行して走るタプティ川の流域を指します。これらの川は東から西に流れ、アラビア海に注ぎます。

ただし、ボンベイ（ムンバイ）付近、そしてアジャンター、エローラのあるオーランガバード付近もこの西南インドに含めます。この辺りには、紀元前2世紀ぐらいから紀元後6世紀ぐらいまでの石窟寺院が多く存在しています。古いものでは、アジャンター前期窟（前1C～後1C）、バージャー石窟（前2C～前1C）、カールラー石窟（前2C）があります。

④「南インド」

普通、北インドと南インドを分けるのに、ナルマダー川の北に東西に横たわるヴィンディヤ山脈を境界にすることがあります。その場合の南インドに当たる所の西北部を、歴史を語る上で非常に重要な地域なので、その地域を区別して、はっきり一つの地域③「西南インド」としました。

④「南インド」は、②「東インド」、③「西南インド」より南の地域を言います。ゴーダバリー川、そしてその南に平行して流れるクリシュナ川の流域、その南方すべてを指します。それらの河川は北西から南東へ流れ、ベンガル湾へ注ぎます。現在の代表的な都市で言うと、ハイデラバード、ビジャヤワダ、バンガロール、チェンナイです。代表的な遺跡はビジャヤワダの西にあるアマラヴァティー、ナーガルジュナコンダです。

⑤「**西北インド**」

インダス川とその支流（古代より五つあるとされている）の流域です。現代のインド領で言うとデリーの西北の地域、現代のパキスタン領で言うと、イスラマバード、その西のインダス川本流を西へ越えてペシャワール、そしてアフガニスタン国境のカイバル峠まで。そして北は今の中国との国境までです。この地域の西半分は古来ガンダーラといわれた地域です。

⑥「**北西辺境地域**」

現在のアフガニスタンの辺りを言います。

パキスタンとの国境のカイバル峠を西へ越え、谷あいの道を辿って70キロ行くと、ジャラーラーバード（東西10キロ南北5キロのひし形状の谷あいにある町）。そこから西へ川筋に沿って100キロ行くと、カブール（南北50キロ東西40キロのひし形状の盆地にある都市）。そこから北へ50キロ行くとバグラーム（南北50キロ東西20キロのひし形状の草原）。そこから西へ登って行き、上の高原の道を西へ100キロ行くと、バーミアン（東西5キロ南北3キロの谷あいの町）。ここは、タリバンに爆破されたバーミアン大仏で有名な町です。そこから北へヒンドゥークシュ山脈を登り険しい峠を越え、北へ直線距離で200キロ行けば、マザーリシャリーフ。そこから北へ70キロ行けばアムダリア川、それを渡るとテルメズ。ここは、南北120キロ東西50キロの畑作地帯が広がっています。昔は広大な草原であったのでしょう。

【ここに書いてあることは、ここを通った異民族の移動の仕方に関係があるのです。冗長に感じられるかもしれませんが、ご容赦をお願いします。】

この北西辺境地帯には、北のアムダリア川の流域を含むことがあります。今のウズベキスタンのテルメズ付近のことです。ここには、紀元後1世紀から3世紀の仏教遺跡があります。私の注目しているカラ・テパ遺跡もここにあります。

第2節　お釈迦さま以前の歴史

紀元前1000年より以前に、インド世界に西北方より進入してきた民族がありました。その民族のことははっきりとは分かっていません。

しかし、その民族の言語は、今のヨーロッパ諸民族、イラン民族の言語と同じく、インド・ヨーロッパ語族に属していることは分かっています。

その民族のはるか昔の祖先たちは、牛、馬、犬を引き連れて、草原から草原へと移動する、遊牧を生業としていました。その草原地帯から西へ移動していった民族が、ヨーロッパ諸民族となりました。

その草原地帯から東へ移動し、そして、今のイランの辺りに、ある期間とどまり、その後、そのままとどまったのが、アーリア系イラン人です。

そこから移動を再開して、東へそして、今のアフガニスタンを経由してインド世界に入ったのが、インド・アーリア人です。その時期は、紀元前1300年頃というのが有力ですが、その800年前という説もあって、よくは分かりません（注1）。

紀元前2000年頃から極少数（年間数十人レベル）のアーリア人がインド世界へ進入を開

始し、それから700年ほどは極少数の持続的移動があり、その後、300年間ほどは、ある程度のまとまった部族（年間100人レベル）での移動があったと考えられます。その後の1000年間が、アーリア人の本格的な移動であったと思われます。この1000年間のことは後でまた触れます。

これは、アフガニスタンにある、進入ルートと推定されるルートの地形的特徴を考慮に入れての、私の推測です。

このアーリア人がある程度の長い期間、持続的にインド世界へ移動した、ということが、インドでの、その後の歴史を作る大きな要素になると思われます。

これ以降、アーリア人のことをアーリア民族と呼ぶことにします。結果的に、アーリア民族は、ヒンドゥークシュ山脈を越えて、インドに移住した、ということになります。

遊牧民は、移動が可能な生業を持っています。馬や牛などの家畜の飼育です。そして、その財産は家畜が主ですので、財産を携えての移動は、非常にたやすいと言えます。それから、馬を持っているので、荷物の運搬は容易であり、鐙《あぶみ》がなくても騎乗できるので、馬を使っての戦闘力も相当あったと考えられます。イランの西方での金属製の武器（鉄製はなくても真鍮製、銅製の武器など）の装備はあったと考えられています（注2）。

ここで、インド世界に入ってきたアーリア民族は、どのような人々であったのかを整理してみましょう。まず、遊牧の民であったのです。すべての財産、家畜を引き連れて、家族、一族で集団を作り、草原から草原へと移動するのが、彼らの生活です。そして、当たり前のことですが、武装しています。しかも、移動が得意な彼らは、武器に関する情報、それを製造する技術についても、熱心に取り入れようとしたのでしょう。遊牧の民は、未開の民というのとは正反対であると思います。新しい技術に敏感で、進取の才能に優れていなければ、大草原で生きていくことはできないと思います。なぜなら、彼らは、ある日突然、圧倒的な敵に遭遇することがあるからです。しかも、農耕民族のように、集落を作り、城塞を構えるような、守るための手段をほとんど持っていないからです。それから、もう一つ、見過ごしてはいけないことがあります。それは、彼らは人口が多くはないということです。

私の勝手な仮定に基づく、試算をしてみます。アフガニスタンの首都のあるカブール盆地は、平坦な土地は東西30キロメートル南北40キロメートルのひし形上の土地です。面積は600平方キロメートル。ここに、遊牧の生活をしている人間は、何人ぐらい生きていけるかを試算してみます。現代のモンゴルの現状を参考にしてみます。現在のモンゴルで、草原5平方キロメートルに1家族、10人ぐらいが暮らしていけます。これを、先ほどのカブール盆地に当てはめてみると、暮らしていけるのは、1200人ぐらいということになります。2000年前も大体同じぐらいでしょう。

これと同じように、中央インドでも試算してみます。インドのガンジス河中流域のパトナ辺りでの同じぐらいの土地に、何人の人間が暮らしていけるのか。600平方キロメートルの農耕に適した土地に、現在であれば、30万人ぐらい。2000年前であれば、3万人ぐらいが生活できると考えられます。

さらに、推測を重ねていきます。中インドの中央部分には、大体、先ほどの推定に使った3万人の居住できる地域が、30カ所ぐらい。そうすると、中インドの先住民族の人口は、約100万人ぐらい。

対して、西北からの進入してきたアーリア民族は、1000年間で移動してきた人口は、10年に1回移動することにして、1200人×100回、12万人ということになります。人口増を5倍とすると、約60万人ということになります。紀元0年の時点で、先住民族100万人に対して、アーリア民族60万人ということになります。ただし、先住民族の100万人というのは、中央インドにいる人口のみの推定値であって、インド全体ではこれの5倍ぐらいと見ることもできます。

参考値【各地の年間平均降水量】

イランのテヘラン　220ミリ。

ウズベキスタンのサマルカンド　350ミリ、テルメズ　164ミリ。

アフガニスタンのカブール　362ミリ。
パキスタンのペシャワール　404ミリ。
インドのデリー　797ミリ、アグラ　745ミリ、パトナ　1031ミリ。
（名古屋　1644ミリ）

アーリア民族の進入順に並べてみました。ゆっくり、ただの草原しかない所から次第に、農耕に適した場所へ移動していることが分かります。

しかも、それを私は、長期間かかっていると考えました。全体として、約1000年間としました。その中で移動する密度の濃い期間を、約100年間と考えました。それは、アフガニスタンの渓谷、標高4千メートルを越す峠、高原、渓谷、狭小な盆地、渓谷、隘路《あいろ》を通り抜けるには、一度に多くの人々がするのは無理があるからです。

こういうことから言うと、アーリア民族の進入（注3）とは、約1000年間のゆっくりした進入が行われ、移り住んできた人々が、遊牧から少しずつ農耕を取り入れた生活に変わり、人口も次第に増えていった、というように考えられます。その間の密度の濃い期間としての100年間は、大まかなところで紀元前900年頃から紀元前800年頃を想定します。この100年間にインド世界に進入した人数は、約5万人。2、3年に1回、1200人が移動することにします。１２００×（１００÷２・５）、約5万人。

これは全体の１０００年間から見ると、ごく短い期間に一気に進入したとも言えます。この濃い期間をここでは、一応、１００年間としましたが、実際は、もっと短い期間に、例えば、20年ほどの間に行われたのかもしれません。移動の規模は、先の算定で大きな齟齬はないような気がします。５万人規模としました。

これは、約５００年後のアレクサンドロス大王のインド侵入とは、質的に全く違っていると思われるからです。進入の動機、意志、展望の違いです。私は、アーリア民族のインド進入時においては、インドを侵略する意志も展望もなかったような気がします。このことが、現在の強固な差別的身分制度を生み出す元になるのは、歴史の皮肉です。

この時にアーリア人のアイデンティティーであるヴェーダを携えたバラモンたち、その中でも中心を担う人たちがやって来たと思われます。この辺り、すべてが、私の勝手な推測です。

紀元前１０００年頃、アーリア民族は、インダス河中流域のパンジャブ地方に定住しました。インダス文明の末期頃に当たります。インダス文明の終焉とアーリア民族とは直接の関係はないとされています。

紀元前８００年頃、アーリア民族はガンジス河とヤムナー河に挟まれた地方に進出しました。

この地方で、アーリア民族の宗教書『ブラーフマナ（バラモンの祭式哲学書）』が成立しました。そして、この地方で、最初期の『ウパニシャッド（バラモンの哲学書）』が編纂されました。このインド世界の中央地域のすぐ西北の地で、アーリア民族の宗教、バラモン教の概要が確立するのです。もうこの頃になると、中インドの西北部における先住民族の人口と、中インドの西北部におけるアーリア民族の人口は、ある程度拮抗するところまできていると考えられます。

これ以降はアーリア民族の東方、南方への進出は、武力に頼ることはほとんどありませんでした。

それは、冶金の技術の優秀さ、武器の優位さ、そして、祭りごとの高次元さ、これらが、先住民たちよりも優位な立場を自然に作り上げていったからです。だから、武力によって、自分たちの優位さを求める必要がなかったのです。

しかし、この時点の以前の、人口が自分たちの方が少ないときは、武力をもって先住民の集落を襲うということは、頻度は少ないですが、起こっていたことは、当然のことです。

そうしたことよりも、精神的指導者としての「バラモン」たちの役割がもっと注目されてもよいと思います。彼らは、基本は修行者です。何も持たず、遊行することが理想とされています。そして、一般の人々が欲する自然の驚異からの解放を、彼らは独占的に遂行できる知識を持っていました。その知識は、自分たちの部族が草原地帯を移動しつつ各地の優秀なものを取り入れて、作り上げたものでした。長年かけて培《つちか》われたものでした。

その知識とは、神への供犠によって人々の願いが成就されるというその祭式の実際、祭式が効果があるという哲学的裏付け、祭式に利用する神々の解説、などなどです。それらが「ヴェーダ（知識）」と呼ばれるようになります。それらの知識を蓄積し保持する人々が「バラモン」と呼ばれ、一般の人々から尊敬を受けるようになりました。バラモンは世襲によって固定され、バラモンの子どもがバラモンになるというようになりました。この社会的地位の固定化が、その後の身分制度（いわゆるカースト制度）の基礎になります。知識の蓄積は、世俗的にも大きな力を発揮するのです。

▽【カースト制度はどのようにして出来上がったのか】

アーリア民族のインドへの「進入」の有り様が、差別的身分制（カースト、ヴァルナ）を生み出しました。

もう一つ、この頃の、インド全体に対する社会的変容が現代のインドに至るまで、大きな影響力を持っています。

それは、アーリア民族の、先住民族に対する侵略です。私はこの「侵略」という言葉を避けてきましたが、結果としては侵略でよいと思います。結果としては、「侵略」ですが、目に見える現象としては、「進入」です。

ただし、この頃のインドで行われた侵略は、とてもユニークで、本当はものすごく怖いものです。そして、ものすごく巧妙です。地球上の歴史の中でこのようなことがあったのは、この頃のインドだけです。その侵略は約1200年間持続して行われてきています。そして、その侵略の速度は、ものすごく遅いのです。紀元前1000年頃（アーリア民族のパンジャブ定住）から、紀元後3世紀頃（グプタ朝の創生期）まで、ゆっくりゆっくり、アーリア民族は、先住民族の各種族の上に少しずつ乗っかかっていったのです。

最終的には、職業の固定化によって、そして、民族の違いによって（肌の色、背の高さによって違いがはっきり分かります）、アーリア民族の、先住民族に対する優位さが確立されました。それがそのまま現在に至っているのです。現在でも（アーリア民族系）インド人は、インドの中で、肌の色が黒い人のことを、自分とは別の下等な人々（種族）と見なします。背が低い人も、自分とは別の下等な人々（種族）と見なします。

これが、非常に洗練された仕方で、無意識の状態で行われるのです。しかし、このさらりとやってのける差別に対して、下の者が反抗しようものなら、誰の目にも触れないところで、容赦ない暴力が待ち構えているのです。棒でなぐられるとか、火をつけられるとかです。

お釈迦さまの在世時、マガダ国はアーリア民族の支配する国でした。コーサラ国は先住民族の支配する国でした。

お釈迦さまの国は、先住民族の国でした。お釈迦さまの国の南から東、ガンジス河の北側には、先住民族の中の各種族が治める国がありました（注４）。お釈迦さまが亡くなってから次第に、マガダ国はその周囲の先住民族の国々を統合していきました。

つまり、お釈迦さまの時代は、アーリア民族の１２００年にわたる侵略の後半に差し掛かったところ、という時代なのです。中央インドでは、先住民族の国々が、アーリア民族の国に屈していく、まさにそういう時代なのです。

だから、仏教は、身分差別、職業差別、民族差別に、はっきり反対をし、そして、ある程度の支持も得られることができたのです。

お釈迦さまの伝記の中に、お釈迦さまが、故郷を捨て、マガダ国の王都にやって来た時の話があります。お釈迦さまが、マガダ国の王、ビンバシャラに呼び止められ、ビンバシャラ王が、お釈迦さまのことを「太陽の家系の出身の者よ」と呼びかける場面があります。それは、インドの王族の家系を「太陽の家系」と「月の家系」のどちらかにするということがあって、この頃のガンジス河以北の種族の王族は「太陽の家系」ということになっていました。これはクシャトリアであることを意味します（注5）。

しかし、このことから、釈迦族の王族はインド社会の中で地位が高いのだと勘違いをしてはいけません。この当時、まだ、かろうじて釈迦族の自治権は認められていたので、そのような地位ということになっていたであろうということです。それだけのことです。この当時、種族全体がアウトカーストになっていった例（コーサラ国のマータンガ族）すらあるのです（注6）。お釈迦さまとほとんど同じ時代の宗教家、ジャイナ教のヴァルダマーナ（マハーヴィーラ）も先住民族の種族（ナータ族）の出身です。

注1　参照文献『中村元選集第5巻　インド史Ⅰ』春秋社　1997年　148頁「ただここで問題となることは、東方あるいは南方インドに向かってアーリヤ人が進出した場合に、それはどのようなしかたで行なわれたか、ということである。」

注2　参考文献『中村元選集第5巻　インド史Ⅰ』春秋社　1997年

注3　ここで、私は、よく使われる「侵入」という表現を使わずに、「進入」と言っています。侵入とは「他の領分に不法に押し入ること」を意味しますが、この頃のアーリア人がインド世界に入っていっ

た事象は、「侵入」とは言えないような気がするからです。先住民との摩擦がうかがえる証拠がほとんどないからです。

注4　参照文献『ブッダの教え』宮坂宥勝　法蔵館　2002年

（この本の最初には、お釈迦さま当時のインドの中の種族社会の存在について、そして、種族社会についての意義ある多くの見解が、述べられています。）

注5　参照文献『原始仏典10　ブッダチャリタ』梶山雄一他　講談社　1985年　110、347、348、350頁

注6　参考文献『インド学密教学論考』宮坂宥勝　法蔵館　1995年　81頁

第3節　お釈迦さま当時、それ以降の歴史

1　お釈迦さま当時の歴史

▽【お釈迦さまの生没年】

ここではまず最初に、お釈迦さまの生没年についてお話しします。

お釈迦さまがいつ生まれられて、いつ亡くなられたのかということがはっきりしていないのです。お釈迦さまの生没年に関して、定説というものがないのです。

たくさんある説の中で、代表的な説は二つあります。

北伝資料に基づく説（①北伝説）と、南伝資料に基づく説（②南伝説）です。この二つが、歴史的批判に少しは耐えることができる説なのです。

①北伝説は、ＢＣ４６３-３８３です。漢訳の『十八部論』（鳩摩羅什《くまらじゅう》集）に、アショカ王即位は、「佛滅度後百十六年」とあることによります。アショカ王即位は、ベロッホ『ギリシャ史』によりますと、ＢＣ２６８ですから、「後１１６年」の後1年を佛滅年とすると、２６８＋１１５＝３８３となります。それで佛滅年を紀元前383年とするのです。

②南伝説は、ＢＣ５６６-４８６です。スリランカの史書『ディーパ・ヴァンサ（島史）』（紀元後4世紀から5世紀前半に著されたもの）に、『佛滅からアショカ王の即位まで、２１８年』とあります。それで、２６８＋２１８＝４８６、佛滅年を、紀元前４８６年とするのです。

この二つの差は、約１００年。この差を、仏教の歴史を語る者が等閑視してよいはずがありません。１９８８年にドイツのゲッティンゲンで開かれたシンポジウムでも結論は出ませんでした。そこでは、この二つの説の間、中間ぐらいかなあ、ということでした（注1）。

②南伝説は、『島史』にある「釈尊般涅槃の後218年に、アショカ王が即位した」という記述を根拠にしています。

その箇所の前のところに、「何とかの時、誰々は何歳であった」というように、書いてある部分があります。何回もくどいように書かれています。それを注意深く読んでみました。しっかり見てみると、先ほどの「218年」に合わせて刻んである年と、そうでない、どうにも腑に落ちない年の2種類があるようなのです。

そこで腑に落ちない方の年だけを、5人の律の伝承者に合わせてパズルのように当てはめていくと、損傷のない年代図が出来上がるのです。その結果は「仏滅後124年にアショカ王即位」ということになりました。

南伝の元資料を吟味していたら、①北伝説に近い説になってしまった、という何とも奇妙なことが起こってしまったということです。

だから、素人の私の勝手な説は、「仏滅後124年にアショカ王が即位された」ということになります。

それで、佛滅年は、268+124=392、紀元前392年ということになります。

ですから、私の説は、お釈迦さまの生没年は、BC472－392となります。ただし、この私の説はあらかじめ誤差があることが前提で算出されたものです。誤差が1、2、3、4、5年、あるいは10年ぐらいまでは有り得るかもしれません。私の算出法では、誤差があるとしたら、どんどん北伝説の方に近づいていくことになります（注2）。

それぞれの説を支持される方々からもう一方の説の弱いところが指摘されています。その弱点のうち、私が納得できるところをまとめてみました。

あらかじめ、言っておきますと、私は、南伝説と北伝説の間では、南伝説より、北伝説の方が事実に近いのかなと思います。

▼北伝説の弱いところ

(1) 北伝説は、説一切有部の論書『十八部論』『部執異論』にある記事を「仏滅後116年にアショカが即位した」と読むことを論拠にしています。これに対して、その記事の読み方は、「仏滅100年に即位したアショカ王の治世中の仏滅後116年に部派の分裂が生じた」という意味に取るべきだ、という意見もあります（注3）。

私も、この読み方は、できることはできると思います。しかし、アショカ王が仏滅後116

年に即位したとも読めると思います。

そして、たとえ、「仏滅後116年に部派の分裂が生じた」という読み方をしたとしても、北伝説を崩し南伝説を推す論拠とはならないのです。「アショカ王即位が仏滅100年」とすると、仏滅年が、仏滅後116年より以前になってしまうのですから。南伝説（仏滅後218年にアショカ王即位）が、ますます成立しなくなるからです。

北伝説の論拠となっている論書が、2世紀のクシャン朝の治下、マトゥラーからカシミールにかけての、説一切有部の中で作られたと仮定して、考えてみたいと思います。それが一番可能性が高いと思うからです。

彼らにとって、アショカ王即位の年代と、部派の分裂の年代のどちらに強い関心があっただろうかと考えてみると、私は、アショカ王の即位の方に関心があったと思います。

そう考えると、アショカ王の方が、116年なのかなと思ってしまうのです。説一切有部は、その当時、最大の部派でした。とくに、クシャン朝治下の地域ではほとんど独占的地位を持っていました。彼らにとって、アショカ王は、今の地位を築いた大功労者であったと思います。パーリの方でも、218年と算定するくらいなので、説一切有部がアショカ王に関心をはらうのは当然のことだと思います。

部派の分裂は、正統を名告《なの》る者にとって、自らの正当性を脅かすことなのだと思います。そのような出来事に、年代の算定をすることは考えられないです。

(2)「南北に伝わる諸種の律蔵は最古層の仏典に属するものであるが、それらによれば、仏滅後百、または、百十年に、第二(仏典)結集が開かれたという。諸部派が共通に伝えるところから、この伝承は、第二結集の前後の出来事とみられる最初の部派分裂(上座部と大衆部)の直前か、あるいは分裂からそれほど年月を経ない時期に成立したことが知られる。百、百十は概数であろうが、すでに先学が指摘しているように、もしこの同じ年にアショーカ王が在位していたならば、多くの第二結集伝承が何らかのかたちでその事実にふれたはずである。しかし、スリランカ上座部の律蔵を含め、いずれの律蔵にもそのことは記されていない。すなわち、諸部派は成立初期の段階で、アショーカが仏滅後百年の王であることを知らなかったのである。(山崎元一)」(注4)

ここで、言えることを整理してみます。まず、第二仏典結集が、仏滅後100、110年後に行われたことは、歴史的事実であるということになっています。このことはあらゆる部派が共通に伝承していることから、承認してよいと思います。

もう一つ、ここで注意しなければならないことは、アショカ王の即位を、知らぬ間に、仏滅後100年にしていることです。この部分の論拠となっている漢文では、「仏滅後百年」、「仏滅後百余年」、「仏滅後百十六年」の3種類があります。それを、しっかりした議論なく、「仏滅後百年」としてしまっていることは、問題があると思われます。

このようなことから、第二仏典結集に比べて、アショカ王の即位が先であることを前提とした論は、一方的なものであると思われます。私の推測から言うと、第二仏典結集の方が、アショカ王の即位よりは先である確率は、50％から60％であろうと思われます。

そして、アショカ王が仏滅後116年に即位したとすると、そのほんの少し前に、アショカ王について触れていないことはおかしい。だから、仏滅後116年説は成り立たない、ということになるのでしょうか。

ある時代の、重大な出来事の記事に、誰かのことの記述がないから、その時、その誰かはそこにいなかったという論理は、なるべくやめるべきであると思います。「あるから、ある」は論理的に正しいのですが、「ないから、ない」は、蓋然性があるだけで、正しい論理ではないのです。可能性としては有り得るという話であって、ある主張の論拠としては、使うべきでない論理です。

だから、⑵の論は、私は、立てるべきでない論であると思います。

重大な出来事の記事に名前が出てこないから、その時、その人は存在していないと見なす。この世にいなかった、と見なす。これは、訳の分からない論理です。

▼南伝説の弱いところ

(1)「仏滅からアショカ王即位まで218年という年数はあまりにも長すぎます。セイロン史書によると、その間に5人の王がいたことになっていますが、第4の王は在位70年間、第5の王は在位60年間であるとされ、また空位の期間もあったりして不合理なのです。」

(2)「また、218年間に戒律の伝持者として5人の比丘の名を伝えていますが、この5人で、218年の長い期間を充たすことには無理があると思われます。1人の師が自分より四十数年若い弟子にのみ戒律を伝えたということは有り得ないでしょう。」

(3)「右の説はセイロンの上座部だけの所伝であるというところに弱点があります。」

(4)「右の年数を記している『ディーパ・ヴァンサ』というスリランカの史書は紀元後4世紀はじめから5世紀前半にかけて著されたものであり、はるかに後代のものです。

そこで、宇井博士は、セイロンの伝統を斥けて、アショカ王が仏滅100年で世に現れたというサンスクリットおよび漢訳仏典の所伝を採用すべきことを主張されました。」(注5)

私は、この中村先生の論のほとんどの部分を妥当なものであると判断しています。

注1 『The Dating of the Historikal Buddha part1』HEINZ BECHERT VANDENHOECK & RUPRECHT IN GOTTINGEN 1991

注2　素人の私の勝手な説については、「下巻　枝葉編　第1章　第1節　4」をご覧下さい。そこに、私の、年代算出の手順が示してあります。

注3　『アショーカ王とその時代』山崎元一　春秋社　1982年「仏滅年の再検討」268、269頁

『仏滅年の再検討』山崎元一　財団法人三康文化研究所年報　平成13年度（第33号）3頁

注4　『仏滅年の再検討』山崎元一　財団法人三康文化研究所年報　平成13年度（第33号）13頁

参考『アショーカ王とその時代』山崎元一　春秋社　1982年「仏滅年の再検討」269頁

注5　ここに挙げてあります説は、宇井伯寿先生の説を、中村元先生が取り上げて、少し修正されたものです。『中村元選集［決定版］第6巻　インド史Ⅱ』春秋社　1997年　608～611頁

お釈迦さま当時の歴史としては、お釈迦さまの生没年だけを取り上げました。その当時を語るに足る資料がほとんどないことによります。文献資料も、考古学的資料も、その当時のものと自信を持って言えるものは全くと言ってよいほどないのです。

しかし、私が、この本を書く本旨としていることは、お釈迦さまへのアプローチです。濃い薄いはありますが、この本の全体にお釈迦さまに結びつく内容があるものと信じています。

2　お釈迦さま以降の歴史

お釈迦さま以降の歴史をここでは推測をもって書き連ねることはしません。ただ、年代のはっきりしている2人の偉大な王を取り上げます。ギリシャ人のアレクサンドロス大王と、インド人のアショカ王です。紀元前のインドで年代の確定された人物はこの2人だけです。２人がどのような人物で何をされたのかを語ることが、仏教の歴史を語る上で重要なことになるのです。

▽アレクサンドロス大王

ヨーロッパ世界と東方世界とを股に掛けた人物は、歴史の中でたった2人しかいません。ギリシャのアレクサンドロス大王と、モンゴルのチンギス・ハンです。両者とも最強の軍隊を有し、すべてではありませんが、アジアとヨーロッパを席巻し、その間に文化の交流をもたらしたのです。

アレクサンドロス大王

生没年（BC356～BC323）
在位（BC336～BC323）

20歳でマケドニアの王になる前には、2年間、「知を愛する」学者、アリストテレスから学問を学びました。王になり、全ギリシャに覇を唱えると、その2年後には小アジア（今のトルコ）太守（4万の軍隊）を打ち破りました（グラニコス川の戦い）。

アレクサンドロス大王の軍隊は規模は4万（多い時で5万人）、5、6メートルの長槍を持つ重装歩兵2万2千、盾を持つ軽装歩兵1万、重装軽装騎兵8千という構成で、インドでの戦いまで、ほとんどこの規模、この構成でした。

その1年後には、ポンペイのモザイク画で有名なイッソスの戦い（BC333）がありました。現在のトルコとシリアの国境、地中海沿岸で、北にはペルシャ国王ダレイオス3世の率いる10万の軍隊、南にはギリシャの覇王アレクサンドロス。アジア最大の帝国を打ち破る歴史的戦いでした。

その後、ペルシャを蹂躙《じゅうりん》し、現在のアフガニスタンを通り、北のウズベキスタンのサマルカンドまで至りました。その後、南下し、再び現在のアフガニスタンに入り、そこを通って、インド世界に侵入し、インダス川本流を渡ります。

そこで、インドの領主軍（3万2千）と戦うのです。場所は、インダス川を渡って、五河地帯（パンジャブ）といわれる所。インダス川の五つの支流の最西のヒュダスペス河畔（現在のジェルム川）。この戦い（BC326）は勝利したのですが、この後、ギリシャ軍は戦いがいやになり、故郷へ帰りたいという声が充満してくると、アレクサンドロスも、それ以上の進軍をやめ、今のパキスタン南部を通ってペルシャへ帰還したのです。

約10年間の東征を経て、ペルセポリスへ帰還後、ほどなくして、病死するのです。アレクサンドロス大王、32歳のことです。

アレクサンドロス大王には、ギリシャ側の記録があります。しかも、はっきり年代が書かれたものがあるのです。そこから、いろいろなことが分かります。非常に重要なことが推測できるのです。

まず、インドの状況についてです。その当時アレクサンドロス軍と対峙することができる地方領主の軍がパンジャブに存在していたということです。そして、ここで勝利したのに、東には向かわなかったのです。これはどういうことでしょうか。

まず、インド軍が非常に強かったということが考えられるでしょう。インド軍の方が数ですこし少なかったのに、ギリシャ軍に思ったより多くの死傷者が出たのでしょう。

そして、戦いに勝った後、パンジャブに落ち着いてから、東方へ当然、武力斥候は送ります。

それに加えて東方の情報を収集するはずです。その結果が、ペルシャのペルセポリスへの退却です。

ぶんどりに行った軍隊と、守るべきものがある軍隊との戦意の違いです。圧倒的にインド軍の方が戦意が高かったのでしょう。

それより最も大きな要素は、人口の違い、人口密度の違いでしょう。私の「インドの6地域」で言うと、北西辺境地域の人口密度を1とすると、西北インドは5、中インドは15、中央インドは50ぐらいでしょう。そこへ踏み込んでいくのは、軍隊として、恐怖を感じたのでしょう。

☆【アレクサンドロス大王と仏教僧との対話】

それから、ギリシャ側記録に、面白く、興味深い記述があります。

「アレクサンドロスがインドの哲人と対話をした。アレクサンドロスはインドの哲人に多くの質問をした。インドの哲人はそれにすらすら答えた。アレクサンドロスは答えを聞いても腑に落ちない表情であった。」

対論に慣れているアレクサンドロスの質問に、この当時の西北インドで、すらすら答えることができたのは、仏教の比丘でしょう。しかもアレクサンドロスの前に出てくるほどの人であるので、皆から尊敬を集める、大きな僧院の僧院長ということが考えられます。

私は、この「すらすら答えた」という表現を見て、とてもうれしくなりました。ギリシャの最高の知の教育を受けた者の質問は、非常に論理的なものであったでしょう。インドの哲人は、その質問の意味を正確に把握し、論理的に答えたのでしょう。もし答えが論理的なものでないならば、アレクサンドロスは、それ以上の質問を発することなく、その対話は即、打ち切られたでしょう。「多くの質問をした」というのも、対話が成立していたことを示しています。

そして、「すらすら答えた」。これこそ、本当の仏教の姿そのものです。

仏教は、お釈迦さま当時から、相手との言葉のやり取りを最も尊びます。そして、目の前におられる人の言葉を聞き、最善の言葉を発する。そこには、ためらいも、知らないことを知っているようにする嘘《うそ》も、すり替えも、押しつけも、逃げも、恫喝《どうかつ》も、涙や笑いでごまかすこともありません。お釈迦さまが亡くなられてから、私の推定で66年後の西北インドで、こういうちゃんとした出家僧がおられたことが分かるのです。

そして、最後に、「答えを聞いても腑に落ちない表情であった」。これは、ギリシャのものの考え方と、仏教の考えの進め方との違いに、アレクサンドロスが戸惑い、思索に耽ったということでしょう。

私はここにその時の対話を勝手な推測で再現してみようと思います。

アレクサンドロス（A）

「美というものは存在するのか？」

インドの哲人（I）

「美というものは、あると思っている人にはあるのでしょう。ないと思っている人にはないのでしょう。ただし、永遠不滅なる美は存在しないのです。」

A「善というものは存在するのか？」

I「善というものは、あると思っている人にはあるのでしょう。ないと思っている人にはないのでしょう。ただし、永遠不滅なる善は存在しないのです。」

A「永遠不滅なる美、永遠不滅なる善は存在しないと、なぜ言えるのか？」

I「それでは、永遠不滅なる美はどこにあるのでしょう。どこかにあるのであれば、私もその存在を認めます。しかし、そのどこかを、私は知りません。」

A「それはあらゆるものの中に遍在しているのでないか。そして、人間は永遠なる美を求めて生きていくものではないのか。」

I「今大王が仰られた、遍在する美も、永遠なる美も、どちらも人間があると仮定したものなのです。私たちは仮定したものを追い求めていくことはしてはならないのです。どこまでも追求することは、結局どこまでも達成できないことになるからです。」

この議論は、現代でも通用します。今から２３００年以上前の、ギリシャの哲学もすごいですが、それにも増して仏教というのは、思想としてだけでも、すごいものだと言えます。

▽アショカ王

全インドを統一した王朝は、古代から現在に至るまで、歴史上、アショカ王のマウリヤ王朝しかありませんでした。全インドを統一したのは、アショカ王だけだと言ってもよいのです。正確に言うと、インド半島の南端以外のインド世界、そしてアフガニスタンの東部までです。

アショカ王が即位したのは、ＢＣ２６８年です。この即位の年代が分かるのは、ギリシャの記録との対照によってです。インドではある出来事の年代が分かっていることは、特に古代では、皆無です。

ですから、このＢＣ２６８年という年代が分かるということは、インドの古代史にとって画期的なことなのです。

さらに、アショカ王の事蹟を確認できるものが、今現在、存在しているのです。それは、磨崖碑文と呼ばれているものと、アショカ王柱と呼ばれているものです。

磨崖碑文は、インド各地にあります。全部で、25カ所。岩の表面を磨いて平らにし、そこに文字を刻んだものです。そこには、「即位灌頂《かんじょう》後12年を過ぎた年に私は次のことを命令した」(注1)、と刻まれているところがあります。2種類あって、大きい方が大法勅、小さい方が小法勅と呼ばれます。

大きな碑文は、国の辺境地域に多くあります。磨崖碑文には、アショカ王の法勅が刻まれています。アショカ王が自らの治世の方針を刻ませたものです。そこには、武力でなく、徳でもって国を治めると書いてあります。この時の「徳」と訳したのは、原語は「ダルマ」です。宗教的徳、宗教的教えのことです。

アショカ王柱は、全インドに、15カ所あります。多くは、ガンジス河流域の仏跡、または人が多く集まる所に建てられています。

王柱の頭部には、ライオンの彫刻があります。ライオンの彫刻部分は、現在のインドの国章になっています。そして、そのライオンの彫刻の下にある法輪は、インドの国旗の中央部にあります。アショカ王柱は、現在のインド国家の最高の象徴であるのです。

王柱は、砂岩で作られています。ガンジス河の中流域、バーラーナシー（ベナレス）近郊で製作され、各地に運ばれたと考えられています。磨崖碑文に比べて、より多くの費用と労力が必要でした。即位後26年に刻まれた、と書かれてあります。アラハバード、サンチー、サルナート、ルンビニー、ヴァイシャーリー、タキシラ、アマラヴァティーなどにありました。

アショカ王が即位する以前に、アショカ（王）は、父王から、北西インド、現在のパキスタンのタキシラの反乱を鎮圧するように命ぜられたこともあり、その後、西南インドのサンチーの太守になった、という伝承があります。アショカ王が即位する以前から、西南インドと北西インドは、既にマウリヤ王朝の勢力下にあったと考えられます。

そして、「父王が亡くなった」という知らせを聞くやいなや、彼は、軍隊とともに、首都パータリプトラ（現在のパトナ）に向かい、反対する者を駆逐して、王になりました。アショカ王は自らの兵員を動員して、首都に移動させて、王位を得た、ということなのです。アショカ王の国家は、武力をもって第一とする国家であったのです。武力第一の国の将来は、容易に予想されます。

その予想通り、即位から8年後には、東インドのカリンガ王国（オリッサ州）に侵略戦争を仕掛け、それを征服しました。捕虜15万人を移送し、10万人を殺害し、その中には多くの一般人、出家僧、修行者が含まれていたそうです。

アショカ王は、ここでの悲惨な情景を見ることによって、その後、武力による政治から法（宗教的徳）による政治への変革を進めることになるのです。カリンガ王国の征服は、そのきっかけになったのです。

補注　アショカ王碑文の代表的な内容

以下、第一級資料である磨崖碑文、王柱などに書かれていることの中から私の関心を引いたものを概観、羅列してみましょう（注2）。

（以下は原文の意味を損なわないように、書き直したものです。▽　△の部分）

▽私（アショカ王）は、2年半の間、仏教の在家信者であった。最初の1年は熱心でなかった。

次の1年半は、仏教僧の集まりに赴いて、熱心に布施・聞法に努めた。

即位後10年にブッダガヤ（お釈迦さまの成道の地）を訪れ、法の巡礼が始まる。

私は256日の旅行をした。その間に、仏陀の舎利（遺骨）が得られた。

他の宗教を非難しないように勧める。

法の（宗教的徳を勧める）役人に、すべての宗教に利益を与えることに従事することが、私によって命じられた。仏教僧の集まり（僧伽・サンガ）にも、バラモンやアージーヴィカ、ニガンタに対しても利益を与えることが命じられた。

アショカ王は、僧伽（仏教僧の集まり）に敬礼をして、言う。

「先生方は仏・法・僧に対する私の尊敬と信仰がいかに大きいかを知っている。世尊・仏陀によって説かれたことは、先生方によって善く説かれている。これらの教え（七つの具体的な教えが列記されている）を、多くの出家僧（男女）たち、在家信者たち（男女）が聴聞し思念するように、と私は願う」と。

即位後12年、アージーヴィカ（教徒）に石窟を寄進（バラーバル窟No.1、No.2）。

即位後14年、過去仏（釈迦の前の前の仏陀）、拘那含牟尼《くなごんむに》仏の仏塔を増築した。

即位後19年、アージーヴィカ（教徒）に石窟を寄進（バラーバル窟No.3）。

即位後20年に、ここ（ルンビニー）に来て、敬い讃《たた》えた。ここで仏陀釈迦牟尼が生誕されたからである。石の柵を作り、石の柱（王柱）を建てた。このルンビニー村は租税を免除され、生産の8分の1のみを支払うこととする。

比丘あるいは比丘尼にして僧伽を破するものは白衣を着せしめて、住処（精舎）でない所に住せしめなければならない。△

磨崖碑文、王柱に書かれてあることは、その時に書かれたものなので、文献資料と比較して、雲泥の差があるほど価値があるものなのです。この当時のすべての文献資料は、誰が書いたのかも、いつ書かれたのかも確認することができないものなのです。確かさの点で、磨崖碑文、王柱は、第一級の資料なのです。

注1　参照文献『中村元選集第6巻　インド史Ⅱ』中村元　春秋社　1997年　624頁

注2　参照文献『アショーカ王』塚本啓祥　平楽寺書店　1973年（碑文、王柱の訳文は多くをこの本によっています。）

参考文献

『アショーカ王伝』定方晟　法蔵館　1979年　180～192頁
『アショーカ王とその時代』山崎元一　春秋社　1982年

補注　アショカ王磨崖碑文の代表的な内容

次の通りです（塚本啓祥先生の本から引用しました）。

「殺生・供犠を禁じる。

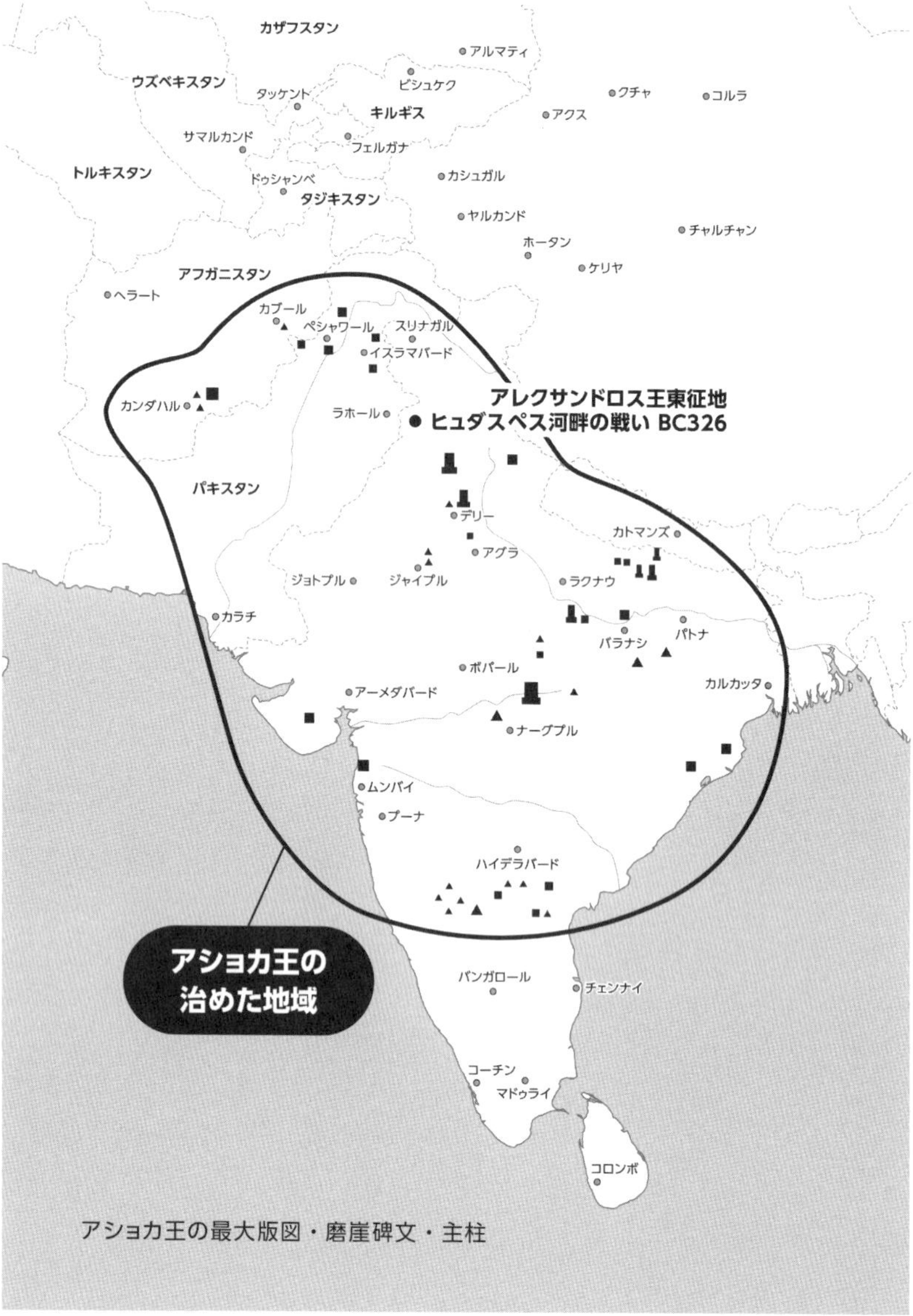

アショカ王の最大版図・磨崖碑文・主柱

人畜のために二種の療院を建立し、役僧を栽培し、街路樹を植え、井泉を掘鑿せしむ。
五年毎の地方巡察に出ることを命じる。
法の宣行を増長すべきことを述べる。
法大官を設置する。
上奏官に迅速な政務の処理を命じる。
一切の宗派が一切処に住することを希い、克己と心清浄を強調する。
過去の諸王の慣行であった娯楽の巡行を廃して、法の巡行を始める。
法の祈願とその功徳を説く。
法柔順と、法実行することと、による名声と栄誉を説く。」

『アショーカ王』塚本啓祥　平楽寺書店　1973年　52～53頁

☆《創作》【アショカ王物語】

アショカ王の在位は、BC268年から、即位後37年、BC232年までです。

アショカ王の在位の37年間を、先ほどの碑文などを核にして、伝承を参考にしながら、私の大胆な推測をもって描いてみたいと思います。（▽　△の部分）

▽アショカ王が即位した当時、今のパキスタンのイスラマバード（タキシラの近く）からインドのパトナ（パータリプトラ）にかけて、5千人規模の軍隊の連続移動が可能であった。これは、西南インドのサンチーからも同様であった。これを利用してアショカは王位を獲得することに成功した。

しかし、これは、両刃の剣であった。つまり、武勲のあった軍部を国の中央に置くしかないという状況を作ってしまったのである。それからも、アショカ王は軍隊の使用の仕方に悩まされることになる。最初の3、4年は首都の周囲の、完全には支配下にはない部族の討伐に行かせ、次の3、4年は、忠実な肉親を将軍にして、西北インド、西南インドの支配地域の拡大に努めた。それらも抜本的な解決とは、ほど遠い状況であった。

軍部の大将軍を中央権力から切り離す唯一の方法は、封地（領地）をあてがうことである。即位後8年、カリンガ（オリッサ州）の征服が引き起こされ、その後それだけにとどまらず、南インドの諸王国への征服戦争へと拡大されることになる。この一連の征服戦争は、2年から3年かかった。当然、東インド、南インドの支配層は、完全に追放、または根絶やしにされた。そこに軍部の有力者が封ぜられるということで、軍隊の問題は解決されることになった。

この時点がアショカ王（マウリヤ朝）の最大版図となる。この時が、インド国としての、歴史上、現代に至るまでの最大版図でもある。

アショカ王は自分の近衛兵と高貴なる騎兵部隊を連れて懐かしの、そして妃の実家のあるサンチーに戻った。サンチーは、アショカ王にとって第一の本拠地であり、首都まで軍隊を引き連れても10日間程度、自分だけなら、5日ほどで安全に行ける場所であった。しかも、サンチーは、清浄なる出家僧の僧団の、一大根拠地でもあった。

もともと、これからの国の治世について考えてはいたし、軍隊の再配置についても、考えていたであろう。それをたぶんサンチーから行《おこな》ったのであろう。辺境ないし遠方の各駐屯地には、その地域を治めることのできる最低限度に少しプラスした兵力を配置した。首都には、各駐屯地の兵力を確実に上回るくらいの、最低限度の兵力を残した。しかも精鋭の騎兵はそのまま、首都近郊に駐屯させ、自分が育てた若き将軍にそれを率いさせる。アショカ王は、軍政に関しては成功したようだ。在位晩年になっても、大規模な反乱なり、外部からの侵略があったとも聞かない。

この当時、これほどの大帝国は、世界のどこにも存在していなかった。中国でも統一王朝ができるのは何十年か後であるし、ヨーロッパでもローマ帝国の前身ができるのは200年後ぐらいである。まだこの時は、大帝国を統治するノウハウの端緒すら存在していない時代である。

中央から王の代理人が地方へ派遣される。そして、王の命令を代理人が地方で遂行する。その時、代理人は軍隊を帯同しない。代理人は、王の命令であれば、その地方領主の兵権をも奪うことができる。これが支配の基本構造である。

このことを、アショカ王は、即位後10年から、15年間ぐらいは、完全に実現できていたのではないかと思う。これを、武力だけで成すことは非常に難しい。これだけの人口のある所で、これだけの広大な国土においては、ほとんど不可能であろう。

中国の諸王朝の支配の構造は、死刑の恐怖による支配である。これは現代においても精神的には変わっていない。そういう中においても、清王朝は、呉三桂（清王朝から、江南を封地として与えられた漢人の将軍）の軍権を30年以上も、奪えなかった。つまり、武力は武力によって対抗されると無力になるのである。

ヨーロッパにおいても、武力による支配が近世以前までは支配のほとんどすべてであった。宗教的権威も、この当時のものは質的に武力と同じようなものであった。その後、次第に、法律、契約、人間の権利、カリスマ、民主主義というようなものが、支配の重大な根拠として、役割を果たすようになるのである。

さて、それでは、アショカ王は、武力を第一にするのでなしに、どのようにして大帝国を支配していたのであろうか。

ここに、法勅の意味が顕《あら》わになってくるであろう。先ほど言ったように、法勅を岩に彫らせるためには、王の代理人の派遣が第一のアクションである。代理人は王の命令書を携えている。王の代理人は、派遣された任地でそこの太守に対して、命令書にのっとり、任地の人とお金を使って命令を実行する。だから、そこに刻まれた言語はその土地の人が使っているものが必ず含まれている。そして、その刻ませた内容はその場所への支配方針であり、その第1条には、その当時では、そして現代でも、信じられないことが書かれていた。それは「不殺生」である。殺すこと、命を奪うことをやめることを、国民に要請し、自らも宣言するのである。これは、普通、支配者の言ってはならないことである。現在でも、国を支配する者、国を運営する者で、こういうことを宣言する人は誰もいない。

これは、武力をもって支配しないという意志の表明である。これは、10年間の領土拡大戦争を繰り広げ、多くの人間を殺してきた王の命令としては、考えられないことである。「不殺生」の宣言を、最初に知った辺境の種族は、一抹の安堵とともに、その中にある強烈な意志を感じたことだろう。「この磨崖碑文を彫らせた場所を脅かさない限りだぞ」ということである。最初期の磨崖碑文が辺境の地にまず刻まれたのは、こういうことであるからでなかろうか。

その後には、王は福祉政策を遂行する。そして、王は宗教的徳（法）に基づく政策を遂行する、と書かれている。ここで「法（ダルマ）」という言葉が多用される。このダルマといわれるものは、その当時のインド世界の中のあらゆる宗教者たちが、護るべきもの、維持されるべきもの、順《したが》うべきものとしていたものである。これを読んだ、または知った辺境の種族、そして国境の外の種族は、アショカ王国の財政的余裕と、自らの文化（宗教も含めて言っている）の圧倒的優位さの主張と捉えたであろう。ここには、武力による拡大はしないが、文化の拡大はこれからも遂行していくという意思が、感じられるのである。

その後、インド国内にも碑文が刻まれ、国内へも周知徹底がなされたのである。その中には、仏教に対して王自身が傾倒していたことを示す、多くの記述がある。仏跡への巡礼を始めたこと、仏舎利を分配して多くの仏塔を建てさせたこと、自分が仏教の出家僧の所へ行って経典の話を聞き、経典の文句の中には、自分の記憶に残り、他の人たちにも聞かせたいと思う多くのフレーズがあったこと、などなどである。

このようなことの後、安寧の15年の後期になって、アショカ王柱が作られるようになるのである。このアショカ王柱の石材はバーラーナシー（ベナレス）の近郊、サルナートの近くで産出されたものである。それを各地へ運び石柱に仕上げ、彫刻を彫るのには、莫大な資財が要ったことは想像に難くない。

このことを根拠にして、アショカ王の仏教への過度な傾倒が国の財力の消耗を招き、それによってマウリヤ朝は衰退していったのである、ということがいわれることがあるが、私はそれに賛成しない。この大帝国の拡大と衰退の要因は、アショカ王個人のことと捉えたい。つまり、アショカ王が力みなぎっている時は拡大し、熟練した時期は安泰であり、体力、気力が衰えてきた時は国も衰えていく。それほどアショカ王は傑出した人物であったということである。△

以上が、私の推測に基づく、「アショカ王物語」（▽　△の部分）です。

この後、アショカ王の治世が仏教に与えた影響について考えてみます。

▽アショカ王の治世が仏教に与えた影響

仏教側の伝承では、アショカ王のことを、仏教を世界各地に広めた功労者として讃えています。世界各地に伝道者を派遣していること、インドの各地にストゥーパ（仏塔）を作っていること、仏跡に王柱を建てていること、法勅の中で仏教に対する思い入れを表明していること、などなど。

それだけのことからしても、確かに、歴史上最大の、仏教の支援者であることは間違いないでしょう。

世界各地に伝道者を派遣したという中で、しっかりその成果が確かめられるのは、スリランカに対する伝道です。伝承では、アショカ王の弟、妹をスリランカに派遣して、仏教を伝えたということになっています。少し後代のスリランカにおける歴史書においても、そのようになっているので、一応、了承してもよいと思われます。

スリランカに仏教が伝えられた、その出発地は、サンチー地域であると推定されています。スリランカに伝えられた仏教経典は、パーリ語で記述されています。そのパーリ語は、スリランカへの伝道者の出発地に由来することから、まず、事実であると思われます。パーリ語はサンチー西方の地域の言語であることが分かっています。

その他、伝道者が派遣されたのは、東では、ミャンマー、タイ、西では、バクトリア、シリア、エジプトのアレクサンドリアなどです。これも、アショカ王の治世に関する伝承の中で一貫しているので、事実としてよいと考えられます。

今、インドを旅すると、各地で、アショカ王が建てたとされるストゥーパ（仏塔）が見受けられます。それらのストゥーパには、ある特徴があります。

私が実際に見たことがあるのは、パキスタンの北方地域、ブッダガヤの近くの丘の上、そして、東インドのオリッサ州から南への沿岸部、南インドの丘の上です。

そこで、気づいたことがあります。アショカ王のストゥーパとされているものは、大体、石または煉瓦づくりの簡素なものであるということです。

そして、もう一つの特徴は、ストゥーパのある場所のことなのです。ストゥーパがあるのは、人の住んでいる村の中にあるのではありません。その村から見える丘の上にあるのです。人が住んでいる村の中に立って周囲を見渡すと、その村のすぐ脇にある丘の上に、または、少し離れた丘の上に建っていることが多いのです。街道のすぐ近くの丘の上にあることもありません。村の中にあるものは見たことがありません。昔、村の中にあったものは、村人たちが石材、煉瓦を再利用するために跡形もなく破壊したとも考えられます。ここでは少し無理筋なのは分かっていますが、そのことは考慮に入れなくて、現状だけから話を進めていきます。

つまり、アショカ王が建てた（少し、疑問符つきですが、）といわれているストゥーパは、村の住民たちが集まって礼拝するものではないということです。アショカ王の建てたストゥーパは、村人たちがふもとの村から仰ぎ見るものであるということです。これは為政者が自らの権威の象徴という意思があったかどうかは分かりませんが、村人が作ったのではなく、為政者が作ったことは、はっきり読み取れます。

これまで言ったことから、次のことが言えます。

【アショカ王は仏教を利用した】

これを少し言い直してみます。

【仏教は、偉大なる為政者、アショカ王が利用したくなるほどの、素晴らしい教えなのである】

アショカ王の為政は、仏教の拡大、周囲の地域への伝播《でんぱ》を促した大きな要因でした。というより、アショカ王がいなかったら、仏教が世界宗教になっていなかったかもしれません。

さらに、私は次のようなことが言えると思います。

【アショカ王の為政で、仏教の伝持の仕方が大きく変化した】

このことについて、誰もはっきりとは指摘していません。

アショカ王の為政が、それまでの仏教に対して大きな質的な変化をもたらしたのだと、私は主張します。それは、仏教の伝持の仕方、有り様が、大きく変化したのではないかということです。

この辺りの状況が分かる資料はほとんどありません。私は、スリランカの歴史書『ディーパ・ヴァンサ（島史）』を使います。スリランカで最も古い歴史書です。と、言っても、編纂された年代は紀元後3世紀を遡ることはできないといわれています。

その中に、釈尊滅後の約200年間に、5人の先生を介して次々に律が伝えられたという記述があります（この辺りの詳細は、第3章でお話します）。

ここで、私が取り上げたいのは、5人の名前が一人一人挙げてあるということです。そして、前の先生から次の人に律が伝えられる時、それが、前の先生の何歳の時なのかが記述されているということです。この二つに注目しました。

つまり、この当時の教えの伝持について、仏教徒たちは、次々に伝承の歴史の記憶を保存していったのだと思います。

それは、ある1人の先生から、弟子たちに教えが伝えられていく。仏教の本来の伝持の姿は、先生（教える人）から、弟子（教えられる人）へ、ということなのではないでしょうか。それが、最も当たり前の、私の言葉で言えば、最も健全なあり方だと思います。

「先生から弟子へ、そんなことは当たり前のことでないか」。そのように思われる方は、とても多いと思います。多いというよりほとんどの方がそのように思われると思います。

しかし、待って下さい。今、これを読んでおられる、今、これを聞いておられる、あなたはどうなんでしょうか。

この本を読んでおられるあなたは、仏教のことに関心があるか、仏教の教えがどういうものであるかもっと知ってみたいと思っておられるのでしょう。

どのようにして、仏教に関心を持たれるようになったのでしょう。

自分の近くにおられる誰かから仏教のことの何かを聞いて、仏教に関心を持つようになったのでしょうか。本屋さんで偶然見つけた本を読んで、関心を持つようになったのでしょうか。

テレビの何気ない会話の中の、小さなさまざまな情報に触れて、関心を持つようになったのでしょうか。

そして、今、仏教って一体何なのか、ますます分からないという人のなんと多いことでしょう。私もよく聞かれます。「どんな本を読んだらいいですか?」。そんな時、私がいつも言うのは、「ありませんねえ」です。本当に世界中のどこにも、仏教のことが分かりやすく書かれたものはないのです。強いて問われると、「あなたが尊敬する人（仏教者）の手紙の原文を、一つだけ読んでみてはいかがでしょうか」と答えます。

もう一つ言えることがあります。

「これも、会えるかどうか分かりませんけれど、信頼できる人を見つけて下さい」と。「そうやって、求め、探すことは、とても大事なことなのだ」と。このことだけは、私は確信をもって言うことができます。

相当前から、人から人へ直接教えが伝えられるということがなくなってきているような気がします。お釈迦さまがおられた時には確実にあったことが、いつのまにか、なくなってきています。

それを歴史上辿ってみると、その最初の瞬間がアショカ王の為政でなかったのかということを言いたいのです。こういう現状を招いた最初の契機が、アショカ王の為政でないかと思うのです。アショカ王の仏教への関わりによって、仏教の内部で、全体としては劇的な変化が起きたのではないかと思います。

伝承の中に、アショカ王が、仏教の伝道者を選んで世界各地へ送ったことが記述されています。大まかに言うと、スリランカ、ミャンマー、北方の国々、西方のギリシャ人の国々、シリア人の国々、さらにはエジプトまで、派遣したということになっています。しかし、これは何もおかしな事ではありません。

なぜなら、アショカ王の先先代の王、チャンドラグプタと、セレウコス朝シリアの王が講和条約を結んだ後、ギリシャ人、メガステネスがBC304年から10年余り、使節としてインドの首都パータリプトラに滞在し、さまざまな記録を著書『インド誌』に残しています。このことからも、仏教僧がエジプトまで行ったとするのも、夢物語ではないのです。

それに、ギリシャ人にとって、仏教僧は、単なる遠い国の宗教家というより、語るに値する哲学者と見なされていました。

アショカ王の時代より約100年後の北西インド、今のアフガニスタンからパキスタン、インドの北西部を支配していたメナンドロス王（ギリシャ人）（注1）と仏教僧ナーガセーナとの対論の記録（注2）が残っています。そこには、真剣に問い続ける王の姿と、淡々と真面目に答え続ける仏教僧の姿があります。私は、ギリシャ人が歴史の中に果たした大きな役割に、大いなる拍手を送りたいと思います。

アショカ王が、伝道者を各地に送ったことから、新しい事態が引き起こされます。まず、国家が、仏教の伝道にふさわしい者を選ぶ、ということが始まりました。選ばれた者は、自分のことを仏教の代表者のように思ってしまいます。周囲もそのように接することになります。

ここから、高僧、僧院長、部派の代表、指導者というような概念が、出家僧の間に広がっていったと思います。出家僧の中で、社会的な評価を結構強く意識するようになったのではないかと思います。お釈迦さまとそのお弟子さんとの間には全くなかったと思われる、周りから見た評価、社会的評価というものが出てきたのでないか。それまであった、先生と弟子というものとは違った何かが、この時に出てきたのだと思います。

先ほどのアショカ王が送った伝道者の中で最も成功したのは、スリランカへ行ったグループです。伝承では、アショカ王の息子、娘ということになっています。西南インドの、今のウッジャインから南へ出て川を下り、海岸に出ます。そこから、船に乗って、西海岸を経由して、スリランカに至ったと考えられています。

アショカ王から仏教が受けた影響の中で、もう一つ、大きなものは、財政的支援によるものでしょう。

直接的には、仏跡の整備、仏教センターの拡充、各地に仏塔を建てさせたことなどです。ルンビニー、ブッダガヤ、サルナート、ラジギール、パトナ、ヴァイシャーリー、サンカーシャ、クシナガラなどの仏跡。仏教センターは、パトナ、サンチー、タキシラ、マトゥラーにあったと考えられます。仏塔は、インド国内の各地、特に自らが軍隊を動かした道筋には多く建てられたような気がします。

これによって、財政的支援を多く受ける部派と、あまり受けない部派が出てきてしまうのです。一番支援を受けたのは、サンチーに本拠地を持つ僧団、経験があり熟練した出家僧は尊ばれるべきであるとする、「上座部」です。二番目に支援を受けたのは、首都パータリプトラの近郊に集まってきた、一応、部派は名告るが、ほとんど部派意識のない「中間派のような出家僧たちのグループ」です。そして、三番目に支援を受けたのは、マトゥラーを本拠地にし、他の宗教、他派との討論で、絶対に負けない論理を準備した部派、「説一切有部」です。

アショカ王の登場までは、仏教の中で、はっきり自らのグループは他のグループとは違うんだという主張はありませんでした。つまり、仏教の出家僧、全体で、お釈迦さまの教えを伝持して、修学に励むことがすべてでした。

このように述べながら、私は、そうでもないことはたくさんあったのだ、とも、思います。しかし、まずはこのように理解することが、本当の仏教の流れを感じられるようになる、唯一の方法であるような気がしています。

注1　メナンドロス王（在位BC155年頃〜BC130年頃）。『ミリンダ王の問い』（パーリ語）に、ナーガセーナとの問答が載っています。コインを発行して、広範な地域で流通していました。

注2　『ミリンダ王の問い』中村元　早島鏡正訳　平凡社　1963年

▽追記「アショカ王の出自について」の一意見

『アショーカ王伝』に、

① アショカ王の父、ビンバシャラ王の第一王妃が、後宮でビンバシャラ王の理髪師をしていたことが取り上げられています。

「王（ビンバシャラ）は、『おまえは、理髪師である。私は王であり、クシャトリヤである。灌頂を受けたものである。どうしておまえが私と床をともにすることなどできよう』と、言った。その後、後宮の女官たちの陰謀によって、理髪師をしていたことがわかった。その女が本当はバラモンの娘であることもわかり、王はその娘を第一王妃にして、アショカ王が生まれた。」（22頁）

②「アショーカは粗いからだをしていた。ビンドゥサーラ王は彼を愛さなかった。」（23頁）

③「アショーカ王の体は美しくなかったので、若い女官たちは彼と触れることを喜んでいなかった。」(29頁)

などなどと、あるのは、非常に奇異なことです。英雄の容姿を悪く言うようなことは、普通は考えられません。

ということもあって、「アショカ王は賤民の出自だと思われます。このことが第1番目の理由で、アショカ王は、差別を完全に否定する仏教に心を寄せ、仏教を支援したのです」という説も生まれてきます。私は、この説を一概には否定しません。アショカ王が賤民であるということは、アショカ王はアーリア民族ではないということです。このことを肯定もしませんが、このような見方ができるということを、心のどこかに留めておいた方がよいと思います。

▽追記　〝仏教出家僧とは、どんな社会的地位だったのか〟

仏教出家僧とは、どんな社会的地位だったのかを考えてみたいと思います。ただし、お釈迦さま在世当時から、アショカ王の時代以前までのこととします。

紀元前2世紀のものとされている『マヌ法典』の中に四住期《しじゅうき》というものが書かれています。『マヌ法典』が成立したこの時代は、アーリア人の超低速の（千年以上かかってなされる）

侵略において、ほとんど勝利が確定した時期に当たります。したがって、そのことをしっかり認識した上で、この書物の内容を理解しなければいけないと思います。

そこに、四住期（学生期《がくしょうき》、家住期《かじゅうき》、林住期《りんじゅうき》、遊行期《ゆぎょうき》）が説かれています。その中の4番目に、「遊行期」というものがあります。遊行期とは、家庭生活からは離れて、決まった住所を持たずに、各地を遍歴しながら、修業生活をおくることを言います。

このことを、日本では、肯定的に捉える方がおられます。老後の悠々自適の生活のように解釈して、こういうインドの知恵にならってこだわりのないゆったりした時間を過ごすことが大事ですという人が、結構多くおられます。

『マヌ法典』に書かれてある四住期とは、そういうことではありません。ただ単に、理想的な人生の過ごし方ということだけではないのです。

四住期とは、自分たち（アーリア人）が確立した、他の種族に対する優位さの証しなのです。つまり、上位3カースト、バラモン、クシャトリア、シュードラの男性にだけ許された、理想的生活のことなのです。上位3カーストだけができる特権のことです。

そして、4番目の遊行期は、上位3カーストだけが、人間の人生の最終目標に到達できるということを意味しています。自らの内にある真実の自己と、大宇宙全体との合一体験を、最終目標、最高の理想とするのです。遊行期とは、修行の最終段階であって、それを可能にする人生の最終時期のことです。だから、遊行と言っても、たいていヒンズー教の聖地に行って、そこで神に対する供養を行うのが普通です。

その伝統とは、全く別系統の修行の伝統がありました。それが、シュラーマナ（沙門）の伝統です。これは、アーリア民族のものではありません。先住民族のものです。家庭生活を捨てて、哲学的思惟、または宗教的精神集中、または苦行的修行などをして、世俗的苦悩の根本的解決を目指すものです。その伝統の中から、お釈迦さま当時の六師外道と呼ばれる六つの哲学的宗教的主張が出現してきたのです。

お釈迦さまの仏教、ヴァルダマーナのジャイナ教はこの伝統に属しています。

お釈迦さまの時代とは、このシュラーマナの伝統の、最後の百花繚乱《ひゃっかりょうらん》の時代なのです。世界の歴史で言うと、中国の諸子百家の時代によく似ています。しかし、忘れてはいけないことは、インドでは、アーリア民族の強力な宗教文化の（約千年にわたる超低速の）侵略の直中《ただなか》にあったということです。その点では、中国の状況とは、似てはいますが全く異なっていることも知っていなくてはいけないのです。

中国の諸子百家の時代とは、経済的な余力を持った人々の文化的活動、思想的活動と捉えるのが一番適切であると思います。諸子百家の代表格である儒教の場合を見ると、よく分かります。儒教は、基本的に現実の国家に対して何の貢献ができるか、それに主眼が置かれています。そのための正統を議論することと、修学することが、儒者の務めとされています。

インドのシュラーマナ（沙門）の伝統がいつ始まったかについて、そして、どのようなものであったのかについて、私たちは、それに迫るための資料をほとんど持ってはいません。私たちは、仏教、ジャイナ教が持っているテキスト資料によってのみ、それにアプローチができるだけです。

お釈迦さまの当時、シュラーマナの人々は、絶えず、アーリア民族の宗教指導者、バラモンたちから接触をはかられます。対論を仕掛けられます。これは、バラモンたちの優位さの証しなのです。シュラーマナからバラモンへアプローチしたという記述は、仏教のテキストにも、ジャイナ教のテキストにも、ほとんどありません。お釈迦さまの場合でも、やって来たバラモンたちに対して、これこれの話をして、バラモンたちは、非常に感心した、ということが書かれているぐらいです。


この辺りのことから言えることは、仏教出家僧は、その当時の社会から温々《ぬくぬく》と接せられているというのとは、全く違うということなのです。お釈迦さま在世中もそうですが、亡くなられてからは、ますます厳しい状況になっていったことが分かります。その当時のお坊さまたちは、安穏な僧侶生活を送っていた訳ではないということです。

今、現在のスリランカ、ミャンマー、タイのお坊さんたちの姿を見て、お釈迦さま当時の出家僧の有り様を想像してはならないと思います。お釈迦さま当時の有り様と比べると、相当変質した姿であると思います。

▽追記〝今のスリランカ、ミャンマー、タイの仏教の状況は、どのように考えたらよいのでしょうか〟

あのように、仏教が国教になっていて、仏教僧が社会から尊敬の念で接せられていることは、どうして成立するのでしょうか。

それは、あの規模の国家であるからだと私は思います。そして、その国家を支配している民族が一つであること、これが重要な要素だと思います。

□スリランカのデータ
人口　2167万人
人口密度　323人／平方キロメートル

面積　6万5千平方キロメートル
民族
シンハラ人　75％　シンハラ語を使っている。
タミール人　15％　タミール語を使っている。
宗教
仏教　70％
ヒンズー教　13％
イスラム教　10％
キリスト教　7％
平均寿命　78歳
識字率　93％

スリランカの人口は、日本の6分の1、面積は、日本の6分の1、人口密度はほぼ同じです。民族構成は、シンハラ人が75％、タミール人が15％です。それぞれ、シンハラ語、タミール語を話しています。

スリランカの地は、古代から、インド世界とは異なった場所とされてきました。インド世界からすると、未開の地でした。その地のことを、ランカー島と言い、古代のインドの叙事詩ラーマーヤナにも、インド世界によって、侵略される話があります。

スリランカに伝わる歴史書には、その島には、羅刹、夜叉、龍、蛇が住んでいた、という記述があります。そして、お釈迦さまは、空を飛んで、この地に降り立ち、それらの生き物を他の場所に駆逐したという話があります。

初代の王は、舟で上陸し、それらを討伐して、人間の住む島に変えたといわれています。どちらにしても、現在この地に住む人々の祖先は、間違いなくインド世界からの侵略者であったのです。

紀元前3世紀頃から紀元後1世紀頃までの期間に、多くの移住者がインド各地からやって来たと思われます。特に紀元前後までの百年の間に、集団を作ってやって来ました。多くの西北インドの人々、そして、東インドの人々が、船団を組んで上陸しました。上陸後は、しばらく海岸部にとどまりましたが、移住者の人数が多かったので、海岸部だけでは生活ができませんでした。そこで、内陸部の広大な平原地帯に進出していったのです。そこは、小さな丘がぽつぽつとあり、ある程度の平坦な場所がある森林地帯です。そこには、人々はほとんど住んでいませんでした。その平坦な場所を開墾して広大な畑作地帯に変えていきました。そして、それに大きく貢献したのが、西北インドの人々が持っていた灌漑設備の知識でした。ため池と用水路を組み合わせたものです。

それらの人々が、今日のシンハラ人の中核となったと思われます。移住者の大きな集団の中に、もともとその集団に属していた仏教の出家僧たちもいました。仏教の出家僧たちの、移住者集団に対する貢献は、仏教の中にもともと持っている、若者に対する教育のノウハウによるものでした。彼らの活躍もあり、移住者たちの勢力は、ランカー島の中で最大勢力になっていきました。

上座部仏教の僧団の移住は、この大移動の最初期から始まっており、パーリ経典を携えた上座部仏教の僧団が完全に移動を終えたのは、紀元後1、2世紀のことであると思います。（ここに書きました古代スリランカの状況は、私が現地で実際に見聞きしたことと、島史に書かれている断片的な記述からの、類推によるものです。）

タミール人のランカー島への移動は紀元前後頃からといわれていますが、実際のことは何も分かってはいません。その時期のことはさておき、移動そのもののあり方が、全く違っていたと思われるのです。タミール人は、ランカー島の対岸の、インド亜大陸の南端部に住んでいます。そこから、海賊的に対岸のランカー島に渡り、略奪（古代では正当な行為であった）をして、また本国へ帰る。このようなことを、この頃から近世に至るまで、行われてきたのではないかと思われます。それが大規模なものになると、シンハラ人の国の首都をも陥落させる、ということも起こってきます。シンハラ人は、外に絶えず、敵を意識して、暮らしてきたのでしょう。その敵は、インド世界に属している敵です。

インド世界に対抗するには、インド世界の宗教（バラモン教、ヒンズー教）に対抗できる強固な力を持った宗教が必要です。だから、シンハラ人は、仏教を取り入れていったのだと思います。仏教は、もともとはインド世界の宗教でした。その当時、仏教は、既に世界宗教に進化していたので、インドのことを熱狂的に大好きなことを、その教義の根本にしている、バラモン教、ヒンズー教に対抗するには、仏教が最も適していたのだと思います。その当時、仏教はインド世界の中で最も力がある宗教だったことも、大いに関係があると思われます。

その後、現在に至るまで、スリランカにおけるシンハラ人の優位性は、ほとんど変わっていません。それに伴って、シンハラ人の基幹勢力としての上座部仏教は、変わらず維持されてきたのでしょう。

スリランカの北部はため池灌漑がさかんです。これも、寺院が水利施設を統御することによって、社会の高度の安定が、保持できたのだと思います。南部は米の二期作が可能です。

国土全体の降雨量も1875ミリ、たっぷりあります。そして、渇水期の灌漑設備も整っていました。ここは、食料生産において、古代より現代に至るまで、理想的国土であったと思われます。

上座部仏教が2千年以上、勢力を保つことができたのもうなずけます。

参考　日本のデータ
人口　１億２７００万人
面積　37万８千平方キロメートル
人口密度　３３５人／平方キロメートル

□ミャンマーのデータ
人口　５１４１万人
人口密度　74人／平方キロメートル
面積　68万平方キロメートル
民族
　ビルマ族　68％　　ビルマ語
　シャン族　９％
　カレン族　７％
　ラカイン族　３・５％
　中華系　２・５％

モン族　2％
カチン族　1・5％

宗教
上座部仏教　88％
人口の13％が僧侶
約800万人
キリスト教　6％
イスラム教　4％

識字率も高い。

ミャンマーの国土は、日本の2倍弱、人口は、日本の4割、人口密度は、日本の2割です。民族構成は、ビルマ族が68％、ビルマ語を話しています。シャン族、9％、タイ系の民族です。カレン族、7％、北部、西部、東部、東南部の山地民です。宗教は、全体の88％が上座部仏教です。

1044年、中国の南詔支配下にあったビルマ族が南下、エーヤワディー平原に侵入して、北ビルマに、最初のビルマ族の統一王朝、パガン王朝（1044～1287年）が成立しました。後、モンゴル軍に敗れて、パガンが陥落しました。

南ビルマには、モン族が、ペグー王朝（1287〜1539年）を建国しました。

北ビルマには、タイ系のシャン族が、ピンヤ朝（1312〜1364年）、アヴァ王朝（1364〜1555年）を建て、隆盛になると、ペグー王朝を攻撃しました。

北ビルマでは、パガン陥落後、しばらくして、ビルマ人の王朝が再興されました。タウングー王朝（1347〜1752年）です。

16世紀前半から、領土を拡張し、稲作地帯を手に入れると、16世紀後半には、ますます周囲に進出し、ついにはタイのアユタヤをも陥落させました。

ビルマは、農地の60％が水田で、豊かな、食料生産の能力を持っています。

また、ルビー、サファイアの宝石を産出しています。

□タイのデータ

人口　6900万人

人口密度　132人／平方キロメートル

面積　51万平方キロメートル

民族

タイ族　75％　タイ語

華人　14％

宗教

仏教（上座部仏教）　95％

イスラム教　4％

上座部仏教の男子は、一生に一度は出家するものとされている。

識字率　95％　非常に高い。

タイの国土は、日本の1・4倍、人口は、日本の5割強、人口密度は、日本の4割です。

中国華南に住んでいた、タイ民族は、インドシナ半島を南下して、現在のタイの地に定住することになりました。その地には、モン族、クメール人が、先住していました。

1238年、タイ族の最初の王朝、スコータイ王朝（1238～1350年）が誕生しました。その後、アユタヤ王朝（1350～1767年）、トンブリー王朝（1767～1782年）、チャクリー王朝（1782～現在）となっていきます。

タイの中央部には、チャオプラヤー川が流れ、世界有数の稲作地帯を作っています。

▼参考　寡占地域（その民族の住人が9割を超える地域）に住む主要民族の規模

スリランカを、1　とすると、

ミャンマーは、　2・2
タイは、　3・2　となります。
ちなみに、
日本は、　7・5　となります。

なお、この数値の算定は、その地域に住む民族の割合が9割以上の地域に住む、その民族の人口で比較したものです。

ただし、タイは近世からの中国人の増加が著しいので、8割にしました。ある地域に住むタイ族の割合が8割以上である、そういう地域に住むタイ族の人口の合計で、比較してあります。

この数値は、ほとんど単一民族で暮らしている（ほとんど単一民族で暮らしていると思っている）人々の、人口規模の比較となっています。

ほとんど単一民族で暮らしていると思っている人々の数が、スリランカが100人とすると、ミャンマーは220人、タイは320人、日本は750人になるということです。

▽上座部仏教がこれらの国で主流である理由

先のところで、スリランカ・ミャンマー・タイの歴史、民族、仏教の状況について、まとめてみました。これらの国では、上座部仏教が、現在も国教と言えるほど盛んであるからです。

そこで、分かることは、それらの国々では、主たる民族の全人口に対する割合は、最低で68％。圧倒的多数です。上座部仏教の率は最低で70％。これも圧倒的多数です。こういう状況なので、上座部仏教は生き残ってこられたのです。そして、社会の中で、大きな役割を持った宗教として重んじられてきたのです。もう一歩踏み込んで、考えてみました。

では、なぜ、そうなったのでしょうか。

これは、周りからの脅威が絶えず存在していたこと。ただし、圧倒的な脅威ではなかったこと。

それから、その脅威はインド世界からのものであったこと。

それから、国の規模が、小規模であったこと。

西暦1700年当時の、日本の人口を1千万人とすると、タイは450万人、ミャンマーは300万人、スリランカは150万人、このくらいの規模であったと考えられます。日本の国の規模では、もし状況が同じようであっても、一つの宗教が独占的になることは考えられません。

この、規模の比較には、先ほどの「寡占地域に住む主要民族の規模」のところを参考にして下さい。西暦1700年の人口は、相当乱暴な推定値です。

これらの考察は、上座部仏教の特質、並びに、その歴史的事情、その社会的事情を明らかにするために行いました。ここでは、明らかにインド世界からの文化の侵入を防げなかったカンボジア、中国の影響がどの程度のものであったか私にとって不案内のベトナム、この二つの国は考察の対象からは除外しました。

▽3国の仏教の状況を語る時、あまり触れられてこなかったことをお話しします

それは、上座部仏教が、最も気にすることです。律の伝承は、1国の中だけでは、断絶が有り得るということです。

11世紀、スリランカは、仏教が堕落した時、ミャンマーから僧を招いて復興しました。

18世紀、スリランカは、タイから、仏教を渡来せしめました。それが現在、スリランカで最大の教団になっています。

11世紀、ミャンマーにおいても仏教の堕落がありました。ミャンマーの王によって粛正と復興がなされました。

14世紀、タイは、スリランカの大寺派の仏教を国教としました。

これらのことを、3国の歴史をザーッと概観してみても、指摘することができます。

以下には、伝わっている歴史的事実のみ、記述します。

▽スリランカ

スリランカに仏教が伝わったのは、紀元前7世紀です。

7世紀から11世紀までは、スリランカ仏教の暗黒時代といわれています。政府が弱体であったことが原因です。

☆11世紀、ヴィジャヤバーフ1世（在位1059〜1113）は、ビルマのアノーラタ王に使いを遣わして、かの地の上座部の長老たちを招請し、島内の青年たちを出家させて、上座部仏教の復興を図りました（注1）。

▽ミャンマー

5、6世紀以降、モン族の国が勢力を増し、仏教を本格的に受容していました。以降、十一世紀初めまでは、仏教界は混沌の極みという状況でした。大乗仏教をはじめ、密教、上座部、その他の学派、何でもありの状況でした。

☆その中で、ビルマ族の王、アノーラタ王（在位1044〜1077）が、現れました。彼は、全ビルマを統一した最初の王といわれています。パガンに都を定め、堕落的な仏教サンガの粛正を断行しました。王は、1057年、モン族の都、タトンを攻略しました。

シン・アラハン（モン族の長老）の協力を得て、パーリ語の三蔵などを5頭の象に積んで、パガンに運ばせました。さらに、上座部の清浄なる比丘、500人もパガンに迎えました。それまで用いられていたサンスクリット語の仏教書に代えて、パーリ語のものにしたことは、画期的なことでした（注2）。

▽タイ

１０４４年、この地は、ビルマのアノーラタ王によって、征服されました。13世紀中頃、スコータイ王朝が成立しました。13世紀後半、上座部が、最大の勢力を持つようになりました。

☆１３６１年、スーリヤヴァンサ王は、スリランカに使臣を遣わし、上座部大寺派の教えを国家の宗教としました。スリランカから、僧の指導者を招きました。

☆１７５０年、スリランカの招きで、タイの仏教を、かの地へ渡来せしめました。それが、現在スリランカで最大の教団、シャム・ニカーヤの始まりなのです。

１７６７年、アユタヤ王朝は、ビルマ軍によって、滅ぼされました（注3）。

注1　『アジア仏教史 インド編Ⅳ 東南アジアの仏教』中村元他 監修 佼成出版社　１９７3年　89頁
注2　前書　136、137頁
注3　前書　166～168頁

第2章　教え　仏教
お釈迦さまの語られたこと

『スッタニパータ』と『ダンマパダ』を読んで、これからお釈迦さまにどんどん肉薄していきたいと思います。お釈迦さまがどのように、どんな内容の話をされたのか。それを少しでも明らかにしていきたいと思います。

そのために使う経典は、ありとあらゆる仏教経典の中で最も古いものとされているものだけにします。ここで、引用したのは、二つの経典だけです。『スッタニパータ（経集）』（注1）と『ダンマパダ（法句経）』です。この二つが、お釈迦さまに最も肉薄できる記述を含んでいると認められているものだからです。

これから、引用文を読んでもらう前に、予備知識として、知っておいていただきたいことがあります。それは、この二つの経典の中での前後の問題です。最も古いものは、スッタニパータの第4章、第5章です。次に古いのはスッタニパータの第1、2、3章です。そして、次に古いのはダンマパダということになります。ただ、この前後の話は絶対的なものではありません。

たとえば、ダンマパダの中にも、お釈迦さま当時のことと思われるものがあります。このことを頭の片隅に留めておいて下さい。

注1『ブッダのことば　スッタニパータ』中村元　岩波書店　1984年　解説433〜445頁

もう一つ、「日本語訳」の問題があります。今回私が使わせてもらった訳は、3人の方のものです。中村元先生、荒牧典俊先生、宮坂宥勝先生です。すべて原語からの日本語訳です。後のお二人には大学で直接アドバイスを受けたことがある先生です。今回、それぞれの場合、最も適当と思われる訳を引用しました。

その中で、荒牧先生の訳は、私が最高の訳であると常々繰り返し熟読しているものです。初めて読まれる方は躊躇されるかもしれませんが、その原典の意味内容を熟味した後、それを現在使われている日本語で可能な限り表そうとしておられます。その用語（日本語）の難しさにひるむことなく、さらりと読んで、そこに表されている意味内容を沸き立たせていただけたらと、使わせていただきました。

【この本の根幹をなす章です。読みにくい文章になっているかもしれません。この節には、私が強調したい文章に▼のしるしが打ってあります。このしるしを辿ってもらうだけでも、流

れが分かるかもしれません。】

第1節　お釈迦さまは、どのように語られたのか

お釈迦さまの語られた、その内容の話の前に、みなさんに確認していただきたいことがあります。それは、大変重要なことです。

それは、お釈迦さまはどのように語られたのか、ということです。

難しい哲学用語を並べて講義みたいなことをしておられたのか。自分が高座に座り、目の前に多くの弟子たちを集め、とうとうと高遠なる真理の世界を述べるみたいなことをされていたのか。お釈迦さまは、そういったことはされていなかった、ということを明らかにしたいと思います。

1　お釈迦さまの話は、難しい話ではなかった

第1番目に言いたいことは、お釈迦さまの話は、難しい話ではなかった、ということです。

その一例として、スッタニパータ第1章にある話を紹介したいと思います。お釈迦さまの、微笑ましい姿がそこにはあります。「牛飼いダニヤとの話」です。とてもユーモラスで温かい会話です。

【引用文について】引用する訳文は、意味を取りやすくするために、次のようなことがしてあることがあります。訳者がかっこ付きで補われた言葉を、かっこを外して載せてあること。また、漢訳語に相当する語をかっこ付きで補うこと。ただし、訳文そのものの変更は一切ありません。

引用文の所には、原典名、箇所、訳者名を載せてあります。訳のある著書の名前、出版年、出版社は、そのすぐ後に（注）として載せてある箇所もあります。そうでない場合、章末に参照文献としてまとめて出してあります。参考文献として挙げてあるものは、訳を読む時に、絶えず参考にさせてもらった文献です。訳を読む時に使わなかったものは、挙げてありません。

牛を放牧して暮らしているダニヤは申し上げた。

「わたくしはご飯を炊き、乳を搾りました。マヒー河の岸辺に家族といっしょに住んでいます。雨期に備えて小さな家の屋根は葺かれ、炉には火が燃えています。神よ、ときに、もしお望みとあれば、雨を降らせたまえ。」

世尊は説かれた。

「わたしは怒りもしなければ、心が頑《かたく》なでもない。マヒー河の岸辺に一夜宿る。小さな家の屋根は覆いがとられ、火は消された。神よ、ときに、もしお望みとあれば、雨を降らせたまえ。」（18、19）

牛を放牧して暮らしているダニヤは申し上げた。

「わたしの妻である牛を放牧する女性は温順で、足るを知り、長い間、いっしょに暮らして気にいっています。彼女のどんな悪い噂も聞いたことがありません。神よ、ときに、もしお望みとあれば、雨を降らせたまえ。」

世尊は説かれた。

「わたしの心は温順であり、解脱している。長い間、普く修めて、よく制御されている。しかも、わたしにはどんな悪もない。神よ、ときに、もしお望みとあれば、雨を降らせたまえ。」（22、23）

牛を放牧して暮らしているダニヤは申し上げた。

「まだ馴らされていないが成長した子牛たちもいれば、乳を飲む幼い牛たちもいる。身ごもる牝牛たちもいるし、処女牛たちもいます。牛王である最も優れた一頭の牡牛もいます。神よ、ときに、もしお望みとあれば、雨を降らせたまえ。」

世尊は説かれた。

「子牛たちもいなければ、乳を飲む幼い牛たちもいない。身ごもる牝牛たちもいなければ、処女牛たちもいない。牛王である最も優れた一頭の牡牛もいない。神よ、ときに、もしお望みとあれば、雨を降らせたまえ。」(26、27)

牛を放牧して暮らしているダニヤは申し上げた。

「杭は地面に深く打ちこまれて揺るぎません。新しくムンジャ草でつくった縄はよくなわれています。乳を飲む幼い牛たちでさえも断ち切ることはできないでしょう。神よ、ときに、もしお望みとあれば、雨を降らせたまえ。」

世尊は説かれた。

「あたかも牝牛がさまざまな束縛を断ち切り、あるいは象が悪臭を放つクサカズラを踏み砕くように、わたしは二度と母胎に入らないであろう。神よ、ときに、もしお望みとあれば、雨を降らせたまえ。」(28、29)

たちどころに、大雲が雨を降らし、低地や丘を水びたしにした。神が雨を降らす音を聞いて、ダニヤは次のように申し上げた。

「わたくしたちは世尊にお目にかかって、ああ、わたくしたちは実に多くのものを得ました。眼あるお方よ。わたくしたちはあなたに帰依いたします。あなたはわたくしたちの教師になってください。偉大な聖者（牟尼）よ。

わたくしも牛を放牧する女性である妻も温順です。わたくしたちは彼の岸に善く行ける者（善逝）のもとで清らかな行いをいたします。生死を超えたところの彼の岸に到達し、苦を滅するものとなりましょう。」（『スッタニパータ』第1章　18、19、22、23、26、27、28、29、30、31、32　宮坂宥勝訳）（注2）

注2　『ブッダの教え　スッタニパータ』宮坂宥勝　法蔵館　２００２年

牛飼いのダニヤが、お釈迦さまに向かって、自分はこれほど幸せに暮らしていること、何もかも順調にいっていることを、自慢げに謳《うた》っています。少しどなるような調子で、みんなに聞こえるように謳っています。うれしくてしょうがない感じです。

そして、雨が降るなら降ればよいと言っています。雨期の雨は、見渡す限りの氾濫を引き起こすから、厄災でしかないのです。ダニヤの自慢の表れの表現です。ただこの解釈は間違いかもしれません。

そういうことではなく、神よ雨を降らせたまえ、とは、自分の正しさの証明を神にさせる、雨にさせる、ということかもしれません。こちらの解釈の方が正しいかもしれません。お釈迦さまが言って、雨が降ったので、最終的に、お釈迦さまのほうの勝ち、ということなのでしょう。

ダニヤは、「おれにはこんなに素晴らしいかみさんがいるのだぞ。温かくて従順で、不平は言わないし、周りのみんなが、おまえには過ぎた女房だ、と誉めてくれる。そんなかみさんは、おまえにはいないのだろう」と、お釈迦さまに言えば、お釈迦さまは、「私の心は、いつも穏やかで温かいのです。障げるものがないくらい自由で、開けています。私は長い時間、心を見つめ、心をコントロールしてきました。今はそれをする必要もありません。それほど完璧なのです。将来への不安も一切ありません」と、応えられます。

ダニヤの言葉に続けて、お釈迦さまは、ご自分の仏教生活の素晴らしさを、ダニヤの言ったことの丁度、正反対の表現で謳っておられるのです。大きな声で高らかに、抑揚をつけて、謳っておられます。

このお二人の掛け合いは、本当に楽しげで、温かい時間だったと思います。こういう感じの会話というか、掛け合いは、ここにしか残っていません。『スッタニパータ』のここにしか、ありません。

本当に貴重な一節です。

よく残っていたなと、私は、感謝の念でいっぱいになります。とてもうれしくて、たまりません。こういうお釈迦さまは、大好きです。ますますお釈迦さまのことが好きになりました。

2　お釈迦さまは、講演、または講義をされなかった

2番目に言いたいことは、お釈迦さまは講演、または講義をされなかった、ということです。お釈迦さまは、いろいろな人々と言葉のやり取りをされました。つまり、「対話」をされたのです。そして、その対話は、最初に、相手からの質問があって、そこから始まるのです。

たとえば、こういうような質問から始まります。

「どうか、師よ。性の歓びのことでうき身をやつしているひとが、どのような苦難を経験することになるかということを教えて下さい。」（『スッタニパータ』第4章　814　荒牧典俊訳）

この後、お釈迦さまは、性の歓びのことでいかに心が固くなっているのか。そして、それ以外のことは全く考えることができないか、ということを指摘されます。そして、そのことによって、輪廻のどろ沼の中に深く深く沈んでいって、そこからの脱出がいかに難しくなるのか、と

いうことを諄々と語られます。

次は、お釈迦さまのことをこころよく思っていない、マーガンディヤという男の質問です。彼は、あわよくば、お釈迦さまのことをへこませたいと思っている、そういう男です。

マーガンディヤが申し上げる。

「あまたの諸王に求婚されつづけてきた美女にもかかわらず、あなたは、このような素晴らしい女宝をも欲しくないという。それではいったい、あなたの宗教的ドグマ（見解）とは何であり、あなたの戒律行・禁欲行・日常生活はどのようであり、またどのように再生して生きていく存在として生まれてきたと主張するのであるか」

世尊が説かれる。

「マーガンディヤよ、『わたくしはかくかくのことを主張する』というように、このわたくしには宗教的真理について判断したうえで確信していることがない。さまざまな宗教的ドグマ（見解）についてすら輪廻の根本であることをあきらめ知って、いかなるドグマ（見解）をも信奉することなく、真実なるままに思惟しつつ、わたしは内的なる静寂の涅槃をさとったのであった」

（中略）

マーガンディヤが申し上げる。

「もしも、たしかに真理を見ることによって清浄になるのでもなければ、真理を聞くことによっても知識があることによっても、戒律行や禁欲行を実践することによっても清浄になるのでない、というのであるならば、わたしが思うに、そのような教えは、ひどく馬鹿げた教えである。あるひとびとは、真理を見ることによってこそ清浄なる存在をさとっている」

世尊が説かれる。

「マーガンディヤよ、きみはある一定の宗教的ドグマ（見解）を根本的なるものとして絶対視したうえで質問を反復しているから、自ら確信しているようなことごとを基準にしていて訳がわからなくなってしまっているのであり、わたしが説く仏教本来の教えについてこれっぽちも理解しないのである。そのことによってひどく馬鹿げた教えだと思い込んでいる」（『スッタニパータ』第4章　836、837、840、841　荒牧典俊訳）

次は、お釈迦さまが、ある質問に対して、丁寧な答えで、応えられ、その間のやり取りがしっかりとされていることをよく表している場面の言葉です。

「わたしがあなたに質問したことについては、わたくしに答えていただきました。さらに最後の論題を、わたくしはあなたに問います。どうか教えて下さい」（『スッタニパータ』第4章　875部分　荒牧典俊訳）

次は、自分の今の境遇を嘆き、それを何とかできないかと問う、質問から始まります。


ピンギヤ尊者が申し上げる。

「わたくしは、年老いてよぼよぼになり、顔色《かんばせ》も衰えてしまいました。眼はぼんやりとしか見えず、耳もすっかり遠くなってしまいました。わたくしが、全く無智蒙昧《もうまい》であるままに、途中で死にゆくことがないようにして下さい。どうか真理（法）を説いて下さい。その真理（法）をはっきりと知ることによって、わたくしは、この世間にありながら、生まれては老いぼれゆく存在を放捨するようになりたいと思います」

世尊が説かれる。

「ピンギヤよ、いつまでも世間的存在でありつづけようとする深層の欲望のなすがままになるからこそ、ひとびとは、あらゆる苦悩が生じてくるのであり、老いぼれに征服されてしまうのだ、と観察しつつ思惟するがよい。ピンギヤよ、そのことによってきみは、日常生活をだらしなく生きることなく専一に修行して、繰り返し再生してこのまま生きていく存在でありつづけようとする深層の欲望を放捨するがよい」（『スッタニパータ』第5章　1120、1123　荒牧典俊訳）

3　お釈迦さまは、楽しそうに話をされた

お釈迦さまが話をされる時は、楽しそうであった。いつもリラックスしておられた。なぜなら、お釈迦さまの話は、誰かからの受け売りでなく、伝承でもなく、ご自分の今のそのままの話であったからです。今の自分を、ありのままにそのままに語られるからです。

世尊が説かれる。

「メッタグーよ、いまここにありありと真理（法）をさとっているのであって、『かくかくであった』とか『かくかくであるだろう』とかいう伝承や伝聞であるのではない真理（法）をば、わたしはきみに説こう。その真理（法）をさとって、あるがままにいまここの存在を自覚しつつ修行していくひとは、いつまでも世間的存在に執着しつづける毒薬のような深層の欲望の洪水を渡っていくであろう」

（中略）

メッタグー尊者が申し上げる。

「ゴータマの家系のひとよ、大聖仙なるあなたのこの言葉は、ほんとうに素晴らしい教えです。いかなる所有もなくなった涅槃の静寂にみちびく教えです――わたしはあなたの言葉に踊躍歓喜します。全く疑いもなく、世尊はあらゆる苦悩を放捨してしまっている。あなたこそ、いつどこにても同一の真理のままに、この真理をさとっているからである。

そして、沈黙の聖者よ、いまやあなたが、さらにつづけて反復してこの教えを説法していくならば、この教えを聞法したひとびとも、あらゆる苦悩を放捨するであろう。されば龍象のようなリーダーよ、わたくしは、あなたのいますところに近づいて、あなたに礼拝する。世尊よ、どうかわたくしにも、つづけて反復して、この教えを説法して下さい」（『スッタニパータ』第5章　1053〈1066もほぼ同じ。「真理（法）」に代わって「涅槃の静寂」になっている。1084も同じような内容〉、1057、1058　荒牧典俊訳）

1057偈の「あなたこそ、いつどこにても同一の真理のままに、この真理をさとっているからである。」のこの表現を、私たちはどのように受け止めているのでしょう。

この世界には同一普遍の真理なるものがあり、その真理そのものを理解し体得すること、このように受け止める人がほとんどであろうと思われます。このように理解することが、私たちにとって、なじみのある理解手法であるからなのです。

スッタニパータには、たびたび「（固定化された）宗教的ドグマ」によることの、弊害が指摘されています。

自分の中に見ることのできた何か（本人はこれを真理と呼んだりします）を、不変なるものとしてしまうと、ありのままに（tathā）見る、さとることができなくなってしまうのです。自分の中に見ることのできた何かを、信じ込んではいけません。それこそがお釈迦さまの言われる、欲望の洪水の中に巻き込まれているのと同じことになってしまいます。

先の偈の意味を、次のように取りたいと思います。「お釈迦さまだけが、いついかなる時でも、目の前に自分にとっての確かなるものが確実にある、まさにそのように、そのようであることを体得してしまっているのである」。

ここでは、絶対的真理というものは存在しません。自らが寄《よ》る辺《べ》とする神も宗教も存在しません。それらは、目の前にあるものを見る上で、固くします。それらに引きずられて前にあるものを違ったものに見せてしまうこともあります。

現代の言葉で、やさしく言ってみます。「自分の中にある何者にも、邪魔させません。凝り固まったさまざまな意見にも、引きずり回されることはありません。そのようにして、お釈迦さまは、見ておられるのです」。

だからこそ、聞く者に、お釈迦さまに対する信頼が、自然に芽生えてくるのです。お釈迦さまほど、うそ、いつわりとは全く縁がない人は地球上に存在しません。演技、芸とか、何々ぶるということとか、そういうことをする必要が、お釈迦さまには全くないのです。

お釈迦さまは、今思っておられていることを、話されます。

お釈迦さまは、この人はどうしたらよいのであろうなどの考え事を、最適な時にされます。

お釈迦さまは、目の前におられる人にとって最適な時に、話をされます。

いわゆる「仕組み」ということが全くないのです。

第2節　お釈迦さまが、どんな内容の話をされたのか

ここからは、お釈迦さまが、どんな内容の話をされたのか、お釈迦さまの教えの中身について明らかにしていきたいと思います。

▽お釈迦さまの教えの中身

この節の中で、【　】で囲んである言葉は、一般的に「仏教の教えはこういうことです」という話の時に、お坊さんたちが最初に言う言葉です。「仏教の代表的な教えは、【　】という

ことです。その意味は○○ということです」という感じに使われる言葉です。

1　世の中によくある法話とは全く違います

私も、次のような法話を、20年ぐらい前までは、よくやっていました。

「仏教では、一切皆苦、一切行苦と申しまして、この世のあらゆるところで、苦しみが満ちあふれているのです。そのような所に、今あなたは立っているのです。四苦八苦と言いまして、この世にはたくさんの苦しみがあるのです」。

「どうでしょうねえ」と言って暗に同意を求めてみたりもします。「自分はいい嫁がいて大事にしてくれるし、子どもにも恵まれているし、旦那は7年前に逝ってしまったし、今が最高に幸せです」と言うお婆さんがいれば、「その幸せ、いつまで続くんでしょうねえ」と言って、無理矢理、苦しみの方へ目を向けさせることもあります。そして、聴衆が次第にそのように思うようになるように話していきます。そうしておいて、最後に、それを救って下さるのが、ほとけさま（この部分は、その時々で、話をしているお坊さんの立場で、いろいろ変わる）なのですよ、と納得させます。

こういう話を聞かれたことはありませんか。私は、こういう話が間違いであるとは言いません。しかし、私が言いたいのは、お釈迦さまは、そういう感じのお話はされませんでしたよ、ということです。どういうことなのかというと、順序が逆なのです。私の20年前の法話は、まず仏教の教えがある、というところから始まります。教えの解説から始まるのです。お釈迦さまの話は、どうもそういうものではありませんでした。相手の今の状況、今思っていること、相手が今感じていることから、話が始まります。

私が言いたいことを、お釈迦さまが残されたものの中で確かめることは非常に難しいことです。なぜ、それが難しいか、少しお話しします。それは、簡単に言うと、ボイス・レコーダーがないからです。何をおちょくった言い方をしているの、と怒られそうですが、そういうことです。生の声の記録がないからなのです。あれば、その中の、誰かさんに説法された声記録の、たった一つでも聞けば、すぐに分かることです。

それなら、今伝わっている古い経典は、お釈迦さまが説かれたもの、そのものではないのでしょうか?

はい、お釈迦さまが説かれたそのままを記録したものはほとんどありません。ほとんどありませんというか、実際は全くありません。

いまこの章で引用しているスッタニパータ、ダンマパダが、最も、お釈迦さまの生の声が残っているといわれているものなのです。それを丹念に読みながら、お釈迦さまの生の声、お釈迦さまその人そのものに迫りたいのです。

2　お釈迦さまが残されたとされている経典類が、どのように作られ、残されたのか

この内容は、次章「第3章　受け継ぐ者たち」で述べるのがふさわしいですが、ここでは、最初期の経典類が作られた事情についてだけ、お話しします。

お釈迦さまが生きておられた時は、経典を作るということは行われていなかったと思います。ある場所で誰々さんにお話をされた、ということがあるだけで、それをその話を仏教徒、みんなで共有するということは、大きな動きとしてはなかったようです。ただそれを聞いた人がお釈迦さまがこれこれの場所で誰々さんにこういうお話をされていましたよ、ということは、仏教徒たちの口にはよく上っていたことだろうと思います。

お釈迦さまのお弟子さんには、どういう人がいたのでしょう。お弟子さん代表と言える人は2人おられました。舎利弗《しゃりほつ》さんと目連《もくれん》さんです。お二人は、お釈迦さまが、ブッダ（目覚めた人）になられて、マガダ国の王都ラジギールで本格的な教化活動を始められてまもなく、お釈

迦さまに出会われたようです。

舎利弗尊者は、頭脳明晰な方で、お釈迦さまの話を完璧に理解でき、それをお弟子さんたちに分かるようにまた話されていたようです。

目連尊者は、活動的な人であったようです。遠くまで布教に出かけられて、お釈迦さまの教えを広めるのに尽力されたようです。このお二人は、お釈迦さまの晩年、お釈迦さまより少し早く、この生を終えられたようです。

お釈迦さまには多くのお弟子さんがいました。お釈迦さまの教えを守って、人がほとんどいない場所で一人修行している人、その逆に、王都の人が集まる所で、教えを面白くアレンジして受け狙いの説法をする人まで、いろいろな人がいたでしょう。後者のお弟子さんは、いつもお釈迦さまからあなたの修行は大丈夫ですか、と笑顔で怒られていたでしょうけれど。

そんな中、お釈迦さまは、故郷への最後の旅行の途中で亡くなられます。ご遺体に対面できたお弟子さんは、少なかったです。ほとんどのお弟子さんたちは、お釈迦さまが亡くなられたこと、その場所の種族の手で丁重に葬儀が行われたこと、お骨の分配も無事に行われたこと、などを人づてに聞きました。そして、お弟子さんたちは、自分たちがやらなければならないことは何なのかを、自然に考えたと思います。

お釈迦さまは、自分が死んだ後、これこれのことをしなさいということは、ほとんど言い残していませんでした。お弟子さんたちも、お釈迦さまに、どうしたらいいのかと尋ねることもほとんど有り得ませんでした。ただ、自分の遺体の処理はその土地の人々に任せるべきで、出家僧（比丘）は携わるな、とだけ言い残していかれました。

まず、お弟子さんたちは、集まろうとしました。大先生が亡くなって、これから自分たちが生きていくのは、先生が残していかれた教えによってしか、有り得なかったからです。自分には、自分の聞いた教えがあります。他のお弟子さんには、他のお弟子さんの聞かれた教えがあるはずで、それを弟子たち皆で確認することが、まず、するべきことだと、多くのお弟子さんたちが自然に思われたのだと思います。どこに集まるか。これも誰かの指示でということでなく、先生がいつもお話をされていた場所、マガダ国の王都、ラジギールの竹林精舎に自然に向かわれたと思います。集まったのは、500人、期間は7カ月、場所は、インドのラジギール（王舎城）の竹林精舎付近といわれています（注3）。

注3　『ディーパ・ヴァンサ（島史）』南伝大蔵経　六〇　島王統史　大王統史　26、27、31頁

3　お釈迦さまの教え、とはどういうことだったのか

ここでは、教えを表す言葉としてよく挙げられます六つの言葉を、お釈迦さまがどのようにして使われたのか、どんな内容、意味を持っていたのかについて、お話いたします。

この後、①から、②、③、④、⑤、⑥までには、「▼」のしるしが、文章中に打ってあります。これは、私が、注意して読んでいただきたいと思う箇所に、打ったしるしです。強調したい文章の頭に打ってあります。終わりのしるしは打ちませんでした。文が一つの所が多いですが、文が三つぐらいの所もあります。

この節全体が、ますます読みにくいものになっています。お釈迦さまの教えそのものの話です。この本の根幹をなすものです。少しでも、見やすく、読みやすく、と思って付けてみました。

①【一切皆苦《いっさいかいく》】、②【諸行無常《しょぎょうむじょう》】、③【諸法無我《しょほうむが》】、④【涅槃寂静《ねはんじゃくじょう》】、⑤【苦集滅道《くじゅうめつどう》】、⑥【縁起《えんぎ》】の六つです。

①【一切皆苦《いっさいかいく》】

「『一切の形成されたもの（行）は苦しみである』と明らかな知慧（般若）をもって観るときに、ひとは苦しみから遠ざかり離れる。これこそ人が清らかになる道である。」（『ダンマパダ』278 中村元訳）

「いざ老死の苦悩がせまってきたときには、あわてふためいて悲歎する。『この世から死んでいったときには、いったい、いかなる存在になるだろうか』と。」（『スッタニパータ』第4章 774部分 荒牧典俊訳）

ダンマパダでは、①【一切皆苦】、②【諸行無常】、③【諸法無我】の三つがまとめて語られています。この三つは、ひとまとめの文脈の中で語られたのでしょう。

ダンマパダで語られた順番は、②諸行無常（277偈）、①一切皆苦（278偈）、③諸法無我（279偈）の順です。▼多くの場合、この三つを、無常、苦、無我の順序で説かれたのだろうと思います。

今手に入れている幸せ、それがこの先ずっと続くものではないし、そのことは、私たちは何となく分かっているのでそれを指摘されても、そうですねえと、うなずきやすいです。

私たち、お坊さんも、これらの話をする時、この順番をよくします。常（無常の反対）、楽（苦の反対）、我（無我の反対）で話をしていくやり方です。これは、とても話がしやすいのです。

みんながこのようであったらいい（常）と思うことを、思い連ねていきます。みんなが幸せと思う時間（楽）を思い浮かべていきます。みんなが自分を精一杯出し切った充実感いっぱいの瞬間（我）を想像してみます。

そして、それらが、この後、どうなっていくのでしょうねえ、と思いを先に進むようにして、その後、空白の時間を取ります。そうすると、自然に、②諸行無常、①一切皆苦、③諸法無我が成立するのです。お釈迦さまがこの順番でお話されたのかは分かりませんが、お釈迦さまのお弟子さんたちは、この順番の話をされたことが、このダンマパダの書き方で何となく分かります。

私が、この一切皆苦ということを第1番目にしたのは、一切皆苦という教えが、教えの根本にあるとか、教えの最初にあるとかということではありません。

▼一切皆苦という瞬間は、正しく今の自分の現状を捉えられた時、その時、初めて出てくる瞬間なのです。その教えがあるから、そういうことが観えるというのではありません。このことは、ダンマパダの文章の「明らかな知慧をもって観るときに」の部分をしっかり読めば自ずと明らかです。あくまで、「明らかな知慧をもって、観るときに」です。そのときに「一切皆苦と、観る」ということになるのです。

そうであるのならば、そこにある苦しみということは、どういうことなのか、ということになります。

先に挙げました、スッタニパータの引用文（774）を読んでみて下さい。

▼そこには、老いと死という、自分にとって厭なものが、今ここに来ているということが前提として、言葉が発せられています。気づいたならば、というような条件のもとで、ということではありません。あくまで既にそこにあるということです。既にそこにあるということが前提になっています。

お釈迦さまは、ご自分の主張を、ある段階の結論を、振りかざすようなことは全くされていません。

自分の目の前にいる人が、そのときその場で、思っていること（想っていること）、そういうところから、その人自身が考え、思いを進めていくことを期待されます。

▼自分のところにある不都合な事実を、自分のところにある厭なことを、誰かから指摘されるのでなく気づくこと、それが最もよい出発になるのだと思います。

お釈迦さまは、私たちが気づくことを期待はされます。でも、お釈迦さまは、私たちが気づくように促そうということすらされません。

お釈迦さまは、私たちが気づいて欲しいと思っておられます。しかし、その気づきに、直接、タッチされることはしません。カリキュラムや、いわゆる教育では、その人自身の本当の気づきが起こることがないことをご存じだからです。

不都合なこと、厭なことを、苦しみと見る。味わいたくないことと、見る、見なす。これが、最もよい始まりなんだと思います。

▼仏教は、始まりの教えです。始まる教えです。何かが始まる教えなのです。その始まりを表す言葉が「苦しみ」なのです。

▼「苦しみ」という言葉は、人間にとってとても重い言葉です。どんな人も、自分ということが感じられるようになった時（個の自覚、自己の出現）には、自分の中で、現状を、「苦しみ」という言葉で捉えることができるものです。「苦しみ」という言葉は、そのくらい人間が生きていく時に大事な言葉なのです。

ダンマパダに、「ひとは苦しみから遠ざかり離れる」とあります。これは、始まる、進む、歩む、行く、ということです。本当に始まった感、本当に歩んだ感があることを言います。そしてこの表現は、この句は、①一切皆苦（278偈）だけでなく、②諸行無常（277偈）、③諸法無我（279偈）のダンマパダにも全く同じようにあります。

「苦しみ」という言葉が、お釈迦さまの教えの中で、最も大事な言葉であるのです。教えの土台のど真ん中を成しているのです。そういった意味で、私は、【　】の中の一番初めに取り上げることにしました。

お坊さんたちが、よく【一切皆苦】という言葉を使って語られているお話は、次のようでしょうか。

「健康が何よりも大事と言って、ジムに通ってみたり、サプリメントを飲んでみたりして、頑張ってみても、結局は死んでいかなければならない身なんですね。釈尊は、一切皆苦、この世の中のあらゆる所に、苦しみは満ちあふれているんですよと仰いました。私たちは、お釈迦さまの言葉にうなずき、いつも上を見て明るく生きていかなければなりません」。

私は、そういう時に使われている【一切皆苦】という言葉を、ハンマーでたたき潰したくなります。あまりにお釈迦さまの仰ったことと違うと思うからです。

②【諸行無常《しょぎょうむじょう》】

「『一切の形成されたもの（行）は無常である』と明らかな知慧をもって観るときに、ひとは苦しみから遠ざかり離れる。これこそ人が清らかになる道である。」（『ダンマパダ』277　中村元訳）

「ああ、いまの世の人生のはかないことよ。百年も生きないうちに死んでしまう。もしやひょっとして百年をこえて生きるひとがあるとしても、それからどうなるかといえば、やっぱり老いぼれて死んでいくより他はない。

わたしのものだとして所有している妻子などがあるからこそ、ひとびとは、いつもいつも悲痛をあじわう。わたしのものとして所有する妻子などであろうと、このような所有物にして、いつまでももとのままに変化しないようなものは存在しないからである。いまここなる存在は、存在しているとはいっても、そのときそのとき別々の存在になっていくような存在である。このようにさとって家庭生活にふみとどまらないようにしなくてはならぬ。」（『スッタニパータ』第4章　８０４、８０５　荒牧典俊訳）

「一切の形成されたもの（行）（saṅkhārā　saṃskāra）」という言葉が、①【一切皆苦】にも、②【諸行無常】にも出てきますが、どういった意味でしょう。このことは、普通お坊さんのお話には出てきません。お坊さんにもよく分かっている人はほとんどいません。学者の先生でも、分かっている人は少ないと思います。

どういうことなのかと言いますと、こういう用語は、お釈迦さまが、普通の人たちに仏教を語る時に使われた言葉では有り得ないからです。お釈迦さまが、お弟子さんたちと、教えを厳密にはっきりさせる必要があるときにだけ使われた言葉なのだと思います。お弟子さんに「これはどういうことですか?」と尋ねられて、初めてお釈迦さまが使われた言葉なんだと思います。この場合で言いますと、「『あらゆるものごとは苦しみなのです』とお釈迦さまは言われましたが、その『あらゆるものごと』とはどういうことですか?」とお弟子さんが尋ねられて、初めてお釈迦さまが使われた言葉なのだと思います。

私もよくは分かっていませんが、分かっていないなりに、このことについて話がしたくなったので、お話しします。

普通こういう言葉の解説は、「この言葉は、ブラーフマナのどこどこにある言葉で、もともとの意味はこれこれです。それを仏教は意味を少し変えて転用したのでしょう」という具合になるはずです。

私はそういう解説をするための知識は持っていませんので、そういう話はできません。

▼今、ふと、私は、この「一切の形成されたもの(行)」とは、現代で言うと、どのような意味なのか、どのように使うことができる言葉なのか、という話がしてみたくなりました。その前に、お釈迦さまが、この言葉を、どういう時に使われたのか、なぜ使われたのか、について考えてみます。

無常である、もの、こと。苦しみである、もの、こと。そういうものであると明らかな知慧でもって観る、その対象（人が扱っているあらゆるもの、ことのこと）。

これは、まず、「人が扱っているあらゆるもの、こと」であるということです。

私たちが扱うもの、ことのことを、仏教は、「形作られたもの、こと（行）」と表現します。

どういうことなのかといいますと、仏教は、どんなものもすべて、固定、独立して存在しているものは有り得ないと考えるのです。不変な一個体の存在を否定します。

言い直してみます。分かるように言ってみます。例えば、神というもの、現代で言うところの一神教の神、絶対的な存在のことですが、そのようなものは私たちにとっては、存在していないとお釈迦さまは考えるのです。
▼現代、時々自慢げに使われたりする言葉、「大宇宙の真理」、なんてものは、有り得ないとお釈迦さまは考えるのです。永遠独立して誰も犯すことのできない「個の存在」も有り得ないと考えるのです。
これらは、すべて、その当時の思弁的な考え方のスタンダード（標準的な考え方）を打ち破る、そういう考え方なのでした。

しかし、そのことを表すのに使えた言葉は、お釈迦さまが考えておられることと全く違うことを論ずるために使われた言葉だったのです。その言葉を使うしかないので、それらの言葉を注意深く使われました。その辺りのことは、スッタニパータの古層のところを読むとよく分かります。だから、当然、言葉の指し示していることが曖昧に感じるのです。

しかし、お釈迦さまのお弟子さんだけの時代になると、その言葉の仏教の中での意味が固定化されてきます。そうしてきて、ダンマパダの「すべての形成されたものは苦しみである」というような、真理的表現が出現するのです。この表現は、お弟子さん同士の間の表現です。一般の仏教信者さんに対して使われた言葉では有り得ませんでした。

また、少しもとへ戻ります。
▼仏教は、あらゆるものを形作られたもの、と見ます。もともとあるものは「ない」と言います。どんなものもこれからどんどん変化していくと主張します。
このことを了解しておられるでしょうか。

このことは、お釈迦さまの時も、今の仏教の時も同じく、言っているはずのことなのに、今は、全く気づく人はほとんどいません。このことを指摘しても、気にかける人は、ほとんどいません。私の実感では、お坊さんたちの千人のうち、5人ぐらいでしょうか。これは、私の意見に同意する人という意味ではありません。このような意見を気にする人、このような意見に反対する人も含めた割合のことです。

お釈迦さまの教えは、哲学的思想ではありません。思弁的でもありません。もともとどんなものであったかと言うと、私の考えを少し述べてみたいと思います。
▼今ある現状を正確に見ること、そして、これから何をしていこうとするのか、自分の中に湧き上がってくるものを正しく見て、それに順い歩んでいくこと、このことに尽きるような気がします。

お釈迦さまは、そのことを思弁的な思考を志向する人と論じあうとき、自分自身も思弁的な用語を使うしかないので、その当時の使える言葉を使って、何とかご自分の考えておられることを伝えようとされたのだと思います。

それと、もう一つ有り得ることは、お釈迦さまがおられないとき、お弟子さんたちは、お釈迦さまの仰りたかったことは何だったのかの、わいわいがやがやをするとき、次第に思弁的用語を使うようになり、お弟子さんの中で用語の定義が進んでいくということがあったような気がします。次第に、仏教用語となっていく言葉、仏教の教えを表す言葉が出来上がっていくのです。
▼それを、お釈迦さまは、よく分かっていないねえ、とは思われたのでしょうが、自然の成り行きを黙認しておられたのだと思います。お釈迦さまの微笑みが、少し、皮肉交じりの微笑みが目に見えるようです。

この②【諸行無常】の中の、▼「無常」、「常」、言い直しますと、「このままずうっと続いていかない」、「このままずっと続いていく」、ということは、人間、深く立ち止まって考えるまでもなく、既に何となく予測している、思ってしまっているこことなのでないかと思います。思考より前に、既に自然に感じてしまっている。感覚的なことのような気がします。

私は、このことを、ずっと以前から、「最も基礎的な素晴らしい感覚、続くか、続かないか。常であるか、常でないか」と呼んできました。

①の「苦しみ」も、そのようなものだったのかもしれません。しかし、私もこれは、そこまで言う自信はありません。ちょっと、「苦しみ」は、私にとって、どうしても重い感じの言葉だからです。

お釈迦さまの生の声に近い、スッタニパータには、さらりと、この辺りのことが出ています。

▼「やっぱり老いぼれて死んでいくより他はない」（『スッタニパータ』804）

「いつまでももとのままに変化しないようなものは存在しないからである」（『スッタニパータ』805）

▼普通に普通に、仰っている。押しつけがましさは、ゼロ。しかも、ご自分でそのように思って、仰っている。

　こういう言葉に接すると、本当にお釈迦さまに、直に会いたいなあと思います。でも、会えなくても、お釈迦さまの温かさ、ぬくもりは感じられるような気がします。

③【諸法無我《しょほうむが》】

「『一切の事物は我ならざるものである』（諸法非我）（注4）と明らかな知慧をもって観るときに、ひとは苦しみから遠ざかり離れる。これこそが人が清らかになる道である。」（『ダンマパダ』279　中村元訳）

注4　「これがパーリ聖典にあらわれる古い思想である。ところがのちには、『一切の事物は恒存する実体を持たない（無我である）』と解釈するようになった。」（『ブッダの真理のことば　感興のことば』中村元　岩波書店　1984年　124頁）

「モーガラージャ尊者が申し上げる。

『いまここには人間の世間的存在（世の中）が存在します。その他さまざまな生き物の世間的存在（世の中）が存在します。さまざまな神々の世間的存在（世の中）、及び最高のブラフマ神（梵天）の世間的存在（世の中）も存在します。あまねく名声のゆきわたったゴータマさまが、どのようにそれらの世間的存在を観察しつつ思惟するかということが、わたくしにはよく理解できません。

わたくしは、つぎのような問いを問いたいとの願求やみ難く、最高の智慧の眼によって見そなわすあなたのもとへやって来ました。

どのように世間的存在を観察しつつ思惟するならば、そのひとを死神の大王が見つけることがないでしょうか？』

世尊が説かれる。

『モーガラージャよ、つねに瞬時をおかず、あるがままにいまここの存在を自覚しつつ、自我的存在（我）を思考するドグマ（見解）を引き抜くように、ここなる世間的存在は空《くう》である、そこに自我は存在しないと観察しつつ思惟するがよい。そのようであるならば、死神の跳梁する領域を超越するであろう。そのように世間的存在を観察しつつ思惟するならば、そのひとを死神の大王が見つけることはない。』』（『スッタニパータ』第5章　1117、1118、1119　荒牧典俊訳）

スッタニパータのこの箇所について、私の思うことをお話ししたいと思います。

私たちの目の前に広がっている世界、動物たちの目の前に広がっている世界、神々の目の前に広がっている世界、最高神の目の前に広がっている世界、いろいろな世界、世の中、世間があると、私たちは思っています。そして、▼私たちが思っているそういう世界、世の中の中でこそ、生きていると思っています。そういう世界とどのように関わるかで、自分の大事なことが達成できると思っています。

しかし、本当は、私たちにとって大事なことは、それらの世界のことをどのように思うのか、ではないのです。それらの世界にどう関わるのか、ではないのです。▼この質問者、モーガラージャにとって、最も大事なことは、死というものに巻き込まれたくない、ということです。それを達成するには、世間、世界、世とどのように関わるべきなのか、それによってのみ、そのことが克服できると思い込んでいます。

▼それに対して、お釈迦さまは、質問者、モーガラージャが、まずすべきことは、自分の置かれている、今現在の有りようを捉えていることなんですよ、と指摘します。

（ごめんなさい。私のものの言い方が何かぎこちなく、何か変だなあ、と思われることが、時々あるかもしれません。この箇所もそうなのかもしれません。

ここは、普通の表現では、「まず、すべきことは、自分の置かれている、今現在の有りようを捉えていくことなんですよ」です。普通、「いく」と書くところを「いる」と書いているのです。お釈迦さまの仰りたかったことを私なりに表現すると、どうしても、「今現在の有りようを捉えている」なのです。

申し訳ありません。この辺りの違い、重大な違いを感じ取っていただけたら、と思います。）

今の一瞬一瞬のそのままの自分を感じていることなんですよ、と仰られます。

しかし、この指摘のことを、モーガラージャは間違って解釈してしまうということを、お釈迦さまはご存じなのです。

どういうことなのかというと、質問者、モーガラージャは、その当時のインド世界の哲学的宗教用語「アートマン（我）」を思い浮かべて、アートマン（我）の方向へ行こうとすればよいのだと、お釈迦さまは仰っているのだと、そのように受け止めています。モーガラージャが自分の言葉の本当の意味を受け止めることができないことを、お釈迦さまは分かっておられました。

アートマンという言葉は現在の日本語で表現するとすれば、「真実の自己」とでも表すことができると思います。でも、注意して下さい。仏教では、お釈迦さまの仏教では、「真実の自己」なんてものは、本当は存在しないと主張します。真実の自己なんてものは、ないものなのです。まやかしに、無意識にあるとしてしまっているものなのです。

あると考えると、生きていけそうな気がする。それを自己実現すれば、何もかもうまくいく、最高の達成感が得られるような気がする。そういった、まやかしのものと考えればよいと思います。

「アートマン」とは、本当は、インド人にとって、完璧に刷り込まれた肯定的用語なのです。過去、お釈迦さま当時から現在に至るまで、インド人にとって、骨の髄までしみこんだ考え方です。このことをいくら説明しても、彼らがうなずくことは有り得ません。ですので、これ以上、触れることは止めておきます。

▼お釈迦さまは、そういう用語を使いながら、その肯定的ニュアンスを一概に否定するのでなしに、「今私たちが関わっているものは、アートマンとは無関係である」、「我（アートマン）ならざるものである」と、ダンマパダでは仰り、「我（アートマン）を思考するその考えを引っこ抜く」とスッタニパータでは仰るのです。

私たちが関わっているあらゆることが、「我ならざるものである」。「アートマンでない」。自己当体の問題とは関係がない。アートマンのこととは関わりがない。自分の真実性とは関わりがない。

このように、言ってみたけれど、非常に分かりにくい。分かってもらいにくい。だから、お釈迦さまは、お弟子さんたちが理解したそのままにしておられたのだと思います。それが、後世、今の私たちも理解している「我がない」、「恒常不変の実体は存在しない」というように、考えられていくのでしょう。

☆　空（śūnya）

▼ある、ある、あると言う人、ある、ある、ある、あると思い込んでいる人には、「本当はないのですよ」と、それを否定しても、何のことか分からず、ぽけーっとしているだけなので、お釈迦さまは、「からっぽだよ」と仰ったのです。

そこには、アートマンはないんだよ、と仰ったのです。

本当に温かい言葉だと思います。アートマンのことをすごいものだと思い込んでいる人に対して、アートマンに向かうのはだめだとは言われない。あなたが向かおうとする先には何もないんだよ、と言われる。その時に使われた言葉が「からっぽ（空）」なのです。

追記　この「空」という言葉は、お釈迦さまがおられた時代、お釈迦さまが亡くなられて、お弟子さんたちだけになった時代から約300年後、「般若経」という経典が作られて、その中で、また人の口に上るようになったのです。また、それから200年後、龍樹《りゅうじゅ》というお坊さんによって、仏教の根幹を表す言葉として、この「空」という言葉が使われるようになっていきます。

④【涅槃寂静《ねはんじゃくじょう》】

A「かくかぎりなくひろい叡知あるひとは、あるいは見た真理であれ、あるいは聞いた真理であれ、あるいは思考した真理であれ、いかなる宗教的真理についても唯一最高の宗教的真理だとして絶対視することがない。

真のバラモン（宗教者）（注1）たるひとは、真知によって知ったからといって、あるいは真実に見ているからといって、かくかくであるというようにきめてしまって信念にすることがない。（中略）この世間にありながら、『これが最高究極のものだ』という信念をもつこともないのである。」（『スッタニパータ』第4章　793部分、795部分　荒牧典俊訳）

B「比丘（出家僧）たるひとは、いかなるものをも根本的なるものとして絶対視することのないようにするがよい。

いかなるものをも自己自身のものとして所有することのないひとであるならば、真知すらをも根本的なるものとして絶対視することはない。」（『スッタニパータ』第4章　798部分、800部分　荒牧典俊訳）

C「真のバラモンたるひとは、戒律行や禁欲行を実践することによって、さらに上へと導かれることがない。最高究極のところに達していて（pāramgato）、いついかなるところにおいても同一なるままであって、何らかの他の存在になるということがないのである。」（『スッタニパー

タ』第4章　803部分　荒牧典俊訳）

D「世塵を超脱しきった修行実践をこそ学道修行していくがよい。これこそが、聖者たちにとっての最高の修行実践であるからである。がしかし、このように修行実践しているからといって、他のひとびとと比べて、自分がもっともすぐれているなどと高慢になってはならぬ。まことにそのようなひとこそ、いまここにありありと静寂なる涅槃（nibbāna）が現成《げんじょう》してくる間近さのうちにいる。」（『スッタニパータ』第4章　822　荒牧典俊訳）

E「あるいはそうではなくして、あらゆる戒律行をも禁欲行をも放捨してしまい、この世間にあるかぎりの罪過ある悪業をも罪過なき善業をも放捨してしまい、『清浄になろう』とも『不浄であろう』とも願求することなく、一切から超脱しきって修行し歩くがよい。静寂なる涅槃（santi）すらも、よきものとして固執することなく。」（『スッタニパータ』第4章　900　荒牧典俊訳）

ここに挙げた、A、B、C、D、Eは、『スッタニパータ』第4章の中で、お釈迦さまが最も強調しておられると思われる箇所を並べたものです。

▼スッタニパータ第4章は、あらゆる経典の中で、最も古いといわれているものです。お釈迦さまの肉声がそこにはあるといわれている、最古層の部分です。

そこで、お釈迦さまが仰っておられることの中で、最もお釈迦さま自身が声を大きくして仰りたかったことを、ピックアップして、出てくる順に、前から順番に並べたものです。
こうして見ますと、▼私たちが今まで目に触れたことのない仏教の姿が現れてきます。

お釈迦さまが、お弟子さんたちに、これこれのことをしなさいといって勧められたのは、戒律行と、禁欲行の二つです（C、Eより）。

その二つを実践していくのですが、それは、世塵を超脱しきったものでなければなりません（Dより）。

しかし、その二つを実践して、さらに高みに登っていくと考えてはいけません（Cより）。

今、やっていることが最高の修行実践であるということがあるからです（Dより）。

その時は、他と人と比較して自らが優れていると思うことは有り得ません（Dより）。

なぜなら、その人は、最高究極のところにいるのであって、真実なる安らぎの間近にいるからです（Dより）。

▼そういう人は、いかなる真理をも、絶対的な真理だと思うことはありません（Aより）。

真知によって見たものも、真知すらも絶対視することはありません（A、Bより）。

▼あらゆるものを放捨して、あらゆるものから超脱しきって、歩くのがよい（Eより）。

涅槃すらも、よきものとして固執することなく（Eより）。

ここに顕わになった仏教の姿こそ、本当の仏教の姿だと私は思います。本当のお釈迦さまの教えだと思います。

これらの教えは、初期大乗仏教の経典の黎明期(最初期の般若経が出来上がろうとする時)に、なぜか、人々の目に触れない所から湧き上がってきて、一部の人たちに取り上げられて、表の世界に現れるようになります。そして、そこから、初期大乗仏教の経典が次々に生み出されてくるのです。

▼涅槃とは、真に安らぐ時

お釈迦さまは、「涅槃（注2）」という言葉、「寂静」という言葉は使っておられますが、「涅槃寂静」というように重ねて一つの言葉としては使っておられません。

この「涅槃寂静」という言葉は、現代でも、ほとんど使われることがありません。ちょっと物知りのお坊さんが、「釈尊の教えの究極の目標はこの涅槃寂静であって、悟りそのものを表す言葉です。涅槃とは、煩悩《ぼんのう》の焔《ほのお》が吹き消された状態を言います。寂静とは、心が穏やかで波立たなく静かな、悟りの境地を言います」と解説してくれます。お坊さんのお話の中だけの言葉になっています。

しかし、このように解説されても、私たちは何のことかよく分からないというしかありません。お釈迦さまは、涅槃という言葉をこのような意味で使われたのでしょうか。そうではないような気がします。涅槃という言葉が、後世、仏教の目標、目的地を表す言葉となっていきますが、お釈迦さまはこの言葉をそういう意味では使っておられません。

▼真実に安らぐ時

「老衰と死とに圧倒されている人々のための洲（避難所）を私はそなたに説くであろう。（中略）これが洲にほかならない。それをニルヴァーナと呼ぶ。」（『スッタニパータ』第5章　1093部分、1094部分）

お釈迦さまは、ニルヴァーナ、涅槃のことを、洪水のただ中の中洲、避難所のことと仰ったのです。私たちの日常が繰り返し繰り返し続いていくこと、さらには、私たちを溺れさせると思うほどの巨大な波が襲ってくること、そういう激しい流れに巻き込まれ生きていくこと、そういうことすべてをお釈迦さまは、洪水のイメージで語られます。私たちがどうすることもできない圧倒的な水の流れ、世界すべてを覆い隠すほどの水の量、そのただ中に私たちがいるんだと。そして、その水の流れを渡りきりなさい、と仰います。

涅槃とは、悟りの境地、最終到達地点といわれてきたところではなく、その時の根本問題の解決されたその時、真実の安らぎの時とされたのではないでしょうか。

私たちの根本問題、老いと死、それに私たちは圧倒され、打ち負かされています。そのことをほんの一瞬考えることをも、無意識に拒絶してしまうほど、私たちは小さく小さくなって生きています。

そういう私たちに対して、お釈迦さまは、少しの間でも自分の課題に真っ直ぐに向き合うとき、その課題が解きほどかれる瞬間があって、それは真実に安らぐ時なんですよ、と仰います。

▼いかなる真理でも、絶対視するな

スッタニパータ引用文A、Bのところに、「いかなる真理でも、いかなるものも、絶対視するな」、とお釈迦さまは仰っています。スッタニパータ全体にわたって何回も何回も繰り返し、このことを仰っています。スッタニパータの一番の仰りたかったことなのでしょう。

自分の中に今私が思っていることは正しい、と思ってしまうこと、これが、いかに恐ろしいことであるのか。これがいかに不毛な議論を生み出す元になるのか。不毛な反論を招き、不毛な思考を生み出すのか。

「主張をしない」ということを、お釈迦さまは繰り返し繰り返し仰います。真なるバラモンは主張しない。なぜなら、今自分が思っていることはそのまま自分が思っていることであって、わざわざ論を立てて、他の人々の前で、主張する必要がないからである。わざわざ論を立てて、他の人々に勝つ必要がないからである、と。

▼自己肯定の恐ろしさ

私たちは、間違っていることをうすうす感じていても、それでも、自分は正しいと主張します。自己を肯定することは、私たちが生きていく上の最大の障害になっているのです。

注1　「バラモン」。お釈迦さまが使われた言葉「バラモン」とは、インド宗教における祭司階級（ブラーフマナ）のことではなく、理想的な宗教者の意味で使われたと考えられます。お釈迦さま在世当時、真面目に修道に励む宗教者を表す言葉として、この「バラモン」という言葉が、一番ふさわしいと考えられて使われたのだろうと思います。

お釈迦さまは、ご自分の考えておられることを、どのようにしたら人々に伝えることができるのだろうということを、絶えず考えておられました。ただ、使うことができる言葉は、その当時人々が使っていた言葉しか、ないのです。その中で、少しでも真意を受け取ってもらえそうな言葉を選ぶしかありません。たとえ誤解されることがあっても、それを怖れずに使われました。

もう一つ、お釈迦さまの言葉遣いから感じられることがあります。

皆がうなずくようなことはほとんど仰っていないことです。お釈迦さまの話を聞いている人が、皆うんうんとうなずいているという雰囲気は感じられません。温かさ、穏やかさの中に、ピンと張りつめたものがあるように感じられます。

これは、言葉遣いの問題ではありません。もっと、教えの大本《おおもと》にある問題なのですが。

注2 「涅槃」。この言葉は、現代では、お釈迦さまが亡くなられたことを指し示す言葉として、「涅槃に入られた」というように使われます。お釈迦さまが亡くなられてから、何百年も経って作られた涅槃経類、仏伝の中には、「涅槃に入る」という表現が、お釈迦さまの亡くなられたことを公式に表す言葉として使われています。

しかし、当然このような使い方を、お釈迦さまはされてはいません。このことは、了解していただきたいと思います。

⑤【苦集滅道《くじゅうめつどう》】

「Q 苦しみから離れるにはどうしたらよいのでしょうか。

A おしゃかさまは、世の中は全てが苦である（苦）、それには原因（集）がある。その原因とは世の中全てのものが縁起して、何一つ永遠不変なものはないということ。その真理に気がついて苦の原因をなくす（滅）ことができれば悟りを得ることができる。そのための具体的な

方法（八正道）を示されたのです。」（全日本仏教会のホームページより）

「仏と法と僧とに帰依する人は、正しい知慧をもって、四つの尊い真理（sacca）を見る。――すなわち⑴苦しみと、⑵苦しみの成り立ちと、⑶苦しみの超克と、⑷苦しみの終滅《おわり》におもむく八つの尊い道（八正道）とを（見る）。」（『ダンマパダ』190、191　中村元訳）

この「苦集滅道」は、仏教の教えは何ですかと尋ねられた時、それに答える時に最初に思い浮かぶ言葉です。これはお釈迦さまが亡くなってから、そして現代に至るまで、ずっと同じことだと思います。仏教徒たちはこの言葉に導かれて、教えを聞いてきました。この言葉に導かれて、修行にいそしんできました。本当に、この言葉ほど、簡潔に仏教の教えを言い表している言葉はありません。この言葉ほど、仏教の全体像を表している言葉はありません。

ただ、この言葉は、お釈迦さまの教えのインデックスのようなものです。

苦、集、滅、道、それらの言葉の表している、お釈迦さまが仰りたかったことを正しく受け取ろうと努力することが、必要になってきます。それがないと、ただ目次を提示するだけということになっていきます。

「苦しみ」については、①一切皆苦のところで、お話しましたので、ここでは触れません。

▼「苦しみの成り立ち」、「原因」、「集諦《じったい》」というのはどういうことなのかを少し解説してみます。

私たちは、今、苦しみ、厭な感じ、不満なことを感じていると思います。それらは、なぜ私のところで起こっているのか、その訳、原因、理由を考えていくことがものすごく大事なことなのです。そのように、明らかに得心し、そして、それを一つずつ何でこんなことが起こっているのかを尋ねていくこと、それらの全体が、「苦しみの成り立ち」、「原因」、「集諦」のことなのです。

具体例を挙げて、お話しします。

例えば、私が、お腹が痛くなったとします。その時、私たちは、なんで私のお腹が痛くなるのだと嘆いてみたり、あいつが俺に悪いものを食わせたから、こうなったんだと人のせいにしたりするということをよくします。そこにとどまるのでなしに、お腹が痛くなるまでのことを思い出し、こうなったのはどうしてなのかを考えていく。これが、「集」、「苦しみの成り立ち」、「原因」なのです。

ここから、私の集諦の理解をお話しします。まず、苦諦とは、あらゆることを苦しみと感じていくこと、そして、あらゆることを苦しみと感じている――ことなのです。その苦諦の上で集諦に進んでいくのです。

苦諦について少し、簡潔にそのあり方を描いてみます。まず、▼苦諦とは、あらゆることを苦しみと感じなさいということではありません。苦しみという言葉に最初から惑わされてはいけません。最初に何をすべきなのかというと、今、あなたが、自分を振り返ってみて、そして、そこで何を感じているのかに心を振り向けてみる、それが、最も大事なことです。そして、今の自分から離れようとする気持ちがあるのか、ないのか、です。ここからは、どうなるのか、です。そして、あらゆることを苦しみと感じている、となって、苦諦となるのです。

そして、集諦の話に移っていきます。

先ほどの例ですべてなのですが、その中身を少し段階を追っての話をします。最も大事なことは、どんなことにもそうなる原因、そうなる理由があるということです。このことは、実際のものごとの原因、理由を辿ることをする以前に、既に、どんなことにも原因、理由があるという確信が、自分の中にあるということが、最も大事なことなのです。ここで、苦諦と結びついていくのです。

▼苦諦のところには、現状を変えよう、離れよう、という瞬発エネルギーがあります。それを現実に起こそうとする最初の段階が、集諦の正体なのです。それは、離れる動きの具体像の探索なのです。ただし、集諦の探索は、個別的、具体的でなければなりません。抽象的な論理

の問題では全くありません。

今の自分から離れようとする具体的な姿が連続的に描けていると、それが集諦ということになります。

全日本仏教会のホームページにあります集諦についての説明は私は間違っていると思います。「その原因とは世の中全てのものが縁起して、何一つ永遠不変なものはないということ。」と、「集」のことを説明しています。今現在の仏教界の中でほとんどのお坊さんが「縁起」のことを説明すると、このようになります。私は、この縁起の理解は間違っていると思います。そして、「集」の説明としても間違っていると思います。縁起に関することは、⑥縁起で説明します。

次の、▼滅諦《めったい》とは、苦しみの断滅ということが起こり得ることだという確信のことです。このことを、全日本仏教会のホームページには、「その真理（補注）に気がついて苦の原因をなくす（滅）ことができれば悟りを得ることができる。」と、あります、この滅諦の説明は、言葉上は正しいと言えば正しい説明なのですが、私にとって、的確な説明とは言いがたいものです。あまりに曖昧な説明です。これに心動かされて、滅に向かうということは起こりようのない説明です。

次の、▼道諦《どうたい》とは、苦しみの断滅を成し遂げるためには、そこへ向かう道が存在するということの確信のことです。
　これで教えの全体像が描きされたのです。

　参考　▼仏教でない、「真理」という信仰
「もろもろの真理（sacca）のうちでは〈四つの句〉（＝四諦）が最もすぐれている。」（『ダンマパダ』273　中村元訳）
「ウダーナヴァルガ28章18に仏教の四種の真理（四諦）がドラヴィダ語でしるされ、漢訳でもそのまま音写して、何のことだか訳の解らぬ奇怪な印象を与えるように表現している。何故か？これは原始仏教において陀羅尼の成立する過程を示している。インドでは古来、仏教以前から、真理をたもつ者、真理を語る者は不思議な呪力を体得する（satyakriyā）という伝統的信仰があるので、一部の仏教徒は四諦すなわち四修の真理を体得すると呪力が得られると考えた。呪力をたもつためには訳のわからぬドラヴィダ語の呪文のほうが良いと考えたのである。」（『ブッダの真理のことば、感興のことば』中村元　岩波書店　１９８４年　393、394頁）
　仏教徒、仏教徒でない人たちの、sacca（satya）（真理）の必要性に応えるということもあったかもしれません。「真理」というものに対する信仰、それに、お釈迦さまのお弟子さんたちの中の一部の人たちは、応えた、迎合したのかもしれません。たとえ訳が分からない言葉であっても、「真理（sacca）」という言葉で言われているものの中に、何らかの超自然の力があると信じている信仰。現代から言うと迷信と言ってよいような信仰です。仏教とは全く関係ないものです。仏教とは、相反する信仰です。

▼教えを知り説く人を、尊敬して敬礼しなさい

「正しく覚った人（＝ブッダ）の説かれた教えを、はっきりといかなる人から学び得たのであろうとも、その人を恭しく敬礼せよ。」（『ダンマパダ』３９２　中村元訳）

「正しくさとった仏の説かれた理法をはっきりと知っている人を、尊敬して敬礼せよ」（『ウダーナヴァルガ』33章　66、67　中村元訳）

これらの言葉が語られるようになった時代は、お釈迦さまのことが、「直接記憶」としては、完全に消滅した時のことでしょう。

（直接記憶とは、私は、過去の情報が私の所に届いていると、自分が責任を取れる、そういったことを言っています。私の造語です。大体、私の祖父がそのまた祖父から聞いた過去の情報、１００年ぐらい前のものまでが、「直接記憶」と言ってよいと私は考えています。祖父から聞いた、昔の話。私の所には、１００年前の出来事までもが、そうやって、流れ込んでいます。）

『ダンマパダ』、『ウダーナヴァルガ』の、これらの言葉が語られたのは、お釈迦さまが亡く

なられてから、100年余り経ってからと、推測しています。

▼その時代になると、教えの伝承は、直接教えてくれる人（先生）からに限定されるようになったのでしょう。つまり、この当時は、お釈迦さまからの伝承という観念が次第になくなっていき、全くなくなった時代に入った時であったのでしょう。だから、教えてくれる人（先生）を尊敬しなさいと、わざわざ言う必要があったのだと思います。

これからが、仏教徒の最初の苦難の時代になるのだと思います。

心のどこかには、お釈迦さまの教えとは違うんじゃないか、自分の中の心のささやき、これに、耐えながら教えを先生から聞き、修行にいそしむ時代になります。

この時代は大体、200年から300年続きます。その後に登場するのは、新しい仏教経典を作っていく動きです。普通、大乗仏教経典と言います。この辺りのことは、この本の第3章、第4章で、もう少し詳しくお話します。

⑥【縁起《えんぎ》】

「Q　何を悟られたのですか？

A

▼【A】世の中すべてのものは、互いが支え合い絶えず移り変わっています。これを縁起と

いいます。お互いが原因（因）と条件（縁）となり、その姿を刻々と変えていきます。しかし私たちはそれを認めようとせず、欲望からそれらのものを自分の思うようにしようとします。それが叶わないことから、人間のすべての悩みや苦しみが生まれてくるのです。この真理に最初に気がつかれたのです。」（全日本仏教会のホームページより）

「縁起とは、【B】『すべての存在は無数無量といってよい程の因縁によって在り得ている』という仏教の基本思想を表す重要な用語である」（ある大学のホームページより）

「縁起の法は、【C】あらゆる物事は、すべて因果関係で成り立っている、物事はそれ自体では存在しない、ということです。」（あるお寺のホームページより）

ここの部分が、日本の仏教界にとって、大問題なのです。日本の仏教界を虫食んでいる、害虫の姿です。そして、大きな陥穽《かんせい》が出来上がってしまったのだと思います。とても、残念なことです。

しかも、そのことにほとんどの、お坊さん、学者の皆さんが、気づいていらっしゃらない。どういうことなのか、申し上げます。

「縁起が、仏教の根本思想である。お釈迦さまが悟られたのは、縁起の法である。お釈迦さまが悟られたのは、縁起ということである」ということは、私も、同じ意見です。

お釈迦さまが悟られた、その内容を、「縁起」という言葉を使って表現することにも、私は一応、同意いたします。

しかし、何が問題なのかと言えば、「縁起」という言葉の意味の受け取り方が、正しいものとは言えないものになっているということです。

☆▼私たちが現在、縁起の法とは、これこれである、としていることが、お釈迦さまが説かれたこととは、全く異なっているということです。私たちが現在、縁起とは、これこれである、としていることが、完全な誤りであると言ってよいと、私は思っています。

私の意見の吟味をするのに、最初にしたいことは、私が誤りだというその表現をじっくり味わうことです。それによって、誤りであるということを論証しようとする、そういうやり方です。やってみましょう。

今、「縁起」という言葉はどのように理解されているのかを確かめるために、「仏教」ということで検索して、普通に出会う、ホームページを見てみることにしました。

そして、そのほとんどすべての説明が、引用したもの（【A】、【B】、【C】）とほとんど同じでした。最初に出会ったものから、3カ所のホームページの中にあった「縁起」の解説を引用してみました。それらは、今、現在、普通に語られている「縁起」なのです。

縁起の解説部分だけを、もう一度、挙げてみます。

【A】世の中すべてのものは、互いが支え合い絶えず移り変わっています。これを縁起といいます。お互いが原因（因）と条件（縁）となり、その姿を刻々と変えていきます。

【B】『すべての存在は無数無量といってよい程の因縁によって在り得ている』

【C】あらゆる物事は、すべて因果関係で成り立っている。

どうでしょうか。これが、仏教の根本思想だそうです。なにか、感じることがありますか。よく時間をかけてゆったり読むと、なんか、当たり前のことを、たいそうぶって、言っているだけのように聞こえます。

縁起ということを、因縁、因果関係というような、他の言葉を使って言い換えているだけのように見えます。【B】と【C】は、言葉遣いは間違っていませんが、中身は全くありません。説明を全くしていません。

【A】は、中身があります。その中身の部分は、「互いが支え合い絶えず移り変わっています」、「お互いが原因（因）と条件（縁）となり、その姿を刻々と変えていきます」となっています。

この文章を見て、ここに書かれていることの意味は、「私たちは、一人で生きているのではありません。誰かのおかげで生きているのです。お互いに支え合って生きているのです。そして、私たちの生きていけるのは、誰かの命の犠牲で生かさせてもらっているのです。日々の糧《かて》もそうやって得られているのです。おかげさま、おかげさまで生かさせてもらって、ありがたい、ありがたいと、感謝の生活をしなければいけません」という、よくお坊さんがするご法話が、元ネタのような気がします。

ここに私が想像で書きました法話は、仏教の教えではありません。少なくとも、お釈迦さまの教えではありません。お釈迦さまがそのようなことを言われた形跡は、微《かす》かにも存在していません。大体、目覚めとは正反対の内容です。

誤解のないように言っておきます。私はお坊さんたちに、このような法話はすべきでないなど言うつもりは全くありません。このような、今あることをそのまま認めるあり方、慰めるようなあり方、癒やされるようなあり方、そういうものを求めている人たちの前では話されることがあってよい話だと思います。しかし、お釈迦さまの教えとは全く違うものだということは知っていなければいけません。

【A】は、中身はありますが、縁起の本来の言わんとすることとは全く正反対のことを言っているような気がします。

このようなことはなぜ起こっているのでしょうか。結論だけ申しますと、今から1800年前のインドのお坊さん、龍樹《りゅうじゅ》の書かれた本を読む過程で起こったのではないかと思います。その本の中に書かれてある「縁起」のことを、このようにしか理解できなかったのです。現在、そして以前の、お坊さんたちの責任です。私たちは、龍樹さんの真意が理解できていないのです。

あらゆるもの・ことは、空《くう》(からっぽ)である、というのが、龍樹さんの主張です。これは、龍樹さんの学派が、他の仏教の学派、他の宗教の学派と対論する時の、完全勝利の論法なのです。その時論義すべき主題について、「それは、空である」と主張することが、龍樹さんにとって、最善の方法であったのでしょう。別に、龍樹さんが対論に勝つための論法ということで仰ったのではありません。彼にとって、空であると主張することが、その当時の状況から考えて、お釈迦さまの仏教を明らかにするのに、最善の方法であるとの諦観によってであったのです。

そして、龍樹さんは、空であるのは、なぜそう言えるのか、と言ったら、無自性《むじしょう》(自らそのものがない)であるからだと論拠を挙げます。この、無自性とは、あらゆるもの・ことには、自性、自らそのものが存在しないことを言います。そして、無自性なのは、縁起ということがあるからだと論拠を挙げます。そして、縁起の具体例を挙げて論証しようとするのです。

その時、その具体例の中に、互いにあることによって、関係性を維持する、相互連関性のようなことが、挙げられているのです。

それを読んで、縁起とはそういう相互連関性のことだと、理解することが、日本の仏教界の中では、無意識のうちに起こっていたのです。なぜなら、この相互連関性は、誰でも、自らを振り向いて見ることなく、理解できることなのですから。あらゆる人にとってこんな御しやすい縁起の理解はありません。そうして、それでもって、龍樹を理解したと勘違いをするのです。あの難解な龍樹の論書を、私は理解できたと喜ぶのです。

でも、間違えてはいけません。「縁起」のことを挙げていくのは、「空」であることの論拠である「無自性」に対してその正当性の根拠として挙げてあるのです。

間違えるのは、「縁起」があることによって、「無自性」が成立し、「無自性」であるから、「空」である、と言える、思ってしまうことなのです。「縁起」ということが、「空」や「無自性」の奥にある最高の真理であるとみなしてしまうこと。このような「縁起」を仏陀（目覚めた人）の悟りの正体とみなすこと。このように、知らず知らずのうちになってしまうのです。

このような考え方は、お釈迦さまが語られた「縁起」というものとは、全く異なる理解に基づくものなのです。

▼そうするうちに、この「縁起」という言葉が、あらゆることを指し示すことのできる、

魔法の言葉になっていき、そして、その最高の真理を、自分は理解できたと思ってしまうのです。仏教のことも、縁起のことも何にも分かっていないのに、自分は仏教の第一人者だと勘違いする人ばかりになっているのです。

私の属している教団で、こういうことが、ありました。20年前のことです。内部の研修会の席で、「仏教の教えは、とどのつまり、空の思想なのです」と言われた方がいらっしゃいました。ああ、この方は空のことが分かっている方なのだと思って、その先の話が聞きたかったものですから、「空というのはどういうことですか」と尋ねました。そうすると、その方は、何だ、こんなことも知らないのか、という面持ちで、「それは、縁起のことです」と言われました。私は、縁起の話が聞けると思って、もう一度、「それでは、縁起というのは、どういうことですか」と尋ねました。そうすると、その方は、だんだん顔が赤くなって、「君、縁起ということも知らないのかね」と言われました。私は、やめておけばよかったのですが、よくその状況が分かっていなかったものですから、「聞かせて下さい」と頼んでしまったのです。そうしたら、だんだん、その方は、怒ってくるのです。「仏教の最も深い真理である縁起の思想が、こんな所で、たやすく話ができるか」みたいなことを言われて、黙ってしまわれました。

どうも、そこから先の言葉が出てこなかったのでしょう。何を言ってよいのか、何も出てこなかったみたいでした。すごく、気まずい雰囲気になって、みんなで黙りこくってしまいました。しばらくして、私の同年代の方が、「竹市君、その辺りで、もういいんじゃないですか」と言って下さったので、私は、「分かりました。ありがとうございました」と言って、その場は何とか、おさまりました。

その方は、仏教の最も重要な教えが「空」ということであり、そのまた奥にある深遠な思想が「縁起」なのだということを、何十年も思われていたのでしょう。そして、その間、誰からも、そのことを尋ねられることがなかったのでしょう。「空」ということは、どういうことなのか、「縁起」ということは、どういうことなのか、自問したことも、他人から尋ねられたこともなかったのでしょう。

私は、次のことを、声を大にして言いたいのです。

▼【本当のことは簡単に言えるのです。簡単に言えないことは、本当のことではないのです。】

本当のことが分かっている人は、その本当のことを、どのようにでも表現できるのです。もし、手短に言ってみて下さい、と言われれば、端的に表現できるのです。

そういう時、くどくど、要領を得ない表現しかできない人は、そのことを本当には分かっていないのです。何も言えない人は、論外です。全く分かっていない人です。

今、現代、「縁起」ということで語られていることが、非常に曖昧で、もやもやしたものでしかないことを見てきました。

▼ここからは、「縁起」という言葉の意味するものを、次の三つの「縁起」を提起してお話したいと思います。まず、最初は「お釈迦さまの語られた縁起（イ）」です。2番目は、「お弟子さんだけの時代の縁起（ロ）」です。3番目は、「大乗仏教興起の時代の縁起（ハ）」です。

この三つとも、先に挙げた、今現代語られている非常に曖昧な「縁起」とは、全く関係のないものです。この三つは、仏教の流れの中でそれぞれ、意味を持っている「縁起」なのです。

第1番目の「お釈迦さまの語られた縁起（イ）」は、仏教の流れの本流中の本流、本流の源に相当するものです。これの探求が、私のこの論述の最大の目的の一つです。

2番目の「お弟子さんだけの時代の縁起（ロ）」は、教義として、まとめられた「縁起」です。お弟子さんだけの時代になって、最初にやらなければならなかったことは、私のお釈迦さまはこのように仰いました、ということを次の世代の弟子たちに伝えるために、お釈迦さまの記憶を、直弟子たち皆で一致させることでした。すなわち、仏典結集です。

その後に、やらなければならなかったことは、その教えのバトンタッチ。つまり、お釈迦さまの教えは、これこれです、といったような表現が必要になるのです。お釈迦さまの教えの、ダイレクトな記憶の受け渡しではなく、教義としての受け渡しが必要になるのです。だから、お釈迦さまの実際の話の記憶を何回も何回も再生しながら、その整理が行われていくのです。その過程で、この「縁起」についても、教義としての整理が行われていくのです。この辺りの事情には、お弟子さんたちのグループ化の問題もありますが、ここでは触れません。次の第3章の方で、もう一度取り上げます。

▼3番目の「大乗仏教興起の時代の縁起（ハ）」は、先ほどお話した「空－無自性－縁起」の「縁起」のことです。

これは、お釈迦さまが亡くなって300年ほど経った頃、その教えが正しく自分の所に伝えられているのか不審に思ったお坊さんたちが、新しい動きを起こします。お釈迦さまの本当の教えとは、一体何であったのか、探求の旅に出発しようとするのです。これも、なかなか踏ん切りが付かなかったのです。その踏ん切りを付けさせた言葉、それが、「プラジュニャー・パーラミター（般若波羅蜜）」、そして「空」だったのです。

それから200年後の学僧、龍樹が、その動きの正当性の根拠を、「縁起」という言葉に求めたのです。だから、龍樹が自らの論の正当性の根拠とした、この「縁起」は、本来は、私の三つの「縁起」の中の、第1番目の「縁起（イ）」、お釈迦さまの「縁起（イ）」に当たるのです。龍樹はそのつもりでした。しかし、「縁起（イ）」は、共通認識としては確立されていないので、龍樹は、結構、いい加減に、自由に、その内容を例示することができたのです。

つまり、龍樹はその「縁起（イ）」の確定には失敗した。失敗したというより、そこに近づこうとしたが、到達はできなかった、ということだと思います。つまり、初期般若経が迫ろうとした、それ以上のことはできなかったのだと思います。論で身を立てる者には無理なことです。

それで、結局、訳が分かったような、分からないような、「大乗仏教興起の時代の縁起（ハ）」となってしまうのです。

▼ここでは、これから、2番目の「縁起（ロ）」についてお話しします。

▼教義としての「縁起」の代表的なものは、【「十二支縁起」】でしょう。お坊さんでも学者でも、大体、縁起の話をすると、この十二支縁起を頭の中に描いて話をしている人がほとんどです。この十二支縁起の説明を少ししてみましょう。

あらかじめ、言っておきますが、お釈迦さまは十二支縁起というような、しっかりしたワンパックの「縁起」は、語られることはありませんでした。お釈迦さまは、教義としての「縁起」には、全く無関心でした。教義としての「縁起」を語ることはありませんでした。「縁起」という言葉を使われたかどうかすら分からないのです。

でも、「縁起」という話は、ものすごくたくさんされているのです。ほとんどが、「縁起」

の話と言ってよいほどなのです。ただ、ここで私が言っている、お釈迦さまが話された「縁起」の話というのは、〈これこれのことがあるのは、なになにがあるからなのです〉、そして、〈なになにがなくなれば、これこれがなくなるのです〉という話の組み立てのことを言っているのです。こういう言い方が非常に多いのです。お釈迦さまの話の最大の特徴と言ってよいほどです。

「十二支縁起」は、お釈迦さまが亡くなってからの100年間の中期から後期ぐらいにかけて次第に整理され、出来上がっていったと、私は思います。

十二支縁起の一番初めは、老死《ろうし》（老いと死）です。誰にでも訪れる現実です。

老死《ろうし》（老いと死）⑿は、なぜ起こるのかというと、生《しょう》（誕生）を原因として起こっていることが分かります。

　　老死（jarā-maraṇa）

生《しょう》（誕生）⑾は、なぜ起こるのかというと、有《う》（生存）が原因として起こることが分かります。

　　生（jāti）

有《う》（生存）⑽は、なぜ起こるのかというと、取《しゅ》（執着）が原因として起こることが分かります。

　　有（bhava）

取《しゅ》（執着）(9)は、なぜ起こるのかというと、愛《あい》（渇愛）が原因として起こることが分かります。

取（upādāna）

愛《あい》（渇愛）(8)は、なぜ起こるのかというと、受《じゅ》（感受）が原因として起こることが分かります。

愛（tṛṣṇā）

受《じゅ》（感受）(7)は、なぜ起こるのかというと、触《しょく》（感覚器官の外界との接触）が原因として起こることが分かります。

受（vedanā）

触《しょく》（感覚器官の外界との接触）(6)は、なぜ起こるのかというと、六処《ろくしょ》（眼耳鼻舌身意）が原因として起こることが分かります。

触（sparśa）

六処《ろくしょ》（眼耳鼻舌身意）(5)は、なぜ起こるのかというと、名色《みょうしき》（概念的存在と物質的存在）が原因として起こることが分かります。

六処（saḍāyatana）

名色《みょうしき》（概念的存在と物質的存在）(4)は、なぜ起こるのかというと、識《しき》（識別作用）が原因として起こることが分かります。

名色（nāma-rūpa）

識《しき》（識別作用）⑶は、なぜ起こるのかというと、行《ぎょう》（構想作用）が原因として起こることが分かります。

識（vijñāna）

行《ぎょう》（構想作用）⑵は、なぜ起こるのかというと、無明《むみょう》（知ることのないこと）が原因として起こることが分かります。

行（saṃskāra）

無明《むみょう》（知ることのないこと）⑴は、なぜ起こるのかというと、無明には原因がありません。

無明を根本原因とします。

無明（avidyā）

このように、老死から、順々に原因を尋ねていくあり方を順観と言います。

十二支縁起は、ここで終わりではありません。ここまででは、半分です。さらに続きます。

⑴無明がなくなれば、行がなくなります。

⑵行がなくなれば、識がなくなります。

⑶識がなくなれば、名色がなくなります。

⑷名色がなくなれば、六処がなくなります。

⑸六処がなくなれば、触がなくなります。

(6)触がなくなれば、受がなくなります。
(7)受がなくなれば、愛がなくなります。
(8)愛がなくなれば、取がなくなります。
(9)取がなくなれば、有がなくなります。
(10)有がなくなれば、生がなくなります。
(11)生がなくなれば、老死がなくなります。
(12)老死

このように、根本原因である無明を断滅することによって、順に、行、識、名色、六処、触、受、愛、取、有、生がなくなっていき、最終的に、私たちの最大の課題である、老死、老いと死がなくなると、感得すること、これを、逆観と言います。

順観と逆観とを合わせて、十二支縁起と言います。

十二支縁起とは、誰もが抱えている最大の課題、老死の問題をなくすためには、そのことの原因を一つずつ探求していくこと、そして、その原因の一番元にあるものを、なくすことができたならば、その次の原因をなくすことができ、それを順番に行えば、最終的に老死の問題をなくすことができる、そういうことなのです。

お釈迦さまが言われたこと、その後、お弟子さんたちの議論の中で出てきた言葉をすべて取り上げてまとめたものが、十二支縁起の12の項目です。

▼「縁起」そのものの中身を表している譬《たと》え話に、次のようなものがあります。

こういうことが、譬えとして語られることがあります。

「物を運ぶ車、荷車というものがあるでしょう。荷車というものが存在していると私たちは思っていますが、実は、そんなものは存在しないのです。なぜなら、車は本当は、車輪の心棒と、心棒を支える受け手と、その受け手の上にある、荷を乗せる荷台と、そして、車輪によって、できています。荷車が存在しているのでなく、心棒と、受け手と、荷台と、車輪が存在しているだけなのです。だから、荷車は存在していないというしかないものなのです。」

この後、永遠に続くのです。

たとえば、車輪が存在しないことの証明を、心棒に接している部分と、地面に触れている部分と、その間を支えている所とに分けて、それが、あるのであって、車輪が存在しているのではない、とするのです。さらに、心棒、受け手、荷台が、存在しないことの証明をしていきます。そして、さらに、それぞれの構成要素が存在しないことを証明しようとします。これがどこまでも続いていくことになります。

▼『ミリンダ王の問い』に出てくるお話です。この本は、紀元前2世紀後半、西北インドを

支配していたギリシャ人の国王ミリンダと、仏教僧ナーガセーナとの対論の書です。〈『ミリンダ王の問い1』東洋文庫7　中村元・早島鏡正訳　1963年　平凡社　72～74頁〉

この譬えを、すごい、なんて思ってはいけません。

この譬えは、実は、あらゆるもの・ことには、成立根拠があるのだということを言わんがために提起される譬えなのだと思います。この譬えそのものには、何の価値も、何の役目もないのだと思います。

成立根拠があるというのは、この場合で言うと、荷車は、何があることによって存在するのかというと、荷台があるから荷車なのだ、ということです。荷車が存在する根拠は何なのかというと、荷台があるからだ、というように考えを進めることができることなのです。もっと先に考えを進めると、荷台は、荷物があるから荷台なのだ、というようにも言えることなのです。

成立根拠があるというのは、なになにだから、なになになのだ、と考えを進めていくこと、なになにがあるから、なになにがある、と考えていくこと、です。

いいですか。これがどこまでも続くから、すごい、なんて思わないで下さい。そういうことが大事なことではないですから。一つ一つ、考えを進めることが大事なことなのです。そして、それで、納得がいかなかったら、またもう一つ考えを進めること、それがこの譬え全体の言わんとすることなのです。

▼この後は、第1番目の「縁起」、「お釈迦さまが語られた縁起（イ）」とは、どういうことであったのか、どういうものであったのか、尋ねていきたいと思います。

以下の訳文Ⓐは、荒牧先生の訳を使わせていただいて、私がまとめた文章です。後世「縁起」といわれるものの、最初期のものがここにあります。私が「縁起」のことを仰っておられると思われる部分を抜き出し、それをまとめたものです。原文のそのままの訳を読みたいと思われる方は、荒牧典俊先生、中村元先生、宮坂宥勝先生の本を参照して下さい。

Ⓐ

「(問い)『いったい何が根拠となってさまざまな闘争や論争①が発生するのであるか。どうかそのことを教えて下さい。』

(お釈迦さま)『これこそは自分のものだと大切にしている主義主張（愛し好むもの）②が根拠となって、さまざまな闘争や論争が発生する。』

(問い)『それではいったい、世間的存在においてこれこそは自分のものだと大切にしている主義主張（愛し好むもの）は、いかなる根拠が根拠となっているのであるか。』

（お釈迦さま）『世間的存在においてこれこそは自分のものだと大切にしている主義主張（愛し好むもの）は、それらの対象にひかれる関心（欲望）③という根拠が根拠になっている。』

（問い）『それではつぎに、世間的存在にそれらの対象にひかれる関心（欲望）は、いかなる根拠が根拠となっているのであるか。』

（お釈迦さま）『世間的存在であるかぎり、ひとびとは、〈自分にとって好ましい存在（快）〉とか〈好ましくない存在（不快）〉④とかいうが、そのような存在（快・不快）を根拠にすることによって、それらの対象にひかれる関心（欲望）が発生する。』

（問い）『〈自分にとって好ましい存在（快）〉と〈好ましくない存在（不快）〉とは、いかなる根拠が根拠になっているのであるか。そもそも何が存在しないことが根拠となって、これら両様の存在（快・不快）が存在しなくなるのであるか。』

（お釈迦さま）『〈自分にとって好ましい存在（快）〉と〈好ましくない存在（不快）〉とは、対象経験（感官による接触）⑤という根拠が根拠になっている。』

（問い）『それではつぎに、世間的存在において対象経験（感官による接触）は、いかなる根拠が根拠になっているのか。何が消滅してしまうことが根拠となって、対象経験（感官による接触）の経験がなくなるか。』

（お釈迦さま）『主体存在（名）と身体存在（色）よりなる個体存在⑥が条件となって、対象経験が存在する。』」

（『スッタニパータ』第4章　第11経　862部分、863部分、864部分、865部分、866部分、867部分、869部分、870部分、871部分、872部分　荒牧典俊訳）※訳文中（　）内は、中村元先生の訳語、または、漢訳の語です。

この「スッタニパータ」の文章を図示してみます。

図示A

①さまざまな闘争や論争が発生する

（問い）↓（考える）

？（何が）↓（考えを進める）

（お釈迦さま）↓

②これこそは自分のものだと大切にしている主義主張（愛し好むもの）

（問い）↓

？↓

（お釈迦さま）↓

③それらの対象にひかれる関心（欲望）

（問い）↓

？　↓

（お釈迦さま）↓

④〈自分にとって好ましい存在（快）〉とか〈好ましくない存在（不快）〉とかいうが、そのような存在（快・不快）

（問い）↓　×

？　↓　↓

×　↓

？　↓

（お釈迦さま）↓

⑤対象経験（感官による接触）【触】

（問い）↓　×

↓　↓　↓

？　×　↓

？　↓

（お釈迦さま）↓

⑥主体存在（名）と身体存在（色）よりなる個体存在【名色】

①から⑥までの言葉の中で、十二支縁起の項目と全く同じ言葉は、⑤【触】と⑥【名色】です。④は、十二支縁起の【受】と、ほぼ同じ意味の言葉です。③は、十二支縁起の【愛】と、ほぼ同じ意味の言葉です。②は、十二支縁起で言うと、【取】と、ほぼ同じ意味です。①は、十二支縁起で言うと、【有】、【生】、【老死】という、この現実世界における、質問をしている人の課題です。

お釈迦さまに質問している人にとって、どうしても今、解決しなければならない課題なのでしょう。さまざまな闘争、論争が起きていることを、この方は、憂いています。そういうものは、どうにかしてなくならないものかと、願っています。そのために自分が何をすべきなのかを真剣に考えた結果、お釈迦さまに「是非答えて下さい」と、質問をしているのです。

小さな喧嘩から、国同士の戦争、隣同士の言い争いから、自分は正しいと信じて論陣を張る宗教者の論争に至るまで、すべての諍《いさか》い、争いは、何の益《やく》にも立たないものなのです。益に立たないどころか、人に害を与えるものなのです。そのように考え、すべてを見切って、お釈迦さまに質問する。

そこから、縁起の話がされる、ということを分かっていただきたいと思います。

▼「縁起の話」は、お釈迦さまがこれから縁起の話をします、と言って話される話ではないのです。この縁起の話は、奥深い話を聞きたいと要請された時にされたので、それも、相手の最も分かる言葉を使ってされるのです。その言葉使いのニュアンスを分かっていただきたいです。そのためには、荒牧先生の訳文が最適なのです。

▼「何が原因で、こういう不都合なことが起こるのか？
何がなくなればこういう不都合なことは起こらないのか？」

×
↓
×
？

と、真剣に問いかける人に対して、
お釈迦さまは、それに、答えながら、その人のことを温かい眼差しで眺め、ゆったりとした時間の中で、その人が最終の地点まで進んでいけるような、言葉たちの花を添えるのです。

以下の訳文Ⓑは、荒牧先生の訳を使わせていただいて、私がまとめた文章です。直前の抜き出しまとめ文と、ほとんど同じ場所です。

直前の縁起の部分以外の非常に大切な部分があるのです。問いを出しておられる方の、その問いを出された、もう一つ奥にある動機のようなものが、そこに感じとれるのです。その部分だけをまとめたものです。その前後のお釈迦さまの答えも、それらの問いに対する答えだけをまとめたものです。

B

「（お釈迦さま）『好ましい、あるいは好ましくない身体的存在（色）が滅していったり、生じてきたりするたびに、ひとびとは、世間的存在であるかぎり、〈これはかくかくである〉などと判断する。』

（問い）『そしてその存在について〈滅していったり、生じてきたりする〉と説かれたところの好ましい、あるいは好ましくない身体的存在は、いかなる根拠が根拠になっているか、ということを、わたしに教えて下さい。』

（お釈迦さま）『そしてその存在について〈滅していったり、生じてきたりする〉と説かれたところの身体的存在は、まさしくこの根拠〈対象経験（感官による接触）〉が根拠になっているとわたしはきみに説く。』

（問い）（イ）『あるいはまたさまざまな意味での所有は、何が根拠になって発生するのであるか。何が存在しないことが根拠になって、わたくしのものとして所有されている身体存在が存在しなくなるか。』

（お釈迦さまの答え）（ロ）『さまざまな意味での所有は、わたくしのものにしようとする欲求という根拠が根拠になっている。わたくしのものにしようとする欲求が存在しないということが根拠になって、わたくしのものとして所有されている身体存在は存在しなくなる。身体存在（色）が消滅してしまうことが根拠となって、対象経験（感官による接触）の経験がなくなる。』

（問い）（ハ）『どのようになるところまで真理の間近に達するときに、それぞれの修行者の身体存在（色）は消滅してしまうのであるか。どのようにして安楽の感情あるいはまた苦悩の感情の主体存在が消滅してしまうのか。どのようにして消滅するのかということを、わたくしに教えて下さい。そのことを知らなくてはならないという心がわたくしに生じてきました。』

（お釈迦さまの答え）（ニ）『日常的概念構想がはたらいていて概念構想の相互主体性があるのでもなく、錯乱した概念構想がはたらいていて概念構想の相互主体性があるのでもなく、さりとていかなる概念構想の相互主体性もなくなった定《じょう》にあるのでもなく、あらゆる概念構想の相互主体性を超克してしまっているのでもない。このようになるところまで真理の間近に達するときに、それぞれの修行者の身体存在（色）が消滅してしまうのである。一つ二つと数えられる個別存在（ひろがりの意識 prapañca）は、概念構想（想い samjña）の相互主体性が条件になってこそ存在するからである。』

（問い）『わたしがあなたに質問したことについては、わたしに答えていただきました。』

（『スッタニパータ』第4章　第11経　867部分、869部分、870部分、871部分、872部分、873、874、875部分　荒牧典俊訳）※訳文中（）内は中村元先生の訳語、または漢訳の語です。

この「スッタニパータ」の文章もまた、図示してみたいと思います。

図示B

（お釈迦さま）

好ましい、あるいは好ましくない身体的存在（色）が滅していったり、生じてきたりするたびに、ひとびとは、世間的存在であるかぎり、〈これはかくかくである〉などと判断する。

（問い）

その存在について〈滅していったり、生じてきたりする〉と説かれたところの好ましい、あ

るいは好ましくない身体的存在【色】

↓

？　↓

（お釈迦さま）↓

まさしくこの根拠〈対象経験（感官による接触）〉【触】

（問い）（イ）

さまざまな意味での所有

わたくしのものとして所有されている身体存在（色）↓　×

↓　↓　↓　×

？　↓　↓　↓

×　↓　↓

？　↓　↓

↓　↓

（お釈迦さまの答え）（ロ）↓　×

わたくしのものにしようとする欲求

対象経験（感官による接触）の経験
×　↓　×
身体存在（色）が消滅してしまうこと

（問い）（ハ）

どのようになるところまで真理の間近に達するときに、それぞれの修行者の身体存在（色）は消滅してしまうのであるか。どのようにして安楽の感情あるいはまた苦悩の感情の主体存在が消滅してしまうのか。どのようにして消滅するのかということを、わたくしに教えて下さい。

（お釈迦さまの答え）（ニ）

日常的概念構想がはたらいていて概念構想の相互主体性があるのでもなく、錯乱した概念構想がはたらいていて概念構想の相互主体性があるのでもなく、さりとていかなる概念構想の相互主体性もなくなった定にあるのでもなく、あらゆる概念構想の相互主体性を超克してしまっているのでもない。このようになるところまで真理の間近に達するときに、それぞれの修行者の身体存在（色）が消滅してしまうのである。

一つ二つと数えられる個別存在（ひろがりの意識 prapanca）↓

概念構想（想い samjña）〈の相互主体性〉↓

図示Bの一番初めのお釈迦さまの言葉は、この質問している方の最初の質問に答えているのと同時に、この質問している方が思っておられることを正確に指摘し、それを描いておられるのです。

「私の元へ来るまでにどれだけの思索を重ね、思索によって、どれだけの収穫を得て、ここまでやって来たのか。ここで質問している、その思いはどれほどのものか」。そういうことが分かっておられるので、ここでは、ゆったりと、質問の答えという感じではない、ゆったりとした、温かい表現を取っておられます。

しかも、「あなたの思ってきたことは、こういうことではないですか。あなたは、ここから先が、お聞きになりたいのでしょう」。全体の結論の前半分を、お釈迦さまはここで自ら仰っているのです。

問い（イ）のところでは、質問している方は、はっきり自分のこれから行く方向を既につかんでいることが分かります。

「身体存在（色）をなくすことが、私の最大の課題です。そのためには、何をなくせばよいのか」と、お釈迦さまに質問しています。このことは、お釈迦さまが提起されるのが、普通なのですが。ここでは、質問者が、自らの内奥を、お釈迦さまに披瀝しています。

そして、この時、質問者は、「所有」という言葉で、自分のどうにかしたい身体存在のことを表現しています。これは、彼にとって、身体存在のことが、最重要な課題になっていることを明らかにしています。

お釈迦さまの答え（ロ）では、質問者の言っていることを、100％承認しています。「最終の課題まで辿り着きましたね」と。

そこで、「どのようにして、身体存在は消滅するのか。その消滅とは、真理との間近さで言うとどのくらいなのか」。最終の問いをお釈迦さまに投げかけます。

お釈迦さまは、最終的な答えを述べられます。お釈迦さまの答え（ニ）です。

ここでは、お釈迦さまは、初めて「概念構想（想い saṃjñā）〈の相互主体性〉」という言葉を使われます。この言葉の意味は、私には、あまりよくは分かりませんが、十二因縁の「行」、「識」のことで、人間を形成する、または、命を形成し保持している何らかの力、そのくらいのことしか分かりません。

そして、お釈迦さまは、ここでいまだかつてなかった言い回しをされるのです。

「日常的概念構想がはたらいていて概念構想の相互主体性があるのでもなく、錯乱した概念構想がはたらいていて概念構想の相互主体性があるのでもなく、さりとていかなる概念構想の相互主体性もなくなった定にあるのでもなく、あらゆる概念構想の相互主体性を超克してしまっているのでもない。」

だいぶん、大まかに表現すると、「よくあるサムジュニャーではなく、どうしようもないサムジュニャーではなく、しっかりしたサムジュニャーではなく、あなたが思っている理想的なサムジュニャーを超えたサムジュニャーではないのです」。

そして、お釈迦さまは仰います。

「このようになるところまで真理の間近に達するときに、それぞれの修行者の身体存在（色）が消滅してしまうのである。」

▼質問者が素晴らしい人であることが分かります。そして、お釈迦さまが、とても生き生きとおしゃべりをされているのがよく分かります。お釈迦さまも、うれしくてうれしくて仕方が

なかったのだろうと思います。とても素晴らしい時間でした。私も、こういう文章に出会うことができて、本当にうれしく思っています。

A、B、この二つは、その構造を分かりやすくするために、私が勝手にそれぞれ抜き出して、二つにまとめたものです。私の創作と言ってよいものです。ただし、訳文は荒牧先生のものを使わせていただきました。もし、もともとの訳文をご覧になりたい方は、下記の本で読んでみて下さい。

その二つの文章に入れることのできなかったものがあります。それをここに挙げてみます。

「(お釈迦さま)

『(前略) それにしてもここまで問うてきて、さらに疑惑があり論難を続けるひとは、智慧によってさとりゆく道を求道して学道するがよい。かの沙門がこれらの心理的諸存在を説きたもうたのは、智慧によってさとった後に、それらを批判するためであったのだからである。』」

(『スッタニパータ』第4章　第11経　868　荒牧典俊訳)

この文章は、質問を続けていく、全体のちょうど中間の所にあります。お釈迦さまが質問の答えを話された、その後に、お釈迦さまが仰られた言葉です。

お釈迦さまは、この質問をしている人のことを、今までよくここまで考え、思索し、議論を積み重ね、またさらに思索し、よくここまで頑張りましたね、というニュアンスで仰られた言葉のような気がします。

そして、そういう人だからこそ、知慧（jnāeṇna）によって進んで行きなさい、と勧めるのです。

その後、お釈迦さまはすごいことを言われます。

「今まで、私、ブッダが、心の中のいろいろな事象についていろいろな言葉を使い、述べてきましたが、それらのことは、あなたが智慧によって進んで行って、そしてさとった後には、それらのことは、何の意味もないことであったと、批判するためのものだったのです。（当然、それらの言葉たちは、私が智慧によってさとった後には、批判されるものとしてのみ、存在しているのです。）」

このことは、ここの文章の最終のところに述べられています。図示Bの最後の所で、詳しく取り上げました。それまでに述べてきたこととは、全く違う言い回し、言葉の及ばないことを分かっていて、それでも言葉で言い表そうとする。そういう、ぎりぎりの表現が現れるのです。

▼参考　「縁起」という言葉について

「縁起」という言葉は、仏教のいろいろな時代に、最も重要な教義を表す言葉として使われました。ゆえに、この言葉を使って論義する時、多くの混乱を招くのです。仏教の初期と、大乗仏教運動の興起の時代の状況についての的確な叙述を見つけましたので、掲載させていただきます。

「サンスクリット語のプラティートゥヤ・サムウトパーダ pratītya-samutpāda の訳語。仏教のもっとも重要な中心思想とされる。最初期は、われわれの現実を直視して、存在の一つ一つがつねに関係しているあり方を問う考えに基づき、たとえば老死は生まれることに縁《よ》っておこり、あるいは苦は煩悩《ぼんのう》におぼれる愛に縁り、または人間の根元的な無知（無明《むみょう》）に縁っておこり、逆に煩悩の滅から苦が滅するなどと説かれ、やがてこの系列化が進められて、無明から老死に至る計十二の項を数える縁起説がたてられた（十二縁起、十二支または十二因縁《いんねん》）。それが各項（支）を省いて、『これあればかれあり、これ生ずればかれ生ず、これなければかれなし、これ滅すればかれ滅す』ともいわれる。（中略）

部派の諸説に異論を唱えて大乗仏教運動がおこり、とくにその最初に登場した『般若経』群の一切皆空《いっさいかいくう》説が名高い。この説はナーガールジュナ（龍樹《りゅうじゅ》、2~3世紀の人）によって、縁起説と密接に結び付けられて深化しかつ拡大し、縁起－無自性《むじしょう》－空《くう》として確立した。すなわち、いっさいのものはそれぞれ他のものを縁としてわれわれの前に現象しており、しかも各々が相互に依存しあっていて、その相依関係も相互肯定的や相互否定的（矛盾的）その他があり、こうしていかなるもの・ことも自性を有する存在（実体）ではない、いいかえれば空であり、しかも、そのあり方もいちおうの仮のものとして認められるにすぎないとし、そのことの悟りを中道とよんでいる。」（『仏教思想研究』宇井伯寿著　１９４３年　岩波書店）

参考　龍樹の『中論』に説かれた「縁起」について、最近、素晴らしい論考が発刊されたのでご紹介します。

『龍樹「根本中頌」を読む』（桂紹隆　五島清隆　春秋社　２０１６年）です。

以下、貴重なご意見を引用させていただきます。

〈現在、私たちがよく耳にするこの「相互依存の縁起」は、少なくとも『根本中頌』の「縁起」とは無縁の、単なる「二概念間の相互依存関係」を指すものと言うべきなのかもしれません。〉（前書250、251頁）

〈『根本中頌』そのものは「相互依存の縁起」を説いていません。龍樹はあらゆる存在・現象・概念の実体視を「縁起」「因施設」に等値される「空性」によって論破しています。その際、さまざまな論法を駆使していますが、その一つが、二つのものの関係を相互依存関係に追い込んで、その無自性・空を明らかにする、という手法（論法乙）なのです。龍樹は依存関係そのものを否定しているのです。彼が主張する縁起はあくまで経時的なものであり、「相互依存の

関係」とは似て非なるものなのです。〉（前書253頁）

☆▼いわゆる「相互依存の縁起」は、実体視がもたらすある種の固定化・堅実性・安定感に繋がる「危険」をはらんでいます。（前書254頁）縁起を語る人のほとんどがこれを語っておられます。非常に危険なことです。

▼お釈迦さまは、何を教えられたのか？【結論】

「さまざまな欲望の対象を欲しい欲しいと思いつづけているから、それぞれに欲望していたとおり、うまくいったときには、欲しいと思っていたものを手に入れて、世間のひとはすっかりいい気になって大喜びの心にみたされる、死すべき存在であるにもかかわらず。

他方、それぞれに欲しい欲しいと思いつづけてきて、どうしても欲しいという愛着がつのってきたところで、それらの欲望の対象が依然として全く得られないままであるならば、世間のひとは愛着によっていよいよ苦痛にきりさいなまれる、矢に射貫かれて突き飛ばされていくごとくに。

しかるにもし、さまざまな欲望の対象をうまく回避していくこと、あたかも道を歩いていくとき、毒蛇のかま首をうまく回避していくごとくであるならば、そのようなひとは、あるがままにいまここの存在を自覚しつづけて、いつまでも世間的存在にひかれる深層の欲望を、完全に超脱する。

田畑であれ宅地であれ黄金であれ、あるいは牛馬であれ奴隷や召使いであれ、婦女であれ親族であれ、種々さまざまな欲望の対象に対し、ひとがいつまでも、むやみやたらに貪欲であるならば、さまざまな死神の眷属《けんぞく》がそのようなひとを打ち負かしてしまい、輪廻《りんね》の洪水の荒波が四方八方より流れ込もうとして、そのひとを圧しつぶしてしまう。そうすると苦悩がそのようなひとに侵入してくる。あたかも船が難破したときに海水が浸入してくるように。

それゆえにひとは、つねに瞬時もおかずあるがままにいまここの存在を自覚しつづけて、さまざまな欲望の対象をうまく回避しきってしまうがよい。さまざまな欲望の対象を放捨してしまうこと、あたかも舟に漏れ込んだ濁水を汲み出してしまうごとくであるならば、輪廻の洪水を渡っていくであろう、かくして彼岸に到るひととなるであろう。」（『スッタニパータ』第4章　第1経　766、767、768、769、770、771　荒牧典俊訳）

私たちは、今を生きています。この「今を生きる」という言葉を聞くだけで、何かすごくいい言葉のように感じてしまう。何か感動を覚えるような気になってしまう。そのくらい私たちは現実から距離を取ったところで生きています。でも、よく考えると、今を生きている、なんて当たり前のことなんですが。当たり前のことを、そのようには実感せずに、私たちは日々を暮らしているのでしょう。

▼あなたは、今、何をしておられますか？

そんなことを言われても、決まっているだろう。この本を読んでいるに決まっているだろう、ということですね。

それでは、なぜこの本を読んでいらっしゃるのでしょう？

それは、この本のタイトル「本当の仏教」という言葉を見て、今まで何度となく期待を裏切られてきたけれど、それでもこの言葉が目に入ると、もしかして何か自分の知りたい、ことがあるかもしれない、何か自分にとって得るものがあるのかもしれないと思って、それで、読んでいるのだ、ということでしょうか。

または、こんなふざけた題名をつけるなんて、けなしどころ満載で、完膚なきまでに、その間違いを指摘してやろう、悪い言葉で言うとけちをつけてやろう、ということなのでしょうか。

または、取り立てて、期待する気持ちも、その反対の、どうせ大したことはないだろうという気持ちも、持ってはいません。ただ、仏教には興味というか、長年の習慣か、分かりませんが、それらしい本は自分の手元に置いておきたいのです、ということなのでしょうか。

そこには、何かの動機があるのでしょう。何かの習慣があるのでしょう。その習慣の中にも、よく考えてみると、何かの動機があったりして、そういうものがあるのではないでしょうか。
ご飯を食べる時も、ご飯を食べたいと思ってご飯を食べているのではありませんか。

▼「したい」という気持ちが最初にあって、生きています。

このように言うと、「おっと、お出でなすった。仏教というのは、欲望を否定する教えなのだと言うつもりなんだろう」。

いいえ、私は欲望の否定を主張するのではありません。お釈迦さまも、欲望の否定なんてことを仰りたかったのではないと思います。

「したい」という気持ち（志向性のこと）は肯定されるべきものです。なぜなら、それは、生きるということと同意語であるからです。

あらゆる生き物は生まれたら、すぐ生きようとします。生きようとして、酸素を取り入れる必要のある生物は、自らの力で呼吸をしようとします。そこには、「したい」は既にあるのです。

「生への欲望を断ち切るためにお釈迦さまは断食《だんじき》などの苦行をされたのではないのか。お釈迦さまの言われた涅槃というのは、生への執着を断ち切った安らぎの境地のことではないのか」。

仏教の言葉をよくご存じの方は、まだまだこのような言葉の羅列を、誰かに浴びせておられるのでしょう。こういう言葉を発しておられる人は、生への渇望を断ち切ろうとしておられるのでしょうか。

ただの受け売りの、このような言葉の羅列で、仏教の教えが表現されるとしたら、こんな簡単な教えはありません。

よく立ち止まって、考えてみて下さい。

まず、考えるべきは、こういうことです。

生物的な意味での生きるということを、もしお釈迦さまはなくすことをされたのなら、食事、水を取ることもされなかったはずです。あの断食行は、「生きたい」の全否定を追求する行ではないのです。

もし、お釈迦さまが仰った「欲望の断滅」、または、「執着のないこと」という言葉の意味が、「生きたいという生物の持つ最も基本的な志向性」をも否定するのであれば、お釈迦さまは目覚められて、そのまま自然に自死することになったと思います。

ここまで、たいそうなことを言わなくても、ほとんどの断食行は、まやかしです。生き死にの、ぎりぎりを皆に見せて、それをやり遂げる能力のある行者と皆に認めてもらうためのデモンストレーション、以外の何ものでもないはずです。だから、限界までその行をする人はいないのです。事故で亡くなることは有り得ますが。

お釈迦さまはそのことを分かっていて、やってみられたのだと思います。だから、その行を離れて、すぐスジャータ（村娘）の乳粥を食されたのだと思います。そして、菩提樹の下に座られ、真実の知慧を得られ、目覚められたのです。仏陀（ブッダ）（目覚めた人）になられたのです。

お釈迦さまは、お弟子さん方に、苦行のような行は、まやかしのものであるので、そちらの端《はし》（極端）には近づかないように、と言われたのでしょう。

そのことを、しばらく後に、お弟子さん方が、「両極端を離れる」、「中道」という言葉を使ってそのことを大事な教義の一つとしたのでしょう。

スッタニパータの中で、お釈迦さまは、「さまざまな欲望の対象をうまく回避していくこと」、「あたかも道を歩いていくとき、毒蛇のかま首をうまく回避していくごとく」と、仰っています。

【欲望の対象を回避しなさい。】

お釈迦さまはすごいなあ、と思います。当たり前のことですが、お釈迦さまはすごいなあ、と思います。▼欲望という言葉で表されていることすべてを相手にするのでなく、その向かう先のことを気にかけなさい。

欲望という言葉で表されていることすべてを相手に、どうにかしよう、というのは、実は、既に論理矛盾を起こしているのです。

欲望という言葉に、先ほどお話しした「したい」という、あらゆる生物が持っている初発の志向性をも含んでしまうと、この言葉は、この全世界、全宇宙をも含むことが可能な言葉となってしまい、その言葉を使って、何かを表すことすらできなくなってしまいます。この世界は欲望の世界だ、欲望以外の何ものもない、なんてことを言えるようになってしまいます。

こういうことを言いますと、言葉の定義をすればいいのでないか、ということを言われる人もおられるでしょう。でも、それをすると、今度は、架空のシミュレーションの世界の話になってしまうのです。仮に設定された会場で、その中だけで通用する言葉を、いかに駆使しても、本当に言いたいことは何も表すことはできないのです。

私たちは、言葉を、何か言いたくてしゃべっている、相手に聞いて欲しくてしゃべっている、ということではないでしょうか。

お釈迦さまの言葉遣いも、そのようであったと思います。ですから、目の前におられる方に、少しでも分かってもらえるように、言葉を駆使されたのだと思います。だから、「バラモン」とか、「ヴェーダ」という言葉も使われたのです。誤解されることすら恐れてはおられません。その言葉を使うことで相手にご自分の仰りたかったことを分かってもらえると思われた時は、全く遠慮なく、そういう言葉を使われるのです。

欲望の否定は、有り得ないことなのです。否定ではなくて、そのあり方を変える。そのために、私たちが唯一取れる仕方が、「対象の回避」なのだと、お釈迦さまは仰っているのです。繰り返して言います。欲望の否定は有り得ないことなのです。欲望の否定ではなくて、そのあり方を変える。そのために、私たちが唯一取れる、仕方が、「欲望の対象の回避」なのだとお釈迦さまは仰るのです。

お釈迦さまの教えに何かを感じていらっしゃるのであれば、ここからは、皆さんで、お釈迦さまの言葉を聞いて、進んでいっていただきたいと思います。

欲望そのものでなく、対象の方へ関心が向くだけで、先ほど言いました自分の中の「したい」のあり方、正体、実像が顕わになってくると思います。

▼そういう時の一つの指針になる考え方は、流されて、「したい」のか、その時そう思って「したい」のか、です。

「わが身体という洞窟の中に安住して執着したままに、幾重もの煩悩の闇に完全に覆蔽《ふくへい》されたままであるかぎり、人間は、無知蒙昧《もうまい》の闇黒を奥へ奥へと入っていく。（中略）
いまここなる衆生たちは、いまここなる個体存在を、わたしのものであるように所有しようとしつつあるのである。（取意）（中略）
衆生の個体存在の根底に、概念構想する相互主体性（想）〈いまここなる身体存在といまここなる主体存在との、概念構想する相互主体性（想）〉が存在していることをさとりの知によって完全にさとって、輪廻の洪水を彼岸に渡っていくがよい。
沈黙の聖者（牟尼）たるひとは、家族であれ、財物であれ、さまざまな所有につきまとうことなく、やみくもにつき動かしてきた深層の欲望の矢を抜き去って、孜々《しし》として修行に精励し、この世の世間的存在を願求して修行することもなければ、かしこの世の世間的存在を願求して修行することもない。」（『スッタニパータ』第4章　第2経　772部分、776取意、777取意、779　荒牧典俊訳　※〈〉内は私の注釈）

▼私たちは、この体をもって生きている限り、この体、この世界によって、致命的な影響を受けて、生きていくしかありません。
そのことを、お釈迦さまは、「無知の闇」と言われたのだと思います。

そして、その状況に取り入ろう取り入ろうとする、そのことを、闇と言われたのだろうと思います。この体感《からだかん》を生み出すもののことのことを、想と言われたのでしょう。この体感を生み出すもののことのことを、もし意識できるとしたら、この状況は全く違ったものとなるでしょう。ほんの少しでも意識化できるとすると、この体感を生み出すということが、変化していくことになるのです。そして、最終的には、そのことのすべてが顕わになって、その動き、働きの止滅をも達成されるのです。

私、このへんのことは、想像で言っているだけですが。ちょっと無責任かとも思いますが、想像と推測でしか言えないので、仕方がありません。

☆▼そして、仏教の、中心にある教え（結論）が、「輪廻の洪水を彼岸に渡っていくがよい」なのです。

追記

以上、見てきたように、最初期の仏教では「彼岸に渡れ」と言うだけで、此岸（こちら岸）の言葉はなかったのですが、既にダンマパダに此岸の言葉が現れています。

「人々は多いが、彼岸に達する人々は少ない。他の多くの人々はこなたの岸（此岸）の上でさまよっている。」（『ダンマパダ』85　中村元訳）

参照文献

『原始仏典第七巻　ブッダの詩Ⅰ』荒牧典俊訳　講談社　１９８６年（スッタニパータ）
（この本の中の「スッタニパータ（釈尊のことば）」を文庫本化したものです。『スッタニパータ［釈尊のことば］』荒牧典俊他訳　講談社　２０１５年）
『ブッダの教え　スッタニパータ』宮坂宥勝　法蔵館　２００２年
『ブッダのことば　スッタニパータ』中村元　岩波書店　１９８４年
『ブッダの　真理のことば　感興のことば』中村元　岩波書店　１９８４年（ダンマパダ）

☆これら4冊の本がなかったら、この本は、書けなかったと思います。原文とこれらの本の間を、あっちへ行ったりこっちへ行ったり、この30年の間、2、3年に1回は、幸せな時間を過ごさせていただいたような気がします。

最初は、中村先生の訳を読みました。それを基準にして、いろいろな人の訳を見てみました。その次は、荒牧先生の訳を基準にして、読み直しをしました。そして最後は宮坂先生の訳を基準にして、読み直をしたこともありました。深く、感謝申し上げます。

第3節　お釈迦さまは何になられたのか

1　お釈迦さまは、人間です

お釈迦さまは、インド人です。紀元前472年から、392年の人です（注1）。

今から、大体2400年前の人です。

父親は、シュッドーダナ、母親は、マーヤー。父親は、カピラヴァストゥ（現在のネパールとインドの国境地帯にあった町）を本拠地とするシャカ族の族長でした。

シャカ族は、中インドの西北のコーサラ国に従属していました。自治権を持った国でしたが、お釈迦さまの晩年には、その自治権もなくなりました。

お釈迦さまの本当の名前は、「ガウタマ・シッダールタ」ともいわれています。

お釈迦さまの「釈迦」は、釈迦族の「シャカ」からきています。種族の名をもって、お釈迦さまのことを呼ぶ、この呼び名は古くから使われています。私は、この呼び名で、尊称「お」と「さま」をつけて、「お釈迦さま」と呼びたいと思います。

生まれてまもなく、母マーヤーは亡くなり、母の妹のマハーパジャパティーに育てられました。族長の一人息子でしたので、裕福に育てられたのでしょう。成人してから、ヤショダラーを妻とし、息子ラーフラをもうけています。

お釈迦さまは、歴史上、実在の人物です。そして、普通の人間です。

2 【ブッダ】ということ buddha その普通の人間が、目覚めるのです

ブッダとは、「目覚めた人」を意味します。インドの言葉です。漢訳では、「仏陀」と書きます。日本語では、「ほとけ」とも言います（注2）。

お釈迦さまのことを、ブッダと呼びます。


この言葉の意味を、「真理に目覚めた者」、「真理を悟った者（注3）」、「古来から存する真理を悟った人（注4）」と、日本語訳することが多いです。そこに、私は、いつも、何か違うなあと思ってしまうのです。

なぜか、この言葉を語る時に、「真理」とか「真実」という言葉を勝手に補って、この言葉の意味を表そうとしているところに、私は違和感を感じてしまうのです。

この「真理」という言葉は、非常に危うい言葉だと思います。誰もが理解できるけれど、その中身は、一言も語れない、というようなものです。外面はホワイトだけど、中はブラックという感じです。

仏教の、非常に大事な言葉「ブッダ」に、このようなことをしてもいいのか、私は、非常に疑問を持っています。仏教の言葉は、変に分かりやすく表すと、かえって、その言葉の役割が壊れてしまうことが、あるのだと思います。私たちにとって理解しやすく感じる表現は、仏教の本来の意味を損なうことがあるのだ、ということに気を留めなければならないと思います。

お釈迦さまの仏教は、私たちに、絶えず、「あなたは、そのままでいいのですか」と、迫ってくるものなのです。それが、最も大きな役割なのだと思います。

私は、お釈迦さまのことを表す言葉、「ブッダ」という言葉を大事にしたいと思います。ですから、私は、この言葉の意味を、「目覚めた人」と、私の勝手な解釈を付けずに言いたいのです。

そして、その意味も、その言葉の最も基本的な意味、「目が覚めた人」と言いたいのです。睡眠から目が覚める、そういうニュアンスを持っている言葉だと思います。

そのように理解すると、いろいろな事がすんなり分かって来ます。

まず、「ブッダ（目覚めた人）」という言葉は、お釈迦さま自身が、自らのことを、「ブッダ（目覚めた人）」であると宣言しておられる、そういう言葉なのだと私は解釈します。

お釈迦さまが、成道されて直後、ご自分に対して思われた言葉は、次のように伝わっています。

「わが心の解脱は不動である。これが最後の生である。もはや再生することはない。」

（『聖求経《しょうぐきょう》』石上善應訳 『原始仏典1』講談社 1985年 25頁）

その後、梵天が、お釈迦さまに対して使われた呼称は、

「如来《にょらい》（完成者）」、尊敬されるべき人（応供）、正しくさとった人（正等覚者）」、「尊師」、「世尊」、「幸いある人（善逝）」です。

（『聖求経』石上善應訳 『原始仏典1』講談社 1985年 27頁）

さらにその後、お釈迦さま自身が、他の人に向かって、ご自身のことを、このように仰っています。

「一切に打ち勝ったもの、一切を知るもの」、「尊敬されるべき人」、「この上ない師」、「完全にさとりを開いたもの」、「勝者」と仰っています（ベナレスへ向かう途中、ガヤと菩提樹との間の街道で、アージーヴィカ教徒のウパカに出会った時の話です）。

（『聖求経』石上善應訳 『原始仏典1』講談社 1985年 33、34頁）

これらの中で、私は、「さとった人」、「さとりを開いたもの」に相当する、「ブッダ」という言葉に注目すべきであると思います。

自らに対する呼称、他からの呼称に関わらず、「正しくさとった人（正等覚者）」と「完全にさとりを開いたもの」とが、それ以外の呼称とは、異なる意味合いを持つからです。

「如来」、「尊敬されるべき人」、「この上ない師」、「勝者」という呼称は、ゴール地点に立った者を表現する呼称です。

それに対して、「正しくさとった人（正等覚者）」と「完全にさとりを開いたもの」は、一見同じように見えますが、単なるゴール地点を表すだけの言葉ではないように思えるのです。

そこにある「さとった」、「さとりを開いた」という言葉遣いの中に、単なるゴール地点以上の意味が読み取れるのです。

普通の人間が、次第に気づいていって、次第にさとっていって、そして、「さとった」ということがあるのだと、そのように理解することができるのです。普通の人間が、少しずつ「目覚めて」いって、そして、「目覚めた」ということがあるのだと、そのように受け取るということが有り得るのです。

こういう受け取り方をされるかもしれないことは、お釈迦さまはご存じだったのだと思います。そういうことも意図して、使われた言葉だったのだと、私は了解しています。

このことから、どのようなことが言えるか、考えていきます。

「私は、ブッダである。」

お釈迦さまが、このように仰ったのだと、仮定して、少し、話を進めていきたいと思います（お釈迦さまの仰った言葉が記録されている、経典の最古層の所には、そのままの言葉はありません。しかし、私は、限りなく100％に近い確率で、お釈迦さまが仰ったものと確信しています）。

私は、ブッダである。

私は、目覚めた。

私は、少しずつ目が覚めていって、今、すっきり目覚めた。私は、起きています。

私の前におられる、皆さんは目が覚めていません。

皆さん方は、まだ、寝ておられる。眠っておられる。

目が覚めるということは、こんなにも気持ちのよいことなので、皆さん方も目が覚めて欲しいのです。そのために、私は、いろいろな話をしましょう。

くたびれ儲けになるのかもしれませんが、一人でも、目が覚める人が出てこられるのなら、私は、そのために教えの話をしましょう。

3　たくさんのブッダがおられる　どんな人もブッダになれる

お釈迦さまは、自分だけが、ブッダであるのではない、と仰っています。過去には、たくさんのブッダがおられたし、現在もたくさんのブッダがおられるのだと、言っておられます。

お釈迦さまは、このことを直截に仰ってはいません。しかし、スッタニパータや、ダンマパダに、「ブッダの複数形」が、たびたび出てくることで、私は、そのように言ってもよいのだと判断しています。

「ブッダの複数形」についての詳しい説明は、「枝葉編　第2章　第1節　3　①」をご覧下さい。

★　4　【如来】ということ　tathāgata　tathā-āgata　tathā-gata

お釈迦さまは、ご自分のことを呼ぶのに、「如来」と呼びなさい、ということを仰っています。

お釈迦さまの本名である「ゴータマ（姓）よ」と、神、バラモンから、呼びかけられることが、ありました（注5）。

このことは、お釈迦さまは、ご自分のことを、ただの「ゴータマ」という名前の男だと呼ぶのではなく、「タターガタ（如来）」と呼ぶことが、その呼ぶ人のためになるということだと、お考えになっていたのだと思います。

さて、その、お釈迦さまも大事になさった言葉「如来」とは、どのような意味を持った言葉なのでしょう。

如来の元の言葉は、「タターガタ（tathāgata）」です。インドの言葉です。

中村元先生は、「修行完成者」と訳しておられます（注6）。

「タターガタ」についての詳しい説明は、「枝葉編　第2章　第1節　3　②」をご覧下さい。

この「タターガタ（如来）」という言葉は、ブッダであるという、その状態を表すのに、最もふさわしい言葉だと思います。

ある人間が、覚っていく。そして、完璧に覚った時の、その人のことを表すのに最もふさわしい言葉であるのです。

ある人間が目覚めていく。そして、すっきり目覚めた時の、その人を表すのに最もふさわしい言葉であると思います。

「そのようである人」。

「タターガタ（如来）」という言葉の意味を、正確に味わっていただきたいと思います。

注1　私の推定したお釈迦さまの生没年は、BC472－392となります。ただし、この説は、あらかじめ誤差があることを前提で、算出したものです。誤差が1、2、3、4、5年はあるかもしれません。あれば、どんどん北伝説に近づいていくことになります。（生没年につきましては、「幹編　第1章　第3節　1」、「枝葉編　第1章　3、4」をご覧下さい）

注2　ブッダの音を移した語「浮屠（浮図《ふと》）」からできた語。「ふと」に、超自然なものを表す「け」を足して、「ふ」が、音韻変化して「ほ」になったと考えられます。

注3　三省堂 大辞林 第3版

注4　平凡社 世界百科事典 第2版

注5　『ブッダのことば』中村元　岩波書店　1984年　271、272頁

注6　『ブッダ最後の旅』中村元　岩波書店　1984年　265頁

第3章　受け継ぐ者たち
先生から弟子へ

この第3章では、お釈迦さまが亡くなってから(私は釈尊の没年を紀元前392年とします。)100年間、その次の200年間、その次の300年間ぐらい、合わせて600年間の時代にどのように教えが伝えられたのかを追いかけてみたいと思います。

この時代は、はっきり言いまして、霧に覆われた時代です。部派が次第に分裂していって、18部になったということを論じている話はよくあります。しかし、どのように仏教の教えが伝わっていったのかについて、論述されているのにお目にかかったことがありません。資料がひどく偏っているのです。私は自分なりに、このひどい状況の中で、手掛かりがどこかにないかと、探してみました。非常に不十分なのは分かっていますが、その時代に流れているものを確かめることができたような気がします。

第1節　「島史」の、5人による律の伝持の伝承から推測してみる

本来、ここで扱えるのは、あくまで、律の伝持であって、法統、法の伝持ではありません。しかし、後半では、法の伝持まで推測の範囲を広げて、話します。

1　律の伝持

この本の第1章　第3節「アショカ王の治世が仏教に与えた影響」のところで述べましたので、少し重複することになりますが、私にとって非常に重要なことなので、もう一度、この話から始めようと思います。

スリランカの最古の歴史書『ディーパ・ヴァンサ（島史）（D．V．）』に、アショカ王の即位までの間に5人の高僧による律の伝持が行われたという記述があります。

お釈迦さま　⓪

ウパーリ　①

ウパーリは、釈尊の直弟子です。出家する前は、理容師であったと伝えられています。律（釈尊が、出家僧の生活はこのようにしなさい、と命じたもの。出家僧の集団の運営に関する規則も含まれる）の専門家です。律のことを正確に記憶していると、出家僧仲間全員から信頼されていた方です。

ダーサカ　②
ソーナカ　③
シッカバ　④
（チャンダバッジ）　④´
ティッサ　⑤
マヒンダ　⑥

『ディーパ・ヴァンサ（島史）（D．V．）』には、何回も何回も、この順番に律の伝持が行われたことが書かれています。（書かれている場所　D.V. 4.31-46, 5.60-75, 5.76-88, 5.89-98, 5.99-107）

これらは、「釈尊般涅槃の後218年に、アショカ王が即位した」（D.V. 6.1）という記述の前に、あります。

ティッサ⑤は、アショカ王の仏教の師とされている人です。マヒンダ⑥は、アショカ王の息子です。

▽ここで、私が取り上げたいのは、5人の名前が挙げてあるということと、それが前の先生の何歳の時なのかが記述されていることです。

つまり、この当時の教えの伝持について、仏教徒たちは、ある記憶を保存していたのだと思います。それは、ある1人の先生から、弟子たちに教えが伝えられていく、仏教のもともとの伝持の姿は、先生（教える人）から、弟子（教えられる人）へ、ということなのではないでしょうか。それが、最も当たり前の、私の言葉で言えば、最も健全なあり方だと思います。

「先生から弟子へ、そんなことは当たり前のことでないか」。そのように思われる方は、とても多いと思います。多いと言うよりほとんどの方がそのように思われると思います。

しかし、待って下さい。今、これを読んでおられる、今、これを聞いておられる、あなたはどうなんでしょうか。△

（ここの箇所で、私は、資料として取り上げた「律の伝持」を、「教えの伝持」と意図的に変えています。このことはご容赦願わなくてはならないことです。お釈迦さまが亡くなってからの時代、残されたお弟子さんたちにとって、お釈迦さまの教えが確実に伝持されることが、最も求められていることであったのです。それが仏教徒たちにとって、大きな関心事であったので、教えの伝承の記憶が保持されていたのだと思います。そのことが記録される時の状況で、それが、律の伝持となってしまったのかもしれません。教団の正当性の主張などが関わっていたのかもしれません。それとも、教えの伝持は、非常に主観的なことだと思われていたので、教えが確実に伝わった、その最終段階として「律の伝持」ということになったのかもしれません。）


今、現在、教えの受け渡しがどのように行われているのでしょうか。

たとえば、ある集団（教団）に属している人が、その集団（教団）に所属することを選んだ場合、その集団の「教え」なるものの習得がほとんど義務のようになります。教えることが仕事、教えられることが仕事、そうなります。そういう世界におられる方がほとんどではないでしょうか。

「私は、そうではありません。私は仏教の教えに関心があって、いろいろな所に出入りしながら学んでいるのです。」

そのように仰る方がいらしたら、その方は、類《たぐ》い希《まれ》な方だと言わざるを得ません。とても幸せな方だと言わざるを得ません。本来の、仏教的な意味で、「幸せな方」です。

前者が、変質した、教えの伝わり方です。

後者が、仏教本来の、教えの伝わり方です。

今ここでは、わざと、ステレオタイプなものの言い方にしました。前者の中にも後者のようなことが、後者の中にも前者のようなことが有り得るのは言うまでもありません。

でも、ここでは、今の自分が、どちらの状況の中にいるのか、考えてもらいたいのです。

☆ 2 「スクール」（学校）と、「ユニヴァーシティー」（大学）

お釈迦さまが亡くなって（BC392）から、だいたい300年間から500年間の間、お釈迦さまの教えがどのように伝持されたのか、どのように先生から弟子に伝わっていったのか、この辺りのことを考えてみると、具体的、さまざまなイメージが浮かんできます。

その中で、どういった先生だったのだろうか、とか、どういった弟子だったのか、そんなことを考えるようになりました。

私の頭の中で、二つの、「先生—弟子」関係が、はっきりとイメージできるようになってきました。それを、私は、「スクール」と「ユニヴァーシティー」と名付けました。その当時の状況の説明をしやすくするために、「スクール」（学校）と「ユニヴァーシティー」（大学）という言葉を思い付きました。そして、この二つの概念は、他の時代、あらゆる時代の、教え、教えられの状況を表すのに使うことができます。

ここにある言葉、「スクール」と「ユニヴァーシティー」は、英語ですが、英語のスクール、英語のユニヴァーシティーの意味とは若干ずれていると思って下さい。これらは、私の造語です。

学校には、先生と生徒がいます。普通、先生とは、学校に雇われて、1日、授業やら、自分の担当の生徒の指導、管理などの事務、学校内のさまざまな仕事をする人のことです。私のここで言う先生とは、そういうものとは全く関係がありません。

私が「先生」とするのは、自分に教えたいことがある人で、それを聞いてくれる人がいる、そういう人を、「先生」と言います。「生徒」とは、教えてもらいたいことがあって、それを教えてくれるだろう人の所に行って、その教えを聞く、そういう人のことです。

【「スクール」】とは、そういう「先生」と、「生徒」がいっしょにいる、そういう空間、場所、時間のことです。それを、私は、「スクール」と呼びます。普通いわれる、学校というのとは、全く違うものです。

大学には、教授と学生がいます。教授というのは、大学から、教授に任命されると、教授ということになります。学生というのは、大学から入学を許可されると、学生ということになります。そして、大学というのは、そこの社会から、ある種の威厳を持っているとみなされています。大学そのものも、ある程度権威を持っているものとして、社会に接しています。だから、時々、大学は、権力を持つこともあります。大学は、その資格があると認めると、博士（ドクター）の称号を出します。

【「ユニヴァーシティー」】というのは、実際の大学ということではありません。まず、教える人が、その社会で、ある権威を持っているとみなされている場合です。そして、教える人は、外の社会での、名声、評判、評価を気にしている、そういうことがある場合のことです。

教えられる人も、そこで学習することで、ある種の資格的なものが得られると思われている場合です。私は、誰々先生の弟子です、ということを意識するような、そういう場合のことです。

そういう場合の状況を、私は、「ユニヴァーシティー」と呼びます。

「スクール」というのは、その外の世界からは見て、その存在すら、分からないものです。その中での実際のことは分からないものです。それなら、誰にも分からないのじゃないか、と言われそうですが、実は、「スクール」がもし成立していると、外から見て、必ず分かることがあるものなのです。それは、そこでは、どこから見ても、誰から見ても、素晴らしい人間、人物が誕生してくるのです。それで、「スクール」の存在が分かるのです。

「ユニヴァーシティー」というのは、歴史の中に無意識下で出てきてしまうものなのです。例えば、教授は個人名で著作を作ります。そして、大学はそういう著作を大事にします。だから、仏教史の中で取り上げられるものは、ほとんど、「ユニヴァーシティー」ばかりということになります。でも、心掛けたいことがあります。それは、これらのものが、「ユニヴァーシティー」であるということです。決して、「スクール」ではないということです。

私は、「ユニヴァーシティー」というものを、信用していません。ユニヴァーシティーの中に、「スクール」が存在する時、初めて、仏教が伝わっていくのだと思います。

そういう理由で、「大学」の歴史に、それほどの価値を見いだすことができません。例えば、中観派の論書、唯識派の論書の類いのものが、どれほど、仏教の役に立っているの？と疑問符を付けてみたくなります。論書には、著者名がついています。

この本ではこの後、この用語、「スクール」、「ユニヴァーシティー」を使うことがあります。

第2節　教えを伝えるということ
教えが伝わるということ

お釈迦さまが亡くなって、しばらくしてからは、一般の人たちへの、仏教の教えの伝達は、ジャータカというもので行われていたと考えられます。

そこで、【ジャータカ】の話の内容と、それがいつ、どの場所で話されたのかを、遺跡、出土品から確かめながら、話を進めていきたいと思います。

1　ジャータカとは

仏教では、お釈迦さまの前生物語という意味です。「本生話」、「本生譚」、「本生物語」とも呼ばれます。

お釈迦さまが亡くなってしばらくの間は、お釈迦さまの姿を直に見て、その声を直に聞いたことのある人々の中に、お釈迦さまはおられたのだと思います。その後も、それらの人たちから間接的にお釈迦さまはこういうお方でしたよ、というように、その人となりは伝わっていたように思われます。次第に時間が経つと、お釈迦さまの実像の伝承が困難になっていったことは、想像に余りあります。

お釈迦さまが亡くなられてから100年余り経った頃、大きく事態が変わっていきました。巨大な力を持つ、王権国家が誕生したのです。アショカ王の王国です。インド史上、唯一の統一国家です。この国家は、統治機構の中に、宗教を取り込もうとしました。数ある宗教の中でも特に利用しようとしたのが、仏教でした。

仏教徒たちは、お釈迦さまが生きておられた時も、亡くなってしばらくの間も、教団という意識がほとんどありませんでした。彼らは、当時の宗教界の中で、ヴェーダに基づく祭式を生業とする修行者たち（バラモン）や、家庭生活を最初から捨て、修行に専念する者たち（沙門）と見なされても、全く気にもしていませんでした。つまり、宗教者一般の中の、名もなき一つのグループと思われても、気にも留めていなかったと思われます。

ただ、お釈迦さま、ということだけは間違いなく大事にして、私たちが説いている教えはお釈迦さまというお方の教えですよ、というように語っていたのでしょう。

お釈迦さまが亡くなって100年余り後、強大な力を持つ国家がインドに誕生すると、仏教徒たちは、その国家の中での位置、社会的地位が、自分たちの活動に影響を及ぼすことが多くなってきました。

そのことを意識し始めた仏教徒たちは、国家の中での位置、地位に関心を払うようになるのは、自然な流れだと思います。

そういう世の中の動きに全く動じない出家僧たちもおられましたが、多くの出家僧たちが、その流れに翻弄され、それによって、新しい動きが起こってくるのです。仏教の出家僧の中の7、8割ぐらいの人たちだったろうと思います。

そこで、彼らがまずしなければならないことは、国に対して、そして一般の人たちに対して、自分たちの存在感を高めることです。自分たちの存在を、他の多くの宗教者たちの中から浮び上がらせることが、どうしても必要になってきたのです。

そのためには、開祖、シャカ・ブッダ、お釈迦さまの存在を一般の人々の中にアピールすることが、必要になってきたのです。そして、もちろん、他の宗教の修行者たちの中に対しても、アピールしなければなりません。

そのような中で、出家僧たちは、語り始めました。まず最初は、お釈迦さまの人となりの話でした。

お釈迦さまの出身はどこの何だったのか。小さいながらも種族の長の出身であること、クシャトリアに属していたこと、非常に裕福な青少年期をおくっていたこと、その中でそれらを振り捨てて修行生活に入っていったこと、修行者たちの中の指導者たちの指導を受けたが、たちどころにその課題を成就してしまったこと、などなど。伝承されてきたお釈迦さまの生涯の記憶をもとにしながら、語り始めたのだと思います。

そして、仏教にとっての最も重要な出来事の話がされるようになりました。例えば、お釈迦さまは、6年間の苦行の後、スジャータから乳粥をもらい体力を回復してから、菩提樹の下に座り、7日間の禅定の後、目覚めた人、ブッダになられたこと、など。

そういう話を、一般の人々の前でするようになっていったのだと思われます。

☆《創作》【ストゥーパ物語】
これからは、私の想像上の話です。

ある村に1人の出家僧がやって来ました。村のはずれにある大きな木の東側に、大きな石を丸く並べました。村人たちが見ている前で、その真ん中の所に黒い大きな砂粒のようなものを埋めました。その上に毎日毎日、土を持ってきては自分の足で踏み固め、土まんじゅうのようなものを作りました。彼は、その土まんじゅうの所に、太陽が昇る前にやってきて、掃除をして、水をまいて、近くに花があれば、取ってきて供え、それが終わると、右繞三匝《うにょうさんそう》して礼拝をして、そこでお経（スートラ）を声に出して読みました。

こういうことは、以前からあったことですが、この頃から、より多くの場所で行われてくるようになったのだと思います。

この土まんじゅうは、お釈迦さまの遺骨がある場所、お釈迦さまの肉体の代わりとして、仏教徒たちは、敬ってきたものです。仏塔、ストゥーパと言います。

その小さなストゥーパの前に、7日目ごとに、その出家僧はやってきて、ストゥーパの前に座り、お釈迦さまの生涯の話をするのです。

この当時、多くのお坊さまたちが、こういうことをされておられたような気がします。

こうして、聞いてもらえる人たちの中で、お釈迦さまの話をしているうちに、次第に脚色が強くなっていくことが起きてきます。盛られた話になっていきます。よくあることです。青少年期の裕福さ、悟りを得る直前の苦行の過酷さ、覚った後の迦葉《かしょう》兄弟との超能力合戦、話を盛り上げる場所はたくさんあります。そのようにして、お釈迦さまの話をずっと続けていくうちに、話を聞く方も、1世代、2世代と変わっていきます。話をする方も世代が変わっていきます。

このようなお坊さんたちの努力のおかげで、お釈迦さまが、次第に信仰の対象になっていきました。お釈迦さまが、というより、土まんじゅう、ストゥーパが信仰の対象になっていったのですが。

インドでは、大樹に、霊力が宿ると考えられていました。人々は、大樹の所に供物を捧げ、安寧を祈っていました。

その代わりにというか、ブッダのストゥーパに対しても、同じようなことをするようになっていったのです。

そうこうしているうちに、お坊さんたちは、もっと、信徒のみなさんに直に響くような話ができないかと考えるようになっていきました。それまでも、お釈迦さまの話をする際に、お釈迦さまが仰った教えの話もその中に入れて話していたのですが、いまいちしっくりいっていなかったのです。

もっとダイレクトに語りかけることはできないか。そのようにふと立ち止まって考えるお坊さんたちが現れました。

その時、ヒントになったのは、信徒の方から言われた一言でした。

「お釈迦さまは、どうやって、ブッダになったのですか。お釈迦さまは何をしてきたのですか」。

「お釈迦さまは何をしてきたのですか」には、当然、「過去に」、「過去の生で」が付いていることは、お互いに分かっていました。

が、お坊さんは、ひとつそこを認めるには抵抗があったのです。お釈迦さまの教えは本来、輪廻そのものの断滅であったのですから。生まれ変わりそのものがなくなることが、下世話な言葉で言えば、お釈迦さまの教えのゴールなのですから。

お釈迦さまは、輪廻、生まれ変わりがあることを是とはしておられません。輪廻そのものがあることを前提にした話はしておられません。輪廻の存在を認めてはおられません。そして、輪廻の断滅に向かうことを勧めておられます。

しかし、その当時のほとんどの人々は、死んで生まれ変わる、輪廻ということを、疑うことなく信じ切っていたのです。お釈迦さまは、そういう人々の中にある輪廻観を、「生まれ変わるということはありません。間違いです」と言って、いきなり否定された訳ではありません。最初に輪廻を否定して、その後から、仏教の教えを説かれた訳ではありません。

そうではなく、お釈迦さまは、輪廻観を人々の心の中から打ち消そうとはされてこなかったのです。どちらかと言うと、その輪廻の世界観に基づく生き方に即して、いろいろな教えを説かれたのです。

「施・戒・生天」という一般の方に説かれた教えの中にもはっきりその跡があります。「施・戒・生天」とは、お釈迦さまが在家の信者に対して話された教えのパターンを表したものです。最初に、「施しをすることの大切さ」を説かれます。その次に、「自分のあるべきあり方と、現実との違いに思いを致し、あるべきあり方になろうとすること、その大切さ」を説かれます。最後に、「そのようにするならば、つまり、施しと戒めをする者は、神さまの世界に生まれて、神さまのようになることができること」を説かれたのです。ここでは、輪廻的世界観に乗っかって話しかけられた、と言うしかありません。


話を戻します。先ほどの問いかけを受けたお坊さんは、このように考えました。

「その質問に、自分としてはでき得る限り誠実に答えよう。さて、どのように答えてあげたらよいのだろうか」と。

そこで、以前から、思ってきたこと、他のお坊さんにはなかなか言えなかったこと、それを言ってみることにしました。

それが、こういう語り口なのです。

「お釈迦さまは昔、これこれだった頃、これこれのことをされたのですよ」と。

つまり、本当はこういう話はすべきでないことは分かっていましたが、お釈迦さまの過去の生の話をする決断をしたのです。

そして、お釈迦さまがこの世での修行生活ではない、お釈迦さまの過去の世での幾多の苦難、修行の話ができるようになったのです。今ここで話を聞いておられる一般の方々と同じ生活をしている人の話ができるようになったのです。

そういった語り口のものを、後世、「ジャータカ」（前生物語）㊟と呼ぶようになりました。

「お釈迦さまはこの世の中だけの修行でブッダになられたのだろうか」という問いにも、そのまま素直に答えてしまうやり方なのです。この語り口の創出が、本当によかったのかは、今でも私は分かりませんが、そういうように教えの流れが、流れようとするのは、大いにうなずくところがあります。

このジャータカは、後世、お釈迦さまが話されたように体裁が整えられますが、実際は、完全な後世の創作物です。ですから、ジャータカが、お釈迦さまが本当に説かれたものではないことは、お坊さんたちは全員知っているので、それらは、伝承経典とは別に分類して、伝えてきました。それが、「ジャータカ」という分類です。

（この第3章の章末に、「参考」ということで、「現在、残されている経典」について、簡単な解説がしてあります。特に南伝仏教に伝わる経典について、簡単な説明がしてあります。「北伝仏教と南伝仏教」、「仏教の隆盛と沈滞」、「仏教の隆盛とは」についても、簡単な説明、意見が述べてあります。）

これから、「ジャータカ」の中身の話をしていきたいと思います。私が、ここで、ジャータカを取り上げるのは、その話が仏教の教えとして素晴らしいということで、取り上げるというのでありません。「ジャータカ」の中に、仏教が伝わっていく歴史が垣間見えるからです。

お釈迦さまが亡くなってから、１００年余り後に、アショカ王の強力な統治国家が出現してきました。アショカ王統治時代は、碑文などいろいろな資料があり、その当時の仏教の状況も、ある程度把握することができます。

しかし、アショカ王が亡くなってから、約２００年間は、ほとんど、仏教の置かれた状況が分からないのです。その当時のことを仏教学者は、部派仏教の時代と言って、僧団が分裂し、各部派に分かれていく、そういう時代として捉えます。しかし、部派分裂とはどういうものなのか、ただ、何々が分裂して、何々派と何々派に分かれたというだけで、そこに何があったのかは全く謎だらけです。

そのような時代が、どういう状況だったのか、それを指し示してくれる資料はないのか、いろいろ探してみましたが、テキスト上は本当にないのです。

あるにはあるのです。その時代の素晴らしい遺物が、私たちには与えられているのです。それは、二つの歴史的遺産、バールフットのストゥーパと、サンチーのストゥーパです。この二つのストゥーパをじっくり観察して、その当時の仏教の状況を深く体感したいものです。

注　ジャータカ。パーリ大蔵経の「経」の五経蔵の中の第5、小部経典の中に、ジャータカはあります。話の数でいうと、547話あります。ジャータカの各話が出来上がったのがいつなのかは、よく分かっていません。古いものは紀元前3世紀のものもあるのではないかと思います。それから、営々と作り続けてきたのです。ただ、散文が付け加えられて、現在の形になったのは、5世紀頃です。

パーリ以外でいうと、漢訳では代表的なものに、『六度集経』（91話。2世紀頃訳）があります。サンスクリット本では、『ジャータカ・マーラー』（34話。4～6世紀）があります。

バールフットのストゥーパ（コルカタ・インド博物館）

サンチーのストゥーパ（インド最古の仏教遺跡）

2 【バールフットのストゥーパ】

まず、バールフットの場所から説明します。

中央インドのバーラーナシー（ベナレス）からガンジス河を上流へ遡ると、ヤムナー川とガンジス河の合流地点があります。その西北に、アラハバードの町があります。そこからヤムナー川を南へ渡り、しばらくすると、標高差200メートルほどのつづら折りの登り道になります。そこを登り切ってしまうと、平坦な少し乾燥した幅30キロの帯状の地形が、そこから南西の方角に約500キロ続いています。そこにあるのがサンチーのストゥーパです。

その帯状の高地のことを、あるインド人の学者は、「ハイウェイ」と呼んでいます。標高300メートルから500メートルの、平坦なとても快適な通商路です。インド中央部と、西南のアラビア海沿岸部とを結ぶ、とても重要なルートです。太古の昔からつい最近まで、貿易品を運ぶ商人のキャラバンで大変賑やかでした。

バールフットは、そのサンチーまでのルートの途中にあります。アラハバードからサンチーまでの、アラハバード寄り、3分の1の地点にあります。現在の最寄りの町はサトナ（satna）です。現在、同地には、ストゥーパのあった場所があるだけで、何もありません。発掘された時には、既に本体もほとんどなく、ストゥーパの東門と、その左右の翼《つばさ》に当たる欄楯《らんじゅん》（囲い）だけが残っていました。

現在、それらはすべて、コルカタ（カルカッタ）の国立博物館に運ばれ、展示されています。

このバールフットの仏塔は、インドにおける最古の仏教美術といわれ、世界から注目されてきました。石彫りは、紀元前2世紀にまで遡ることができるといわれています。この石彫りにジャータカ図が多く彫られているのです。

3【サンチーのストゥーパ】

次に、サンチーの場所の説明をします。

サンチーは、先のバールフットを中継地とする、中央インドから西南に延びる通商路の終点に当たります。このサンチーは、インドの中でも古代より発展した場所で、そこから西南へ山地を二つ越して河を下ると、インドの西の海、アラビア海に出ます。約500キロの道のりです。アラビア海とは、今のムンバイ（ボンベイ）のある所です。中央インドと西海岸とを結ぶちょうど中間地点に当たります。紀元前後頃からのローマとの交易ルートの中心に当たります。

サンチーは、紀元前3世紀のアショカ王の時代、西南の副王都のような地位にあり、栄えていました。サンチーのストゥーパも、その時に最初に作られたと考えられています。

アショカ王の時代以前も、古代インドの文化圏の中に確実に含まれています。そして、アショカ王の時代以降も、長く、インドの主要交通路の要衝として、繁栄していました。

4　バールフットとサンチーの二つのストゥーパが、仏教の歴史を尋ねていく上で、ものすごく重要なものであることは疑いの余地がありません

なぜなら、この二つのストゥーパの建設、拡張、増広、修飾の年代は、仏教の歴史の最大の空白の時代と重なっているのです。この二つのストゥーパを丹念に観察することで、空白の時代の姿を描くことが可能になるかもしれません。

バールフットもサンチーも、ストゥーパが最初に建設されたのは、アショカ王の時代であったと思われます。その後、サンチーは、紀元後3世紀頃までストゥーパの増広、飾りの設置が続いたようです。バールフットは、増広、飾りの設置は、紀元前1世紀には終わっていたようです。

この二つのストゥーパの解説本（『原始仏教美術図典』沖守弘　伊東照司　雄山閣出版　1991年）をじっ

くり見ていた時に、あることに気づきました。

この本は、ストゥーパの石彫りに描いてある内容についての解説が、とても丁寧です。特に、ジャータカに関することは、その話の中身まで丁寧に解説しています。もっとよいことは、その写真の鮮明さと、その写真のストゥーパ上の位置が、はっきり図解で示され、特定されていることです。

そこで、気づいたことがあります。それは、バールフットと、サンチーでは、ジャータカの内容に、違いがあることです。それぞれに、異なった特徴があることです。

二つとも、お釈迦さまが主人公であることは、ジャータカなのだから、同じ事なのです。しかし、バールフットのジャータカに登場する過去のお釈迦さまは、偉人なのです。普通、よく言う、偉人、賢人のキャラクターなのです。

バールフットでジャータカと記されているものは、19あります。

5　バールフットで代表的なジャータカを紹介します

【マガーデーヴァ・ジャータカ】

マガーデーヴァという名前の王様の話です。王様は、正しく国を治めた人として知られていました。王様は、ある日、理髪師に「私の頭に白い髪が出たら、すぐ伝えるように」と頼んでいました。かなり、年月がたって、理髪師は王の頭に1本の白髪を発見しました。王はそれを引き抜くように命じて、それを手のひらにのせて言いました。「いまこそ世俗からのがれ出家すべき時だ」と。そこで王は理髪師に一つの豊かな村を与え、長男の息子に王位を譲り、出家したのです。その時、自分の定めた「白髪が出たら、王位を捨て出家する」という命令を守るように、と言って出家しました。次の王もそれを守ったが、いつしかそれも途絶えてしまった。（南伝ジャータカ9に相当）

世俗からの離脱、出家を讃えたものです。実は、この王がブッダの前世における姿であった、と物語は結んでいます。

お釈迦さまは、前世で王様でした。そして、その地位を捨てて出家するという、普通の人ではできないことをされたのです。こういうニュアンスの話になっています。

【鹿・ジャータカ】

バールフットで最も親しまれているジャータカです。

昔、大金持ちの息子がおりました。父親がその子に学問を授けなかったので、父親の死後、酒、女、博打に耽り、全財産をなくしてしまいました。絶望して、ガンジス河に飛び込んで死んでしまおうとしました。

ところが、金色の鹿が現れて、その男を助けました。金色の鹿は、自分の居所を誰にも教えないように頼みました。

しかし、その国の王様が金色の鹿の居所を探していることを知ったその男は、鹿の居所を教えてしまいました。

王様は、その鹿を捕まえようとして、家臣に矢を射かけさせます。他の鹿たちは、逃げ惑うのに、金色の鹿は、逃げません。金色の鹿は、その男と自分の経緯を語り、自分の身を王に委ねるのでした。金色の鹿から、慈しみの心が大事なことを聞かされた王様は、その忘恩の男も許し、動物たちの命も保証しました。その金色の鹿が、前世のお釈迦さまだったのです。（南伝ジャータカ482に相当）

6　サンチーで代表的な、というか、サンチーで初めて取り上げられたジャータカを紹介します

【ヴェッサンタラ・ジャータカ】を取り上げます。

このジャータカは、私は内容から選んでいるのではありません。そのジャータカが掲げられ

ている場所が問題なのです。

私が留意しているのは、そのジャータカの話がどのくらいの頻度でされたのか、どのような人々にされたのか、ということです。それが、一番の関心事であるからです。

この「ヴェッサンタラ・ジャータカ」は、サンチーのストゥーパの北門の塔門の横に渡した3本の梁《はり》の、一番下の梁に刻まれているジャータカなのです。一般の人が一番初めに通る、門の頭上にあって、一番、目につく所にあります。サンチーの第1塔の構造からして、この北門が正面の門であったような気がします。一般の人々は、この北門から欄楯の中に入り、接足《せっそく》作礼《さらい》をしてから、ストゥーパを右回りに3回回ってから、合掌をするのです。そして、たぶん、許された者だけが、一段上の所へ東門の階段から上がり、3回回って合掌礼をする。そういう構造のような気がします。北門の塔門の一番下の梁は、最も一般の人の目に触れる場所なのです。そこにある、「ヴェッサンタラ・ジャータカ」はサンチーのジャータカの代表と言ってよいと思います。


それでは、「ヴェッサンタラ・ジャータカ」の話の要約をお話しします。

★【ヴェッサンタラ・ジャータカ】
ある国に、ヴェッサンタラという名前の王子がいました。王子は、8歳の時に「誰かが求めれば心臓も目も肉も血も与えよう」と考えました。

その国には、国の宝の白象がいました。日照りの時に雨を降らせる力を持っていました。隣の国の1人のバラモンがやって来て、「その白象が欲しい」と言うと、王子は、その大事な白象を与えてしまいました。

王様は、王子を追放処分にしました。王子は、妻と2人の子どもを馬車に乗せて、宮殿を後にします。

山道で、1人のバラモンが現れ、「あなたの馬車を下さい」と言いました。王子は、馬車をバラモンに与えました。

王子は1人の子の手を引き、妻は腰に子を乗せて歩いています。

《ここまでが、北の塔門の梁の表に描かれている場面です。この後、5、6歩歩いて、後ろを見上げて、梁の裏側を見ます。ここからの話は、梁の裏側に描かれています。》

王子は、妻と2人の子と、山の中で隠遁生活をしています。小屋に寝泊まりをする、簡素な生活でした。

妻が山奥へ行き果物を取って帰り道、ライオンが現れ、帰れなくなりました。その時、王子の小屋の前に、1人のバラモンが現れ、「あなたの2人の子どもを下さい」と言いました。王子は、自分の大切な子どもをあげてしまうのです。バラモンは、2人の子どもを棒でたたきながら連れ去りました。妻は驚き、悲しみにくれました。しかし、妻は、最後には布施《ふせ》（与えること）の喜びを語りました。

帝釈天が、卑しいバラモンの姿になってやってきて、妻を求めました。すると、王子は、妻をバラモンに与えました。大地が揺れました。妻は、眉をひそめることもなく、恨みもせず、泣きもせず、静かに王子を見つめていました。

帝釈天は、姿を現し、妻を王子に帰しました。2人の子どもは、なぜか、自分たちの祖父の王様の国に行くことになり、祖父王の目にとまり、孫であることが分かりました。祖父、祖母、子どもたちは、王子夫妻を迎えに行き、再会した時、山々はとどろき、大地は揺れ、天は雨を降らしました。（南伝ジャータカ547に相当）

この「ヴェッサンタラ・ジャータカ」は、仏教の流れの中で、いろいろな動きを引き起こしたと、私は、考えています。多大な影響を与えました。大きく言って三つ、あります。1番目が、最も重要な動きに結びつくものです。

①　出家僧への反動

この話を聞かせる、その対象は、完全に在俗の一般の方々です。出家僧に聞かせる、その要素は皆無です。しかも、一般の人々に、「これこれのことをするぐらいのことをしなさい」と言っているような話なのです。

一般の人々に「もっともっと自分の持ち物を、そして、自分の身体をも施しをすべきなのです。今あなたがなさっている、そのくらいのことでは、本当の布施にはなりませんよ」と要求する、そういう内容の話をするようになっていたのです。

要求するということは、その反動がまともにあるということです。そういう話をする出家僧に対して、「私たちに、それほど厳しく『布施行をするように』と言う、あなたたち、お坊さんたちの方は、きちんと修行なさっているのでしょうか?」ということを、言葉では言わなくとも、そういうことを訴えているような視線を、出家僧たちに向けるようになっていったのだと思います。一般の人たちの、出家僧たちを見る眼差しが変わっていったのです。いわゆる、シビアーになっていったのです。

普通の人たちの、お坊さんたちへの見方が変わっていったのです。いわゆる、シビアーになっていったのです。

大きな、権威ある僧団であるならば、それほど、気にしない、自分のことでない、自分たちはあなたたちよりはるかに修行を積んだ身である、という態度も有り得ますが、小さな僧団では、その信徒さんからの眼差しはもろに響きます。気になって仕方がないだろうと思います。このことが、次の新しい動きに結びついていくのです。

自分たちが、自分たちの方が、きちんとした修行をしているのだろうか？　ただ、何となく、修行をしているだけなのでは、と思い始める修行僧が、少しずつ現れてくるのです。

これをきっかけにして、お釈迦さまへのアプローチ、接近が始まるのです。このことは、次章、「第4章 胎動　新しき動き　受け継いだものを見直す」で、お話しします。

② 大いなる救いの暁光《ぎょうこう》（予感）

このジャータカは、一般の人にとっても、大きな刺激を与えました。この、生半可ではない、行いが要求される、その行く先の、安楽とは、一体何なのか。これほどまでの徳行をして、一体どんな素晴らしいことが約束されるのか。仏教に対する、それまでの見方とは、はっきり違った見方が生まれてきたのです。

今までは、お坊さんに布施をしておれば、何となくよいことがあるだろう。死んだ後もよい所へ行けるだろう。その程度のことを考えていただけでした。今までとは違い、はるかに熱心になると、どうなるのかとは、考えたこともなかったのでした。

「私たちは、毎日、ストゥーパ（仏塔）へやって来て、供養、礼拝をしています。このストゥーパはお釈迦さまのお骨が安置してある所だと聞いています。この、お釈迦さまという方は、私たちの願いをきっと聞き届けてくれる、そういう方なのでしょう。」

そういった思いは、時間が経つにつれて、次第に強くなっていったのだろうと思います。そして、お釈迦さまに対する信頼が増していったのだと思います。

そして、それが、超人ブッダ、私たちの願いを何でもかなえてくれる者、そういうものを期待する感情、感覚が、少しずつ湧き上がってきて、それに伴い、それにすがろうとする人々が出てきたのではなかったのかと思います。それは、利益《りやく》を求めるというより、いわゆる宗教的救済を求めているような気がします。今の状況が何とかならないのか、という鬱々たる情動が、初めて意識化された瞬間なのかもしれません。

③　財産を持つ者の、お金の使い方

このジャータカは、財産を持つ者、権力を持つ者の意識をも少し変化させた気がします。権力誇示の一つの方法を提示してしまったのです。

この当時、それまでは、為政者が行うのは、食料の配布や、災害の時の仮小屋の設置ぐらいのことでした。

時代が進んで、500年から600年後ぐらいに、インド、中央アジア、中国の南朝などで、行われた、無遮大会《むしゃだいえ》(注)の発祥は、こうしたジャータカ（本生話）の影響だろうと思われます。実際は、僧団への資金提供、寺院建設費用の提供なのですが、それを、特別な仏教上の儀式として行い、特別な功徳があり、特別な名誉があると、当時の人々は考えていたのです。

注　あらゆるものに平等に布施を行う法会のこと。五年大会とも言う。あらゆる人々に食料、衣類などを支給し、最後に王、皇帝が、自分の体を僧団に布施をして、その後、国が、それを買い戻すということが行われる。法顕がインド行きの途中、401年、中国パキスタン国境の町、タシュクルガンにて目撃する。宋雲は、パキスタンのミルゴーラで519年、その行事のことを記述している（『法顕伝・宋雲行紀』長沢和俊　平凡社　1971年　24、199頁参照）。中国では、529年、南朝の梁の武帝が催したとされる。

ここに、「ヴェッサンタラ・ジャータカ」の影響ということで、3点、取り上げました。このうち、第1の出家僧への影響が、最も大きく、仏教そのものに大きな動きを起こさせることになったのです。このことは、しっかり留意していただきたいと思います。

第2の影響は、仏教の流れに少しずつ影響を及ぼすものです。非常に長い期間、影響を及ぼし続けていました。

第3のものは、仏教に対する影響というよりは、社会への影響の一つと考えて下さい。

今、ここで影響を及ぼした、ジャータカを、一つだけ取り上げて説明しました。この「ヴェッサンタラ・ジャータカ」の影響は非常に大きいものがあります。しかし、他のジャータカは、仏教の流れに影響を与えなかったのかと言えば、そんなことは有り得ません。

第2期のジャータカが、最も影響力が大きく、その次に、第1期のジャータカ、第3期のジャータカが続き、そして、第0期のジャータカが続くという構図になります。

参照　後出8【第1期のジャータカ】、【第2期のジャータカ】。【第0期のジャータカ】、【第3期のジャータカ】。

ここで、強調しておきたいことは、仏教の流れを追う上での、ジャータカ全体の重要性です。ジャータカは、ただ単なる寓話、お伽噺の類いでは全くありません。

ジャータカの本質は、出家僧が、一般の人々にした法話だということです。一般の人々に分かるように、聞きたいと思ってもらえるように、作った法話なのだと思います。だから、仏教の専門家たちの叡知が、ジャータカの中には盛り込まれているのです。私は、ジャータカこそ、仏教の本流をなす流れの、結構、真ん中辺りを流れているような気がします。ただ、ジャータカの中には、仏教の本流から外れてしまっているものもあることはあります。

7　その他のジャータカ

【シビ王・本生】

鷹《たか》に追われた鳩《はと》は、シビ王の腋《わき》の下に入り、恐れおののいた。

王は、「鳩は自分のものだから、鷹にはあげられない」と言った。

すると、鷹は、「王はすべての生き物の命を救おうと願ったのなら、私もその中に入ります。私も生き物ですから。私の食べ物を奪わないで下さい」と訴えました。

そこで、王は自分の肉を切って与えました。

ところが、鷹はさらに、「鳩と同じだけの肉を下さい」と言いました。

それで王は秤《はかり》で自分の肉を量《はか》って与えようとしましたが、なぜかどんどん鳩の重さが増えていきました。自分の肉だけでは足りないので、王は体全体を秤の上に載せようとしました。

この時、人々は、王を讃えて、「1羽の鳩にもこれほどのことをするのは素晴らしい。これこそ大慈悲というものです」と言いました。

鷹は、姿を変えた帝釈天でした。そこで、帝釈天は、王に、「こんなに肉を切って苦痛を受けておられるが、心は悩み沈んでいるのでしょうか」と尋ねました。

王は、「自分の心は喜びに満ちて、仏になることを求めています」と答えました。すると、王の体は元通りになりました。（北伝「大智度論」より）

アジャンター石窟・第1窟壁画（5世紀後半）にあります。このジャータカは、南伝のジャータカにはありません。

【大猿・ジャータカ】

昔々、ガンガー河の上流、ヒマラヤ地方に、背も高く、恰幅もよく、強くて力のある、8万の猿の群れを従えた、大猿（マハーカピ）が住んでいました。お釈迦さまの前生、ボーディサッタでした。

ある日、ガンガー河の下流の国、バーラーナシーで、ガンガー河に張っていた王様の網に、果物の実がかかりました。それが何か分からなかったので、森林の管理をする役人に、尋ねると、マンゴーの熟した果実であることが分かりました。王様は皆に先に食べさせてから、自分でも食べてみました。王は、熟したマンゴーの味が体いっぱいに広がり、その味のとりこになりました。

マンゴーの木を探して、河を遡り、その実のなっている木のあるところまで辿り着きました。そこで、マンゴーの木の下に、寝床を用意し、マンゴーを味わって、夜になりました。あらゆるところに見張りを立て、火を灯《とも》しました。

さて、マハーカピ（大猿）は、人々が眠りに入った夜中に、皆と一緒にやってきて、マンゴーを食べていました。

王様は目をさまし、猿の群れを見つけ、家来をおこして射手を呼んで、

「果実を食っている猿どもが逃げないよう、取り囲んで射殺せ」と命じました。射手たちは、木を取り囲んで、矢をつがえました。

猿たちは、逃げることもできず、恐怖におののき、マハーカピに近づき、

「王さま、射手たちが逃げる猿たちを射殺そうと言って、木を取り囲んで立っています。どうしたらよいのでしょう」と尋ね、震えながら立っていました。

マハーカピは、

「恐れることはありません。私がおまえたちの命を救ってあげます」と言って、猿たちを安心させ、高い幹の、河の方へ伸びた枝の所に行きました。そこから飛び上がり、対岸の茂みに着きました。そこにあった藤のつるを根元から切り、川幅と同じ長さはあるので大丈夫だと、それを持って、一端を岸辺の木に縛り付け、一番高い木に登り、また、藤のつるの反対側を自分の腰に縛り付け、ちぎれ行く雲のような早さで飛び上がり、マンゴーの木に飛び移ろうとしました。

しかし、ほんのわずか、マンゴーの木に達することができませんでした。自分の腰に巻いた分で、長さが足りなくなっていたのです。マハーカピは、両手でマンゴーの枝をしっかりつかんで、猿の群れに、合図をしました。

「早く、私の背を踏みながら、藤のつるを伝わって安全に河を渡って行きなさい」

8万の猿たちは、偉大な人（マハーカピ）に挨拶し、許しを請いながら、そのとおりに渡っていきました。最後には、心臓は破れ、激しい苦痛がおこりました。偉大な人は、ひとりぼっちになりました。

それを見た人間の王様は、そのマハーカピの行いに感激し、今度は部下に、マハーカピが落ちて死なないように、その下に大きな布を広げて張るように命じます。やがて、マハーカピは樹から下ろされ、砂糖水を飲ませてもらい、油を体に塗ってもらったりして、厚い看護をしてもらいました。

王様は、マハーカピから、

「つるはこのわれ　くるしめず
死もまたわれを　くるしめず
われが治める　はらからに
もたらされたり　幸せが」と、教え諭されました。

そして、マハーカピは亡くなりました。
その後、王様は、最上の葬儀を、マハーカピのためにしました。（南伝ジャータカ407）
このジャータカは、サンチーの仏塔の西門の支柱、西門に向かって右側の支柱の表側の一番高い所に彫られています。
大猿、マハーカピの尊い行為、最も偉大なる行為、一族を救うため、その全員を救うためにはらわれた行い、涙あふれる善行、私たちの胸に迫るものがあります。

8　【第1期のジャータカ】、【第2期のジャータカ】。【第0期のジャータカ】、【第3期のジャータカ】。

今まで述べてきたことを、少し整理してみます。私は、ジャータカをまず、2種類に分けてみます。

【第1期のジャータカ】

これは、バールフットに取り上げられているジャータカです。特徴は、お釈迦さまの偉大さが素直に表現された話になっていることです。お釈迦さまの前世の物語です。

【第2期のジャータカ】

これは、サンチーで初めて取り上げられたジャータカです。代表は、「ヴェッサンタラ・ジャータカ」です（前出「6　サンチーの代表的なジャータカ」に取り上げています）。特徴は、過度な布施（施し）を強調する内容になっています。過度な布施とは、普通では考えられないような布施のことです。例えば、自分の子どもを与える、自分の妻を与える、というような布施、または、自分の身体を切り刻んで、血、肉、筋、内臓を、要求してきた誰かに与えるというような、ほとんど狂気の施与が描かれたジャータカのことです。

「ヴェッサンタラ・ジャータカ」は、現在でも、東南アジアの国々で法会の時に詠まれているようです。夜通し、詠む法会もあるようです。なんか、一種のエクスタシーに引き込まれる要素があるのかもしれません。

ここで、私が、第1期、第2期というのは、ジャータカの話の成立の時期のことではありません。ジャータカの話が作られた、その時期を、第1期、第2期と呼ぶのではありません。そういうことではなく、その話がいつ、どのような時期に、話がされたのか、その時期のことです。話された時期のことです。最も話された時期に、その話が刻まれ、装飾されたのだと思います。

これらのストゥーパに登場する時期の差に注目して、話された時期の差だと考えたのです。そのように、私は理解しています。

特にサンチーの所で取り上げたジャータカは、サンチーのストゥーパに参詣する人々に、話を聞いて欲しかった、そういうジャータカだったということです。

【第0期のジャータカ】

普通はしないことですが、私は、第0期のジャータカも想定いたします。

それは、ストゥーパにはめ込まれたレリーフに描かれたお釈迦さまの一代記の話です。これが、最も早く、人々の耳に届けられたものだと思います。もう、これはジャータカの範疇ではないことは分かっていますが、私は、ジャータカと言いたい気がします。それで、お釈迦さまの生涯の一場面が描かれたものを、第0期のジャータカと呼びます。

【第3期のジャータカ】

これは、ついでに、もう一つという感じで、第3期のジャータカというものも提起してみます。これの、代表的なものは、馬のジャータカです。空飛ぶ馬によって救済されるという筋立ての話になっています。

【空飛ぶ馬・ジャータカ】（南伝ジャータカ196に相当）

昔、タンバパンニ島（スリランカ島）に女夜叉《やしゃ》の町がありました。彼女たちは、難破船が漂着すると、着飾りいろいろな食べ物を持ち、侍女を従えて、上陸した商人たちに近づきました。そして、この場所が人間たちの暮らすところだと、安心をさせました。そして、媚態と戯れとで誘惑して、夜叉の町へ連れて行き、不思議な鎖で縛って、牢屋へ投げ込みました。これが、女夜叉の本性なのです。

ある日、難破船が女夜叉たちの町の近くに漂着しました。500人の商人が乗っていました。いつものように、女夜叉たちは、商人たちを誘惑して町まで連れて行き、牢屋に閉じ込めました。女夜叉の首領は、商人の隊長を夫にしました。残りの女夜叉たちは、残りの商人たちを夫にしました。

この女夜叉の首領は、夜に商人の隊長が眠った時に、起き上がって牢屋へ行き、人を殺し肉を食って戻ってくるということを繰り返していました。他の女夜叉たちも同様でした。

ある日、女夜叉の首領が戻ってきた時、隊長はその体を抱きました。その時、女夜叉の体が冷たいのを感じて、彼女が夜叉であることを知りました。

あくる朝早く、隊長は顔を洗うために外へ出て行って、残りの商人たちに告げました。

「この女たちは、人間ではない。次の難破船が漂着したならば、彼らを夫にして、われらは殺されて食べられてしまうだろう。さあ、われわれは逃げよう。」

すると、500人のうちの250人は言いました。

「私たちは彼女たちを捨てることができません。あなた方は行かれたらよいでしょう。私たちは逃げません。」

そこで、隊長は、自分の言葉に従う250人を連れて、女夜叉のもとを逃げ出しました。

その頃、空飛ぶ馬が、この世に生まれていました。全身が真っ白で、空を翔《かけ》ることができました。その馬は、ヒマラヤから飛び上がって、タンバパンニ島に行きました。そこに自生している稲を食べながら、「飛び上がり、

「人間のすみかに行きたい人はありませんか？」と、三度、あわれみ（悲）に満ちた人間の言葉を話しました。

商人たちは、空飛ぶ馬の言葉を聞いて近づいて合掌して言いました。

「私たちは人間のすみかに帰りたいのです。」

「では、私の背中に乗りなさい。」

すると、ある者は背中に乗り、ある者はしっぽにつかまり、ある者は合掌したまま乗っていました。250人すべてを、自らの神通力によって、人間のすみかに連れて行き、各自めいめいの住まいに落ち着かせました。そして、空飛ぶ馬は、自分の住まいに戻って行きました。

そこに残っていた250人の商人は、女夜叉に殺されて食べられてしまいました。

お釈迦さまは、修行僧たちに、仏の教えに従うことが大切だということを教えて言われました。

「仏の教えにしたがわない人々は、
破滅にいたるであろう。
ちょうど、商人たちが、
女夜叉たちによって［破滅させられた］ように。
仏の教えにしたがう人々は、
彼岸の至福におもむくであろう。
空飛ぶ馬によって、商人たちが［そうなった］ように。」
「商人たちは、今の私の弟子であり、空飛ぶ馬は、私（お釈迦さま）であった。」

この話（南伝ジャータカ196）は、中インドの西北にあるマトゥラーのストゥーパに刻まれています。マトゥラーのブーテーサル出土の欄楯（紀元1〜2世紀）（注1）です。

このジャータカ（南伝ジャータカ196）と、その発展形のもの、「シンハラ商人本生物語」（南伝ジャータカにはない。北伝、「カーランダ・ヴューハ」より）が、アジャンター石窟・第17窟（5世紀頃）の壁画にあります。

その内容は、「女夜叉が、シンハラ隊長を追ってくるが、彼に拒絶される。女夜叉は、その国の王とその臣下を殺してしまう。シンハラは、女夜叉を退治した。人々はシンハラを王位につけた」というものです。ただ、前編の続き、紙芝居の続きのようなものです。

この話が、上座部（現在のスリランカの教団）のジャータカにはないこと、1900年前のマトゥラーと、1600年前のアジャンターに存在していたことは、注目すべきことです。この【空飛ぶ馬・ジャータカ】は、第1期のジャータカのような偉人、賢人が主人公ではありません。第2期のジャータカのように、極端な善行を求めたりもしません。ただ、救って欲しいと願う人と、救ってあげたいと願う人がいるだけです。質的には第1期、第2期のジャータカとは全く違います。この第3期のジャータカが生まれるのは、結構早いのですが、大体、紀元前2世紀までは遡れそうです。なぜなら、【空飛ぶ馬・ジャータカ】の偈文が、マトゥラーを本拠地に盛んであった説一切有部のダンマパダといわれる、「ウダーナヴァルガ」（注2）の中に存在しているからです。しかし、成立は早いですが（紀元前2世紀）、一般の人々のところへ届けられるようになったのは、ストゥーパや、石窟に描かれる時期からして、紀元後1、2世紀頃から、と考えられます。

第3期のジャータカ、人々の救済が主題のジャータカが一般の人々のところへ流布される時期と、初期大乗仏教経典が多く作られ始める時期とが一致していることは、もっともっと注目されるべきことだと思います。

北伝のジャータカ、シビ王本生話（鷹に、自分の肉を、最後は身体全部を与える話）も、第2期のジャータカに入ります。中インドから西北インド、北の方にいた出家僧も、第2期のジャータカの真っ直中にいたことが分かります。

【各地に残るヤクシャ像（巨人像）】

サンチーの麓の町、ヴィディーシャ（アショカ王の副都）にあるヤクシャ像、アラハバードにあるヤクシャ像、パトナにもあったようなヤクシャ像。

これらは、みな、村の偉大な村長さんのような巨人像です。紀元前2世紀から紀元前1世紀のものとされています。もしかしたら、紀元前3世紀まで遡れるかもしれません。これらのヤクシャ像の美術史家の解釈は千差万別です。私の解釈は、「村の偉大な村長さん」、村の守り神、守護神という感じがします。

サンチーのストゥーパ、バールフットのストゥーパにも、こちらは官能的な女身の形を取るヤクシャ像（ヤクシュニー像）があります。

これらはみな、その当時の普通の人々の願い、要求、こうして欲しいという気持ち、それらに応えるべく、作られた彫刻のような気がします。

紀元前3世紀の後半頃から、「いきなり救って欲しい」感が、一般の人々の間に少しずつ出てくるようになりました。最初はほんの一握りの人たちの間でだけでしたが、それが100年、200年、300年と経ってくるうちに、少しずつ大きなうねりになっていったようです。そして、大体紀元1世紀に入って、人々の意識に上るようになり、2世紀頃からは、その期待がピークに達したのではないかと思います。ヤクシャ像、空飛ぶ馬・ジャータカの間に勝手に連関性を想像すると、このような考えが湧いてきます。

このようなささやかなうねりが、次第に大きくなり、「第4章 胎動 新しき動き」に結びついていきます。

注1 マトゥラーのブーテーサル出土の欄楯

カニシュカ王立像（マトゥラー博物館）

『ブーテーサル出土の欄楯柱彫刻の一考察』杉本卓洲　『密教文化』１９７３年　密教研究会

注2　『ウダーナヴァルガ』21章　14、15

参考

① 今、残されている仏教経典について、簡単に解説します。

まず、今残されている場所によって、大きく三つに分けることができます。第1が、スリランカに伝わる、パーリ語経典⑴。第2が、中国に伝わる、漢訳経典⑵。第3が、パーリ語でも、中国語でもない、その中間の所に残っていた経典、その他経典⑶。この三つです。

私が今、経典と言っているものは、三つの「蔵《くら》」から成っています。三蔵とも言います。その三つとは、お釈迦さまが説かれた教えそのもの、「経」。お釈迦さまが説かれた出家僧の決め事、「律」。そして、「経」について後世のお坊さんたちが研鑽した学術論考、「論」の三種から成っています。

このような、秩序だった整理がなされているのは、パーリ語経典⑴と、漢訳経典⑵の二つです。

ただ、ここで、皆さんに、注目してほしいことがあります。それは、この二つにおいて、「経」、「律」、「論」、三つの順番が違うのです。漢訳経典⑵は、「経」、「論」、「律」の順です。パーリ語経典(1)は、「律」、「経」、「論」の順です。

単純に考えて、お釈迦さまの説かれた教え「経」を、最初に持ってくるのが当たり前に思うのですが、パーリはそうはなっていないようです。パーリは、出家僧のことが、第一なのでしょう。自分たちの僧団（サンガ）の正当性が何にも増して優先順位第1位なのでしょう。お釈迦さまの教えよりも、などと、言わない方がよいことまで言ってしまいたくなります。

だから、インド世界で、仏教が、インド大好き宗教（ヒンズー教）との間で、切磋琢磨している時も、インド世界からはずれた南の島にずっととどまっていたのだと思います。少しだけ、南インドに進出したことはありますが、そこにいた、他の仏教部派との間でも、教義上の接触はあまりなかったようです。まして、インド宗教との関わりはもっとなかったようです。このことは、パーリの中に残された、他との関わりを示す歴史資料の貧弱さから言えるような気がします。

パーリの最も古い歴史書は、『島史』と言います。紀元後4世紀後半から紀元後5世紀初頭に、スリランカの王統を権威づけるために著された書物です。仏教の歴史についての記事もたくさん載ってはいますが、もともと、仏教の歴史の本という性格のものではありません。

② 北伝仏教と南伝仏教について

今、存在している仏教を、移動の歴史によって、2種類に分けることができます。北伝仏教と、南伝仏教です。

北伝仏教とは、インド世界に広まった仏教が、中国世界に流通して、中国世界で受け入れられたものを言います。インド西北部から北方の高山地帯を乗り越えて、次に東方へ進み、草原または砂漠地帯を越えて、中国世界へ入ったものを言います。

南伝仏教とは、インド世界の広まった仏教が、インド亜大陸の南海上にあるスリランカ島に渡り、その場所で保持されたものを言います。推測ですが、紀元前後から4世紀頃には、独立して保持できる勢力になっていたと思われます。その後、ミャンマー、タイなど東南アジアに伝えられました。

先ほど言いました、パーリ語経典⑴は、南伝仏教の経典です。

漢訳経典⑵は、北伝仏教の経典ということになります。

そして、その他経典⑶は、多くの場合、北伝仏教の経典の方に入れられることが多いです。

③　仏教の隆盛（拡充）と沈滞（停滞）ということについて

インドで仏教が盛んであったのは、紀元前3世紀から紀元後4世紀ぐらいの間です。このことは、残されている仏教遺跡の状況から、そのように判断しています。遺跡とは、その当時、西インドに多く掘られた石窟寺院、各地に作られた仏塔、ストゥーパのことです。この時代、非常に豪華な作りの石窟寺院が、大量に作られました。そして、各地に作られた仏塔、ストゥーパは、どんどん拡充され、塔門など飾りをたくさん付けられるようになります。

なぜこの間に仏教が隆盛であったのでしょうか。ここでは、結論だけ申し上げます。

それは、その当時、インドで力を持った国家は異民族国家（クシャン朝）であったこと、もう一つは、それ以前から、インドには、異民族の進入が継続的に行われていたことによります。

この当時の異民族と、インドに以前から住んでいるアーリア民族とは、互いに違う民族であると見なしていました（注1）。ですから、支配・被支配の関係は強固に持っていましたが、互いを見る目は、差別的なものでした。そこで、彼らが取り得た唯一の関係性を維持するための方法が、仏教を自らの宗教として利用することでした。そして、支配者たちの圧倒的経済力の恩恵を、仏教は得ていたのです。このことに関して、仏教側の責任はほとんどないと言ってよいと思います。


当時の、インドへの異民族の進入について、古くから数え上げてみます。ペルシャ人、ギリシャ人、シリア人、パルティア人、サカ人、クシャン人たちです。

それらの人たちが、インドの中インド（注2）では、中央インドの境の所まで進出していました。西南インドではほとんど全域、西南インドでは、海路によってローマ人たちもやってきました。西北インドは、まさに、異民族たちの本拠地となっていました。そのような地域で、仏教は隆盛と沈滞を繰り返しながらも、一定の勢力を保っていたのです。

その中で、仏教は、外国の宗教とも接触し、磨き合いながら、確実な世界宗教へと成長していったのだと思います。その流れが北へそして東へ流れ、現在、その流れが残っているのは、中国世界に辿り着いた北伝仏教なのです。

しかし、インドではインド内国家、インド内宗教によって、次第に仏教の力がそがれていくことになります。インド世界内国家と言えるグプタ朝（4～6世紀）の時から次第に、仏教は停滞の方向に進むことになります。ヴァルダナ朝（7世紀）の隆盛と同時に、そして、その後ますます、仏教は衰退し、インド内宗教（ヒンズー教）がその拡張期を迎えることになります。最後はイスラムによるナーランダ寺院の破壊（1193年）、ヴィクラマシーラ寺院の破壊（1200年）によって、インドでの仏教の命脈は途絶えたとされます。

私は、インドでの仏教の命脈が絶えたのは、それより、400年ぐらい以前、8世紀頃と考えています。仏教がインド宗教に迎合をし終わった時代、ほとんどの仏教が密教に染まった時代であると思います。密教の行者はかろうじて生き残っていましたが、仏教の行者は完全にいなくなっていたでしょう。

注1　後世のイスラム国家を打ち立てた民族とは事情が全く異なるのです。インド人たちは、彼らのことを民族的には同族とみなしていました。宗教は違っていましたが。

また、近世のイギリス植民地時代の支配者、イギリスの場合は、もっと事情が異なります。全く無関係の民族どうしであること。全く無関係の宗教どうしであること。ですから、支配は従順に受け入れますが、文化的、宗教的侵略は300年以上、完全に無視してきたのです。ですから、大戦後、イギリス訪問時のガンジーの堂々たる態度に、イギリス人が感心することになるのです。

注2　この辺りの「中インド」、「中央インド」、「西南インド」、「北西インド」の意味は、本書「第1章　第1節　インドの六つの地域」をご覧下さい。

④　仏教の隆盛とは

仏教が力を持つということは、どういうことなのかと言いますと、「しっかりした人物」が生み出されるということです。「しっかりした」とは、存在感のある人、世の中の多くの人が素晴らしい人と認めてくれる人、のことです。

今は、道徳、社会規範が、人を育て作り上げる時代ではないのでしょう。従来然とした宗教が、人を育て作り上げる時代ではないのでしょう。

現代は、教養とビジネスが人を育て作り上げる時代なのでしょう。約3千年の蓄積された歴史との対話、それが本当の教養です。この地球上の約76億人のすべての人々、その中での、私の命の動き、それが、本当のビジネスです。この教養とビジネスが人を育てるのでしょう。アップルのスティーブ・ジョブズのような人を。

現代は、少なくとも、仏教の隆盛期でないことだけは確かです。私の周囲の状況を見れば、一目瞭然です。ほとんど、仏教の中から人は育っていないですから。「何となくの人」ぐらいで、いろいろな世界の人たちから認められる人物を輩出しているとは、とても言えません。現在の仏教の状況を見てみると、仕方のないことです。

しかし、今ここに、本当の教えの流れが来ているのなら、本当の仏教の教えは、素晴らしいと世界が認めてくれる人物を育てる、最高の環境を醸し出すことができるものだと、私は信じています。

参照文献
ジャータカの各話の要約について
『ＮＨＫ　宗教の時間　仏教物語ジャータカをよむ　上・下』田辺和子　日本放送出版協会　２００５年

『原始仏教美術図典』沖守弘　伊東照司　雄山閣出版　1991年
『ジャータカ全集　全十巻　中村元監修・補注』春秋社　1982年　1991年

第4章　胎動　新しき動き
受け継いだものを見直す

この第4章で扱う時代の中心は、紀元前100年から紀元後100年頃までとします。初期般若経（『八千頌《じゅ》般若経』、『道行般若経』）が、出来上がっていく時代です。初期般若経は、紀元後100年頃、経典として成立しました。そういう時代です。第2節で述べていきたいと思います。

第1節では、それ（紀元前100年）より以前の約300年間にあったと思われる、「新しい動き」について、述べていきたいと思います。

(1) お釈迦さまが亡くなってからの100年余り。
(2) その後、アショカ王の覇権国家ができてからの100年弱。

(3) その後、暗やみに覆われた（よく分からない）100年間。

これら全体で、300年弱。「新しい動き」という観点から話をしようとすると、この300年弱の期間をひとまとめにして話をすることが、賢明な方法であると思います。

なぜそういう取り上げ方がよいのかというと、約300年間のどの時代であっても、「新しい動き」は存在していたと思われるからです。

お釈迦さまが亡くなってほどない時であっても、または、それから300年近く経った時であっても、お釈迦さまの本当の教えは、一体何なんだろうと求め歩む、そういう「新しい動き」は存在していた、と考えられるからです。

しかし、そのことを示す資料は、どこにも残っていません。個人の場合は尚のこと、ある程度大きなうねりとなっても、それが、どこかに記述されることもなく、歴史の外へ追いやられ、なきものとされることは、よくあることなのです。

300年間を、歴史の社会的な面で区切るとすると、先のように三つぐらいに分けて考えることが適当であると思います。

この章のメインの話は、元にすべき資料がほとんど残っていません。または、その資料となるべきものが、ある意図のもとに再編集されていて、元のものに復元することは絶望的です。

または、この動きは、どちらかと言えば、水面下で行われたので、記録されることがほとんどなかったのかもしれません。

「胎動　新しき動き」の話は、最初期の般若経の中を探ってその雰囲気を感ずるしか、資料がほとんどありません。参考になるのは、初期般若経の常啼菩薩《じょうたいぼさつ》物語の部分と、もう一つは、初期般若経の中に出てくる、たとえば「智慧はない（のが智慧なのだ）」というような表現ぐらいです。

第1節　胎動の前　混沌の時代

新しい動きを無視すると、普通の当たり前の時代

（釈尊涅槃からの約300年間）

お釈迦さまが、紀元前392年に亡くなられてから、仏教徒にとって、新しい時代が始まります。仏教徒にとって全く経験したことのない事態なのです。なぜなら、それまでは、お釈迦さまは、この世におられたのだから。ブッダ（仏陀）は、いつも穏やかな温かい眼差しでおられたのだから。

そのブッダ（仏陀）が亡くなられてしまった。もうこの世にはおられない。お顔を拝することもできなくなってしまった。仏教徒たちは、泣いて、嘆いて、まさしく茫然自失の状態になっ

たのだと思います。その辺りの情景は、ありありと浮かんできます。

真面目なお弟子さんたちは、表面的には平静を保っていましたが、気持ちとしては、どうしよう、どうしようという感じだったと思います。これは、仕方のないことなのです。

お釈迦さまは、そのことをご存じだったので、自分が亡くなった後のことを、丁寧に懇示されていたのだと思いますが、残された言葉はそれほど多くはありません。

「ダルマ（法）（教え）によって、修行していきなさい」（注1）という言葉と、「懈怠《けたい》なく精進しなさい」（注2）という二つの言葉が、代表的な遺言とされています。

真面目なお弟子さんたち、本当にお釈迦さまの教えによって生きてこられた人たちは、しばらくの茫然自失の時の後に、されたことがあります。それが、仏典結集《ぶってんけつじゅう》といわれるものなのです。

実際は、こういうことです。

お釈迦さまが亡くなられたことを聞いた、お弟子さんたちの中の指導的立場の人たちが、少しでもたくさんの弟子たちで1カ所に集まろうと呼びかけました。そして、お釈迦さまの教え、お釈迦さまのお話、それを実際に聞いて記憶している人が、皆の前で、大きな声で言って、それを皆で聞いて、それでよければ、皆で承認するのです。そして、もし記憶違いがあれば、それを指摘して、訂正して、皆で承認します。

お弟子さんたちの記憶の中の一致をはかることが行われたのです。本の編集が行われた訳ではありません。

この時の、大きな声での提示、そして、それを聞いての承認。

お釈迦さまの教えはこういうことであったのかと皆が思ったことでしょう。この瞬間、いわゆる「仏教」が誕生したのです。


その瞬間以降、お弟子さんの中に、必ず芽生えてくる思いがあるのです。

それは、「これが本当にお釈迦さまの教えなのだろうか？　お釈迦さまの本当の教えは何なのだろうか？」という思いです。このことは現在まで続く、未来まで続く思いです。私は、お釈迦さまが亡くなられてからの３００年間ほどを、このことが大問題になった時代であると指摘したいのです。

もう一つ、指摘したいことがあります。

それは、「本当の教えは何なのだろうか」という思いがある時にこそ、同時に、「私が今伝持している教えこそが、お釈迦さまの本当の教えなのです」という正しい思いが有り得る、ということです。

これは、誤解されては困ります。

世の中には、「私の持っているものは本物なのだ」ということを言っていれば、それで、あらゆることが正当化されるとしている人が、結構多くおられます。そういうことを言っているのではありません。正反対のことなのです。

不安があると、信念は生まれない。信念があればこそ、不安は解消される。

このように考えることが常識とされています。しかし、私が言いたいことは、こういうことでは、ありません。

不安が正しく「ちゃんと」ある所にこそ、正しい信念が、有り得るのです。「不安がある」という状態は、「信念がある」という状態なのです。自分の中に不安が感じられる時は、確固たる信念も感じられる時なのです。

お釈迦さまは、ご自分が亡くなってからの、この辺りの300年間のことを、「混沌としているなあ。カオスだなあ」と、にこにこして、仰られるような気がします。なぜなら、仏教としては、無茶苦茶、健全なのですから。

注1　いわゆる「自灯明、法灯明」の話です。
「この世で自らを島とし、自らをたよりとして、他人をたよりとせず、法を島とし、法をよりどころとして、他のものをよりどころとせずにあれ。」（『ブッダ最後の旅』中村元　岩波書店　63頁）
注2　「あらゆるもの、ことは、移ろい行くものなのです。怠ることなく励み努めて行きなさい。」
「さあ、修行僧たちよ。お前たちに告げよう、『もろもろの事象は過ぎ去るものである。怠ることなく修行を完成なさい』と。」（『ブッダ最後の旅』中村元　岩波書店　168頁）

仏教では、お釈迦さまのされた説法のことを、対機説法《たいきせっぽう》という言葉を使って、表現することがよくあります。これは、お釈迦さまは仏教の話をされる時、一人一人に対して、その人に最もふさわしい話をされた、ということを言います。

この「対機説法」という言葉は、後世名付けられた、お釈迦さまの説法の特徴を端的に表した言葉なのです。一人一人に対して話をされるということは、より深く説かれる、より広く説かれる、より浅く説かれる、より狭く説かれる、そういう、いろいろな説かれ方があったということです。

私は、お釈迦さまは、たくさんのお弟子さんを集めて、仏教の講義を行う、みたいなことはなかったような気がしています。経典の中の講義的に聞こえるような箇所は、後世の弟子たちが作ったであろうと思います。

私も、仏教の話をすることがありますが、その時、最も気に掛けていることは、話の内容ではありません。目の前の1人の人に向かって話をすることです。その人の一番聞きたいと、こちらが思う、そういう話をします。私は、聞いている人の顔を見ながら、話をします。対機説法という言葉が、お釈迦さまの法話の特質をズバリと表しているのだと、ますます思うようになってきました。


お釈迦さまが亡くなるということは、そういう法話がなくなるということを意味しています。そういう法話は、その1人に対しては、深い意味を持っているのですが、その1人でない人には、その深さを理解することができない、その深さに思いを馳せることができない、そういうことが起こるのです。そうであるのなら、今残っている、お釈迦さまの法話も、希釈された薄められた法話なのかもしれません。

お釈迦さまが亡くなった瞬間から、仏教の中の動きは、根本的なところで変わっていくのです。でも、その動きは、非常に個人的なところで行われるので、外からは分かりにくいという性格を持っています。ですから、「新しい動き」に関心を払われないとすると、この時代は、ただの、普通の当たり前の時代になってしまうのです。

第2節　胎動　新しき動き
受け継いだものを見直す
（紀元前100年頃から紀元後100年頃までの200年間）

1　第2期のジャータカからの流れ

この「新しい動き」は、偉いお坊さんの中から始まる訳ではありません。この動きは、本当の仏教の流れの中での、動きなのです。本当の仏教とは、ある人が、他のある人のことを思って、自分にとって本物であることを、話す、語りかける、そういうことの中に、仏教の本当の流れが存在するのだと、私は確信しています。

このことは、現在も、私が感じていることなのです。ある人が、私のことを思って、その人が人生をかけて獲得した言葉を私にかけてくれたこと。私が、ある人のことを思い、その人のために、私の中の最適な言葉を頭をフル回転して探し、そして、たったの一言を語り、その言葉を聞いて、安らかな表情を、浮かべたある人。現在までも類するいろいろなことがありました。

こういうことが、お釈迦さまが亡くなってから、お釈迦さまの教えを受け継いだ人たちの中で、あったのでなかったのかと考えました。そう思うと、矢も盾も構わず、私は、現在残っている経典類（パーリ経典など）を読みまくりました。そして、その当時の遺跡（インド、パキスタンなど）などを、ぶらぶらしまくりました。

その中で、ある本に出会いました。前章で紹介した写真主体の解説の本でした（『原始仏教美術図典』沖守弘　伊東照司　雄山閣出版　1991年）。バールフットとサンチーのストゥーパの、非常に丁寧な写真と解説が掲載されています。

その後も、実際の遺跡に行っては、その当時、何がそこで行われていたのか、思いを馳せれば馳せるほど、その当時のお釈迦さまの教えがどういうふうに、そこに存在したのかが、実感できるようになりました。

お釈迦さまの教えを、静かな熱をもって語っておられた、年老いたお坊さまたち。お坊さまに対して温かい眼差しをもって、黙って聞いておられる、信者の方々。

お釈迦さまの教えを、熱狂的な情熱をもって話す、若いお坊さんたち。聞いてくれる人の数は少なくても、真剣に訴えかけています。聞く方も、真剣です。話の終わったあと、聞いておられる方も、真面目なものすごく重い質問を投げかけます。

そういうことを想像し考えるようになったのは、遺跡の中に、その当時の石に彫られた、多くのジャータカの話が、現在も残っていたからです。仏塔（ストゥーパ）の欄楯（欄干）、塔門《とうもん》（門状の出入り口）には、ほとんどの面に彫像が彫られていました。
それが、前章で取り上げました、ジャータカの話なのです。

そのジャータカの全体像を私がまとめたものを、次に紹介します。詳しい説明は前章第3章をご覧下さい。
大分、くだけた表現になっています。ご容赦下さい。
《第0期のジャータカ》
お釈迦さまは、こんな人だったんだよ。お釈迦さまのこと、大紹介。
《第1期のジャータカ》
お釈迦さまのことを自慢する、大自慢大会。お釈迦さまは偉い。お釈迦さまはすごい。
《第2期のジャータカ》
あなたたちも、偉大な人になれる。あなたも、偉大な人になれる。もしかしたら、お釈迦さまと同じように、偉大な人、ブッダになれる。そのためには、いっぱい大変なことをしなくてはならない。血の滲むような努力をしなければならない。

《第3期のジャータカ》

みんなの願いを、くんでくれる、かなえてくれる、そういう人が、もしかしたら、いるのかも。そんな人がここにいたらよいのに。そんな人がいたらいいなあ。きっと、そんな人がいるに違いない。

一番大きくは、第2期のジャータカからの流れが、新しい動きを生み出す契機になります。新しい動きの端緒となります。

第0期のジャータカ、第1期のジャータカからの流れ、そして、第3期のジャータカからの流れもが、その新しい動きの端緒に続く一連の動きには、大きな働きをします。

2　それらが、常啼菩薩（般若経の中の登場人物）の涙に流れ込む

若く真面目なお坊さんたち。

真剣にお釈迦さまの教えとは何なのか、を考えることになってしまった修行僧たち。

仏教、お釈迦さまになぜか惹かれる、人々。

そういう修行僧たち、お坊さんたちが、集まってくる人たちの前で、頑張って語り始める。

その修行僧たちの、流れる汗、まき散らす熱、迸《ほとばし》る涙。
ぞっとするほど冷たい空間、浴びせられる罵声《ばせい》。
いつまでも待ってくれる温かい眼差し。
緊張の時間の後の、鉛のような疲労感。

そういうものすべてが、サダープラルディタ（常啼）菩薩の涙のところに流れ込みます。
〈サダープラルディタ（常啼）菩薩とは、般若経（最初期の般若経）の中に書かれている物語、サダープラルディタ（常啼）菩薩物語の主人公の名前です。

このすぐ後、「3　般若経の【サダープラルディタ菩薩の話】」に、物語の大事な所だけ、そのまま、現代語訳（丹治昭義先生訳）が挙げてあります。ぜひ、サダープラルディタ菩薩の気持ちに触れてみて下さい。〉

その物語の中で、キー（鍵）になる言葉があります。それは、プラジュニャー・パーラミター（般若波羅蜜）です。

プラジュニャー（prajñā）という言葉は、お釈迦さま当時から、使われていました。お釈迦さま自身も使われていたみたいです。
その意味は、「私がどうしても気になっていること、課題になっていることについて、知りたい、知っておくべきことを、知ろうとすること」です。

参考　ダンマパダ、スッタニパータで出てくる箇所は次の所です。
『ダンマパダ』278。
『スッタニパータ』77、83、90、174、177、182、184〜186、329、330、352、381、391、432、434、443、468、591、627、（以下第4章）847、880、881、890、931、969、（以下第5章）1035、1036、1090、1091。
1035　無明　般若、1091　宮坂宥勝訳

パーラミター（pāramitā）という言葉は、
極致（完成）であることをどこまでも求めていくこと、そして、どこまでも極致（完成）であろうとすること、そして、極致（完成）であろうとすることが成し遂げられるということ、という意味です。

このプラジュニャー・パーラミター（般若波羅蜜）のことは、この第4章の第2節、14「もう一度、プラジュニャー・パーラミターとは」に詳しく述べています。今、ここでお知りになりたい方は、先にご覧になって下さい。

★3　般若経の【サダープラルディタ（常啼）菩薩の話】

ここで、最初期の般若経、『八千頌般若経』の最後のところにある、【サダープラルディタ（常啼）菩薩の話】を紹介してみましょう。以下は、丹治昭義先生の訳の抜粋です。

「かつて知恵の完成（プラジュニャー・パーラミター）（般若波羅蜜）をたずね求めていたサダープラルディタ（常啼）菩薩大士は、身体を惜しまず、命を顧みず、利得や栄誉や名声にとらわれずに求めるものとして、（知恵の完成を）たずね求めたのである。

知恵の完成をたずね求めながら森にいたとき、彼は空中から（つぎのような）声を聞いたのである。

『良家の子よ、お前は東のほうへ行きなさい。そこでお前は知恵の完成を聞くであろう。（312、313頁）

お前はほどなくして、書物に著わされるか、説法者の比丘の身体に宿るかした知恵の完成を聞くであろう。お前は、説法者の比丘に対して、教師との観念を起こすべきである。（314頁）』

サダープララルディタ菩薩大士は、その声からこのようなさとしを受けて、東の方向へ向かって行った。出発したあとすぐに、彼に『どこまで行ったらよいのか、私はあの声にお尋ねしなかった』と、このような考えが浮かんだ。彼は大地のその場所に立ちつくした。そこで涕泣《ていきゅう》し泣き叫び、悲しみ、嘆きながら、彼はつぎのように思案したのである。（315頁）

『知恵の完成を聞かないうちは、私はこの同じ場所で一昼夜をすごそう、二、三、四、五、六、あるいは七昼夜でもすごそう』と。（316頁）

サダープラルディタ菩薩大士にはそのとき、『いったい、いつ私はその知恵の完成を聞くのだろうか』ということ以外、他のいかなる関心も起こらなかったのである。

そのとき、このように激しく悩んでいたサダープラルディタ菩薩大士の面前に、如来の姿が立ちあらわれて、称讃したのである。

『善いかな、良家の子よ、お前がこの言葉を述べたことはまことによいことである。実に、良家の子よ、過去の、供養されるべき、完全なさとりを得た如来たちでさえも、かつて菩薩の修行を行っていたときには、現在お前がたずね求めているとおりに、知恵の完成をたずね求めたのである。だから、良家の子よ、お前はこの努力、この意力、この欲求、この熱望を保持しつ

づけて、東の方向へ行きなさい。(317頁)

良家の子よ、お前は、(ガンダヴァティーという都市の)そのダルモードガタ(法上)菩薩大士のもとへ行きなさい。そこでお前は知恵の完成を聞くであろう』(323頁)

サダープラルディタ菩薩大士は、この話を聞いて、喜び、感動し、狂喜し、歓喜し、愉悦と満足を生じたのである。(323頁)

そのとき、サダープラルディタ菩薩大士は、その同じ場所に立ちどまったままで、そのダルモードガタ菩薩大士が知恵の完成を説くのを聞いた。彼には多くの精神集中(三昧)の門戸が現前したのである。(323頁)

彼はこれらの精神集中の状態(三昧)にはいっているあいだに、十方の世界において菩薩大士たちのためにこの知恵の完成を説き明かしている、無量、無数の諸仏世尊にまみえたのである。それら如来たちはほめ、彼を励まして、つぎのように告げたのである。

『良家の子よ、われわれもかつて菩薩の修行を行なっていたとき、まったく同じように知恵の完成をたずね求めたのである。(326頁)

また、良家の子よ、お前は善友たちを充分に尊重し、愛情をいだき、浄信をささげるべきである』(327頁)

サダープラルディタ菩薩大士は、それらの如来にこうお尋ねしたのである。

『私の善友はどなたでしょうか』
　彼ら（たち）は彼にこう答えられたのである。
『良家の子よ、ダルモードガタ菩薩大士が、長いあいだ、お前を無上にして完全なさとりにおいて成熟させ、まもり、知恵の完成、巧みな手だて、仏陀の教えについて教育してきたのである。良家の子よ、彼がお前の守護者であり、善友である』（327頁）
　それらの如来たちは、サダープラルディタ菩薩大士を励ましたうえで消え去り、その良家の子はそれらの精神集中の状態から立ち帰った。（328頁）
（そこで、）彼はつぎのように考えたのである。
『私はダルモードガタ菩薩大士を訪ね、お目にかかって、これらの如来たちはどこからこられ、これらの如来たちはどこへさられたのか、ということをお尋ねすることにしよう』（328、329頁）
（さらに）
『いったい、私はどのような供養の品をもって、ダルモードガタ菩薩大士をお訪ねしたらよいのだろう。だが、私は貧しい』（329頁）
　やがて、とある都市に到着した。（そこで）彼につぎのような考えが浮かんだのである。
『私はこの身体を売って、その代金でダルモードガタ菩薩大士に敬意をあらわしたらどうだろうか』（329頁）

サダープラルディタ菩薩大士は市場の中央にいて、くりかえし声をはりあげて大声で叫んだのである。

『どなたか人間をほしいかたはいませんか。どなたか人間をほしいかたはいませんか。どなたか人間を買いたいと思いませんか』

（しかし、いくら叫んでも、自分を買いたいという人はあらわれなかった。）(330頁)

サダープラルディタ菩薩大士は、自己の買い主を見出せないので、そのとき、一方の隈に行って泣き、涙を流して、つぎのように言ったのである。

『ああ、まことに私は悪い結果を得たものだ。私が身体を売って、ダルモードガタ菩薩大士に敬意をあらわしたいと思っているのに、その身体の買い主さえ見出せないとは』(331頁)

（そのとき、神々の主シャクラが、若者の姿であらわれて、つぎのように言った。）(331頁)

『良家の子よ、実際のところ、私は人間を必要としません。けれども、私は祖先のために犠牲《いけにえ》を神にささげなければなりません。そのさいに、私は人間の心臓、血液、骨、髄を必要とします。買えば、あなたはそれらをくださいますか』

そのとき、サダープラルディタ菩薩大士につぎのような考えが浮かんだ。

『私は最高のよい結果を得ることができた』

彼は喜びで心が震え、晴れ晴れとし歓喜した。(332頁)

（そして、）サダープラルディタ菩薩大士は、鋭利な刃物を手にとり、右腕に突きさし、血をほとばしらせた。また、右の太ももに突きさし、肉をそいだのち、骨を断ち切るために壁の土台に近づいたのである。

（そのようすを、豪商の娘は、自分の邸宅の屋上から見ていた。なぜそんな命を落とすようなことをするのか、サダープラルディタ菩薩大士に尋ねた。(333頁) そのわけを詳しく聞いて、豪商の娘は、サダープラルディタ菩薩大士に、『いかなるものであってもさしあげましょう。それで、ダルモードガタ菩薩大士に敬意を表して下さい。そして、そのような責め苦をご自分に加えるのはやめてください』と言った。(335頁)

また、サダープラルディタ菩薩大士は、仏陀の威神力によって、身体がもとどおりになった。神々の主シャクラは、それを見て、きまりが悪くなり、姿を消した。(337頁)

サダープラルディタ菩薩大士と、豪商の娘は、ガンダヴァティーという都市に行き、ダルモードガタ菩薩大士のもとへ行った。)(342、343頁)

そのとき、ダルモードガタ菩薩大士は、知恵の完成の（経典の）ために七宝から成る楼閣を造営させたところであった。(344頁)

サダープラルディタ菩薩大士と、かの豪商の娘の率いる五百人の娘たちは、知恵の完成を供養したうえで、ダルモードガタ菩薩大士に敬意をあらわして、ダルモードガタ菩薩大士の両足を頭にいただいて敬礼し、恭々しく、敬虔に彼らは合掌して、一方の側に佇んだのである。
サダープラルディタ菩薩大士は、ダルモードガタ菩薩大士につぎのように言上したのである。(348頁)

『(ここへ来るまでの経緯をお話しして、)

私はあなたに〈これらの如来たちはどこからこられ、これらの如来たちはどこへ行かれたのか〉をお尋ねいたします。良家の子よ、私どもがそれらの如来の去来の意味を知り、如来にまみえることから離れないものとなるために、私にそれらの如来の去来について御教示ください』(350頁)

このように問われて、ダルモードガタ菩薩大士は、サダープラルディタ菩薩大士につぎのように説いたのである。

『実に、(それらの)如来たちはどこからくるのでも、(どこかへ)行くのでもありません。というのは、真相(真如)は不動であって、真相こそ如来にほかならないからです』(352頁)

それから、ダルモードガタ菩薩大士は、七年のあいだ、ひとつづきの精神集中(三昧)にはいったままであった。(363頁)

他方、サダープラルディタ菩薩大士もまた、七年のあいだ、行道を保って時をすごしていた。(364頁)

（七日の後に、ダルモードガタ菩薩大士は精神集中から立ち帰り、市の中央にすわって教えを説くであろう、という神々しい声を〈サダープラルディタ菩薩大士は〉聞いて、喜び、その場所を浄め、七宝からなる教えの座席を設け、自己の上衣を身体からはずして、その座席の上に敷いたのである。）(364頁)

そのとき、サダープラルディタ菩薩大士は、その地面に（水を）撒こうと思った。しかし、その場所の地面に撒くべき水は、捜し求めても得られなかった。(365頁)

そのとき、サダープラルディタ菩薩大士はつぎのように考えたのである。

『では、私は自分の身体を傷つけて、この地面に血を撒いたらどうだろう。それはなぜかというと、実にこの場所は塵埃《ちりほこり》が立ちこめている。塵埃がこの地面からダルモードガタ菩薩大士の身に降りかかるようなことがあってはならない』(365頁)

サダープラルディタ菩薩大士は、鋭利な刃物を手に取って、自分の身体をところかまわず突きさし、自分の血をその地面にまんべんなく撒いた。(366頁)

神々の主シャクラは神通力を加えて、その血液をすべて神々しい栴檀の香水に変えた。(365頁)

ダルモードガタ菩薩大士は、七年間すぎて、その精神集中から立ち帰って、教えの座席に向かって進み、設けられた座席にすわり、幾百・千とも知れぬ聴衆にとりまかれ、仕えられて、知恵の完成を説いたのである。(368頁)

六百万の精神集中の門戸を、サダープラルディタ菩薩大士は獲得したのである。（370頁）彼は不可思議なる博識と大海のような知識を具備し、（生まれかわる）すべての生において、けっして仏陀と離れることはなかった。（371頁）」

参照文献
『大乗仏典3　八千頌般若経Ⅱ』梶山雄一訳　丹治昭義訳　中央公論社　1975年

右の8ページほどの、サダープラルディタ（常啼）菩薩の物語は、『大乗仏典3 八千頌般若経Ⅱ』（梶山雄一訳　丹治昭義訳）の訳文を、筆者が抜粋し、短く編集したものです。文章そのものは、訳文のままになっています。（○頁）は、右の本のページを表しています。（○頁）が入れてあるところまでは、訳文で連続しています。

サダープラルディタ（常啼）菩薩のことを、この節のこれ以降は、常啼菩薩と呼ぶことにします。「常啼」とは、「常に、啼《な》く（啼泣《ていきゅう》）」という意味です。いつも、大きな声を出して泣いている、という意味です。

この常啼菩薩の物語は、本書「第5章　初期大乗仏教経典成立期　議論する　錬成する」の「1　般若経」のところに、般若経の成立という視点からの論及が述べてあります。ぜひ、ご覧になって下さい。

般若経の特質について、この常啼菩薩の物語の中の記述をもとにして、順番に指摘してみたいと思います。

このことが、「新しい動き」の実際を顕わにすることになるのです。

(1) 般若経が出来上がりつつある最初の瞬間、つまり、経典にしようと思った、真面目な僧侶が、そのための第一声を発する瞬間より以前に、「プラジュニャー・パーラミター（般若波羅蜜）」という言葉が存在していたことが分かります。

紀元前100年頃、ある一部の僧侶たちにとって、この「プラジュニャー・パーラミター（般若波羅蜜）」という言葉が、ただの仏教用語というのではなくなりました。この「プラジュニャー・パーラミター」という言葉は、自分たちの結論であり、この「プラジュニャー・パーラミター」という言葉こそ、自分たちを突き動かす、エネルギーの本源であると感ずるようになった、そういう時なのです。

これこそ、「新しい動き」が、歴史の中に姿を表した瞬間なのです。

(2) こういう前提の後、多くの人々の、求道の物語が始まります。幾千、幾万の求道者の物語を、ある1人の求道者の物語に仮託したのが、この「常啼菩薩」の物語なのです。

この常啼菩薩の物語には、プラジュニャー・パーラミターの行者の本質が、とても分かりやすく描かれています。

常啼菩薩の物語は、「空中からの声」から始まります。

「知恵の完成をたずね求めながら森にいたとき、彼は空中から（つぎのような）声を聞いたのである。

『良家の子よ、おまえは東のほうへ行きなさい。そこでお前は知恵の完成を聞くであろう。

お前はほどなくして、書物に著わされるか、説法者の比丘の身体に宿るかした知恵の完成を聞くであろう。

お前は、説法者の比丘に対して、教師との観念を起こすべきである。』」（筆者抜粋より）

☆【初期般若経の時代、紀元前100年から紀元後100年までの時代を4期に】

私は、この【初期般若経の時代】200年間を1／4期、2／4期、3／4期、4／4期とします。この4期に分けるのは、50年ごとに区切ったということではありません。もっと曖昧な時代区分だとご理解下さい。しかも、それらが相当程度重なっていることも有り得るものと考えて下さい。1／4とは、四つのうちの1番目の意味です。以降の、(3)、(4)、(5)、(6)、各項の最後に、この表記があるのは、その項の内容が出来上がった時期を示しています。

【1／4期】

常啼菩薩の物語から読み取れる、最初期のもの、すなわち、1／4期のものについて、述べてみたいと思います。

引用文の最初の方に、「説法者の比丘」という言葉が2カ所出てきます。ここにまず注目してみたいと思います。自分の尋ね求めていくその先で、自分の求めている教えを説いているのは、「比丘」なのです。プラジュニャー・パーラミターとなろうと思い立った行者、この物語では常啼菩薩は、比丘であったことが、読み取れます。

変な表現ですが、常啼菩薩は、具体的には比丘であったということです。名前は菩薩と名告っているけれど、実態は比丘であったということです。この物語ができ始めた最初、そういう認識であったということです。比丘とは、出家修行僧のことを言います。その当時、菩薩という意識が、まだそれほど高まってはいなかったことが分かります。菩薩という言葉は、在家、出家関係なく、仏道を歩む者を意味します。ここに「説法者の比丘」という言葉があることによって、今言ったようなことを読み取ることができると私は思います。その言葉があることによって、行者は、自らも「比丘」であるということに、何の違和感も持っていないことが分かります。「説法者の比丘」という言葉は、はっきり、1／4期のことを表していると解してよい言葉だと思います。「説法者」、この言葉があることによって、この当時、説法していない多くの比丘の存在も、指摘することができます。出家生活と、出家僧の中での仏法の学習、研鑽に励むことはしていたが、一般の人々に教えを説くことをしない比丘たち、ほとんどの比丘たちがそんな感じの人々であったということも、何となく予想されます。

今、ここで、「比丘」という言葉と、「菩薩」という言葉に注目してみましたが、この視点は、他の初期大乗経典を読み解く時にも非常に大事なことなのです。

常啼菩薩の物語が始まる一番初めには、「声」がありました。常啼菩薩が動こうとする最初の契機は、ただの「声」でした。このことは、すごく特徴的なことです。

多くの宗教で、その宗教の中の物語の随所に、「声」が大きな役目を果たす所が出てきます。しかし、そのほとんどが「神、または仏の声」です。

ここでは、何者の「声」なのかが書かれていません。この「声」が、ブッダの声でないことは、この物語の少し後の所で、「如来（ブッダ）の姿が立ちあらわれて称讃したのである。」（317頁）

とあることで明らかです。そして、現在のテキストにそのようであるということは、この経典そのもの（経典として確定する時期、４／４期）が、「何者の声なのか分からない声」であることを承認しているということになります。ブッダの声でも、神の声でもないことを認めていたということです。

この「誰の者か分からない声を聞いて、東へ出発」。このことの意味を少し考えてみようと思います。

人間がある新しい動きをする時に、自分の中で心の決着をして、その上で身体が動く、そうなれば、ごく自然で、理想的なのですが、なかなかそうはならない現実があります。

そういう時に、まれに起こることがあります。声が聞こえる。誰の声なのかは分かりませんが、声が聞こえる。

それは、励ますこともあります。それは、慰めることもあります。それは、止めることもあります。それは、逃げよということもあります。それは、戦えということもあります。

人間は、気持ちの中で、上手く、いろいろな事の処理ができればいいのですが、そうでない時、自分の中の無意識のところで判断を下すことがあります。そういう時は、そのことを自分の意識下に伝えなくてはなりません。それが、誰か分からない声となって、自分が自分に伝達するのです。

(3)　不思議の訳が分かって、そして、それから、ブッダの声が聞こえる。
自分がすべきと判断したことをすることを、仏教は誉め称《たた》えるのです。

そうすると、ブッダの実におられる場所、そういう場所が現出してくるのです。そこでは、
当然、ブッダの声も聞こえてくるのです。

ブッダはまず行者を誉め称えます。それから、行者の問いかけに応えるのです。

仏陀の声を聞いて、本当に行く道が定まる思いがします。


【1／4期後半、2／4期】

(4)　町におられる、菩薩（先生）
仏教の歩みは、仏教の本当の歩みは、独《ひと》りでは歩めないのです。

誰かに教えられる、ということが、絶えず必要になってきます。

「お前は、説法者の比丘に対して、教師との観念を起こすべきである。（315頁）」

どんな、「もの・こと」、にも、真向かいになって、知ろうとする知恵、その極致にまで達しようとし、達しつつあることに安らぎを感じ、達することこそ目覚めることだと信じる。

そうやって生きていくには、どうしても必要なものがあります。それは、教えてくれる教師

です。先生です。ただ、この教師というものを固定的に考えてはいけません。自分にとっての教師が、その時その時に、代わっていくこともあるのです。

《1／4期、2／4期、3／4期》

それと、この教師のおられる場所が問題なのです。

「サダープラルディタ菩薩大士の面前に、如来の姿が立ちあらわれて、（菩薩のことを）称讃したのである。

『善いかな、良家の子よ、お前がこの言葉を述べたことはまことによいことである。（中略）東の方角へ行きなさい。』(317頁)

この後、続けて、

『ここから、四千キロ離れた所に、ガンダヴァティーという都市がある。』

と言って、都市の情景の話が訳本で2ページほどあります。100キロ四方の七宝からなる広大な都市で、

『富み、栄え、安全で、食料も豊富であり、多数の人が群がり住み、色彩豊かな絵のように美しい五百の商店街によって貫かれ』(318頁)、周囲には、500の遊園があり、遊園には500の蓮池があり、

『青い（花）は青色をし、青い外観をもち、青く輝いている。黄の（花）は黄色をし、黄色い外観をもち、黄色く輝いている。赤い（花）は赤色をし、赤い外観をもち、赤く輝いている。白い（花）は白色をし、白い外観をもち、白く輝いている』（319頁）。その蓮池には、ガチョウ、ツル、アヒル、帝釈鴫《タイシャクシギ》、鴛鴦《オシドリ》がさえずっています。

阿弥陀経にある、阿弥陀仏の国土スクハヴァティー（極楽）の描写に極めて似ています。

ここで、注目すべきは、知恵の完成を説く教師は、人里離れた森の中とか、山の中に住まいしているのではないことです。

賑やかで豊かな大都会に、知恵の完成を説く教師はいるんだということです。『良家の子よ、お前は、（ガンダヴァティーという都市の）そのダルモードガタ（法上）菩薩大士のもとへ行きなさい。そこでお前は知恵の完成を聞くであろう』（323頁）行者の聞きたいことを説いてくれる教師は、ガンダヴァティーという都市におられるというのです。

ここで、もう一つ、注目すべき点があるのです。プラジュニャー・パーラミター（知恵の完成）を説く教師のことです。

まず、如来は、その教師の名前を具体的に告げるのです。「ダルモードガタ（法上）」菩薩大士、と。

その名前の意味は、「(頭の)上にダルマ(法)がある人」、頭の上に教えがある人、仏教の教えこそを自分を律するものとして生きている人、仏教の教えこそを第一としている人、このように理解できます。

そういう意味を持つ名前の人が、あなたの本当の教師なんだよと、ブッダの声は教えてくれているのです。

【2/4期、3/4期】

(5) 求道は、必死。

文字通り、死ぬことすら手段にします。

プラジュニャー・パーラミター(般若波羅蜜)(知恵の完成)の教えを聞かせてもらうためには、サダープラルディタ菩薩は、自分の身体を傷つけ、自分の身体を切り刻むことも厭いませんでした。

法上菩薩への供養の品を用意するためのお金がなかったら、お金を用意するために、自分の身体を売りました。買い手が、心臓などだけが欲しいのだと言ったら、自ら身体を切り刻み、心臓などを差し出そうとしました（329〜337頁）。説法の会場を清めるため、水が手に入らなかったなら、自らの血で、会場を清めました（366頁）。教えを聞くためには、自らの犠牲を払うべきだという話が、長々と続きます。これらの話が、般若経の中に取り入れられたのは、紀元後1世紀の動乱の時代のことだと思います。実際に死んでいった、多くの僧侶の存在が、この般若経の犠牲物語のきっかけになったのだろうと思います。ただし、こういう話の大きな源流はジャータカにあるのは間違いありません。（本書第3章に詳説。「ヴェッサンタラ・ジャータカ」に代表される第2期のジャータカのことです。）

【3／4期、4／4期】

(6)　サダープラルディタ菩薩は、最終的に、けっしてブッダと離れることはなかった。

「(生まれかわる) すべての生において、けっして仏陀と離れることはなかった。(371頁)」この初期般若経での、仏教出家僧（行者）の目指したところは、これから生まれ変わるどの世界でも、ブッダと離れることはないということなのです。

このことから、次の2点が、分かります。

仏教修行僧のこの「新しい動き」をしようとする深層にあるものは、「ブッダと離れたくない」ということであったのです。これが、第1点です。

第2点は、次々といろいろな生に生まれ変わっていくということが、この頃の仏教修行僧たちの共通認識であったということです。一般の信者たちの中だけの共通認識ではないということです。

【3／4期、4／4期】

4　般若経の、最も深き基層

これ以降、4「般若経の、最も深き基層」から、12「対話」までの部分は、先の、1／4期、2／4期、3／4期、4／4期でいうと、【2／4期、3／4期】に当たります。その頃に経典化されたと考えます。初期般若経の中心部分に当たります。

しかし、もっと厳密に言うと、4「般若経の、最も深き基層」から、12「対話」までのそれぞれの叙述の核部分は、【1／4期】に出来上がっていたと思われます。核部分には必ず触れるようにしながら、核部分に関しては詳しく解説をしていきたいと思います。

「世尊は上座のスブーティ（須菩提《しゅぼだい》）長老に語りかけられた。

『スブーティよ、菩薩大士はいかにして知恵の完成（般若波羅蜜）に向かって出でいく（出離）べきであろうか。そういう菩薩大士たちの知恵の完成について、お前に（能弁の叡知が）ひらめくように！』

そのとき、シャーリプトラ（舎利弗《しゃりほつ》）長老にこういう考えが浮かんだ。

『いったい、上座のスブーティ長老は自分自身の知恵とひらめきの力にもとづき、自分自身の知恵とひらめきの力に勢いづけられて菩薩大士の知恵の完成を説示するのか、それとも仏陀の威神力の助けによってなのか』

そのとき、スブーティ長老は仏陀の威神力の助けによって、心で、シャーリプトラ長老のこのような思案を察して、シャーリプトラ長老につぎのように言った。

『シャーリプトラ長老よ、何であろうと世尊の弟子たちが話し、説き、述べ、語り、説明し、解説することは、すべて如来の雄々しい行為（の結果）にほかならないと知らねばなりません。それはなぜかというと、如来が教え（法）を説くときは、その説法を学ぶ人たちは、ものの本性（法性）を直感し、記憶するのです。その、ものの本性を直感し記憶したうえで、何かを話し、何かを説き、何かを述べ、何かを語り、何かを説明し、何かを解説するのですが、それらすべてはかの、ものの本性と相違しないのです。シャーリプトラ長老よ、良家の男子たちがかの、ものの本性を説くとき（その教えを）ものの本性と相違せしめないのは、それが如来の説法から自然に流れ出た（等流《とうる》）（結果である）からです』」（『八千頌般若経Ⅰ』梶山雄一訳　7、8頁）

ここからは、般若経の教えの神髄の部分です。初期般若経の最初の所に、密度濃く描かれています。

現代のわれわれがこの部分に触れると、ひどく難しいと感ずる所です。書いてあることを考えようとすると、頭が痛くなりそうな気がします。

少しずつほぐしながら、考えていきたいと思います。

まず、私たちは、それらの箇所を抽象的なものとして捉えます。しかし、それらを抽象的な表現として、その上で理解しようとするのは、本当は本質とは少し離れた所の議論だと、私は考えています。

一般に、「般若経」の解説をする人たちは、抽象的な箇所の理解こそ、般若経そのものの理解であると、信じているようです。そのような了解のもと、現代の論理学、現代の数学の知識を使って解明しようとした文章にたまにお目にかかります。解明に使われた論理学の表現、数学の表現を苦労して理解することができても、結局、ただ言葉の言い直しをしただけでないのか、ということがほとんどでした。「般若経」の本質に近づくどころか、般若経を遠巻きにしてやいのやいのと評論しているように感じられます。

(1)　般若経の登場人物

代表的な登場人物は3人です。

世尊（お釈迦さま）、スブーティ（須菩提）、シャーリプトラ（舎利弗）。

これらの3人が、プラジュニャー・パーラミター（知恵の完成）について、尋ねたり、答えたりして、般若経は成り立っています。

基本、世尊（お釈迦さま）は、スブーティに、プラジュニャー・パーラミター（知恵の完成）（般若波羅蜜）を語らせようとします。その時、必ず出てくる言葉があります。「スブーティは、自分自身の力ではなく、如来の威神力によって、教えを説くのです。」という言葉です。

スブーティは、般若経の中の行者のエースとして、創出された人物です。釈尊の十大弟子の1人の名前ですが、別人格とした方がよいと思います。普通の考えで言えば、スブーティは、プラジュニャー・パーラミターを完全に理解し、完全に行じている、そういう人物のはずですが、この般若経では、プラジュニャー・パーラミターのことを自分の力では語ることができないとしているのです。これぞ、般若経の真骨頂です。般若経の中の最高、理想的な行者であっても、まだ、プラジュニャー・パーラミターのことを完璧には語ることができないというのです。「どこまで行っても、まだ」というのが、般若経の基層にあるのです。

(2) 般若経は、「世尊の弟子たちが話し、説き、述べ、語り、説明し、解説すること」を完全に肯定します。真にそうなることを理想とします。「自分のことを世尊の弟子であるとする人たちが、話し、説き、述べ、語り、説明し、解説すること」、こういうことこそ般若経なんだとします。こういうことこそ、お釈迦さまが、最も望んでおられることなんだとします。このことが、プラジュニャー・パーラミターの世に現れた姿なのだとします。

しかし、般若経は、このことを直截には述べません。般若経のあらゆる表現の真裏には、このことがあるのだと思います。

般若経の主張は、「プラジュニャー・パーラミターこそが、そういうことを現出させるのだ」、という表現を取ります。

次の所に出てくる「法性」という言葉は、「完全に肯定している」ということを立証するために使われた言葉、というだけのものです。「法性」という言葉について考えを巡らすと、かえって、般若経の意味が取れなくなります。

私は、この「法性」という言葉を、「そのものが、ダルマであること」と考えます。先ほどの般若経の一節、「如来が教え（法）を説くときは、その説法を学ぶ人たちは、ものの本性（法性）を直感し、記憶するのです。」で言うと、「直感し、記憶する」そのものがダルマであること、そういうことになる、ということです。

5　般若経　恐怖1

「そのとき、スブーティ長老は仏陀の威神力に助けられて世尊にこう申しあげた。『世尊は〈スブーティよ、菩薩大士はいかにして知恵の完成に向かって出でいくべきであろうか。そういう菩薩大士たちの知恵の完成について、お前に（能弁の叡知が）ひらめくように！〉と仰せになられましたが、世尊よ、菩薩、菩薩といわれるときの、この菩薩とは、いったいどんなものに対する名前なのですか。世尊よ、私は菩薩というものを見はいたしません。また、世尊よ、知恵の完成というものをも私は見はいたしません。

世尊よ、その私が、菩薩とか、菩薩の性格とかを知らず、認識せず、見ないままに、また知恵の完成をも知らず、認識せず、見ないままに、どのような菩薩を、どのような知恵の完成において教えさとしましょうか。また実に、世尊よ、このように（菩薩も知恵の完成も認識できないものとして）話され、説かれ、述べられるにもかかわらず、もしある菩薩の心がおびえず、おじけず、失望せず、落胆せず、その心が臆せず、沈まず、おそれず、おののかず、恐怖に陥らないならば、まさにそのような菩薩大士こそが知恵の完成について教えられることができるのであります。これこそこの菩薩にとっての知恵の完成であると知られますし、それが知恵の完成についての教え（教授）なのです。このように（菩薩が、菩薩や知恵の完成が認識されないことに恐怖しないという）状態にいるならば、それこそ、この人に教えとさとしが与えられたことになるのです。』」（『八千頌般若経Ⅰ』梶山雄一訳　9頁）

ここでは、常識で言ったら有り得ないことが語られます。

般若経の行者は自らのことを、菩薩であろうとします。当然、自分の理想とする菩薩とはいったいどんなものなんだろうという考えを持ちます。そして、自分は菩薩と言えるのだろうか、と自らに問いかけます。つまり、菩薩とはどんなものなのかを真剣に考えているものです。

それに対して、スブーティは、自分は「菩薩を知らず、認識せず、見ない」というのです。

般若経では、スブーティの言うことは、ブッダの言われることと同じです。スブーティが言うことは、必ずブッダが繰り返して言われて同意されます。

つまり、ブッダが、ブッダ自身が「菩薩を知らず、認識せず、見ない」と言われるのです。

行者が、このことを、そのまま受け取ると、知ることができない、認識ができない、見えない「菩薩」になろうと努力し、「見えない菩薩」を追い求めるということになります。

暗やみの真っ直中に飛び込め、と言われているのと同じことになります。

そこには、まさに、恐怖しかありません。


しかし、「認識しないということに、恐怖しない」ならば、教え諭《さと》しが得られたことになると言うのです。

知恵の完成が認識されないということに、恐怖しないならば、教え諭しが得られたことになると言うのです。


ここで一言言っておきます。

ここに書かれてあります「恐怖」という言葉に、全くピンとこないという人は、般若経に書かれていることはほとんど理解できないでしょう。ここに書かれている「恐怖」という言葉が、ほんの少しは分かるような気がするという人は、般若経のことが少しは分かるようになるのかもしれません。

このことに、著者の傲慢さを感じられた方がありましたら、今のままでは般若経を理解することはできないと思われます。

なぜなら、知恵の完成（般若波羅蜜）に心をかけ、追い求めようとする人にとって、自分が追い求めようとしているものは、「見えないし認識できないものである」と言われては、一歩踏み出す先には、深淵しか有り得ないからです。そこにあるのは、恐怖の深淵でしか有り得ません。

私が今、感じているのは、般若経の言う「恐怖」ではないのかもしれません。その「恐怖」の予感をほんの少し感じているだけでしょう。確かに予感はあります。

6　般若経「存在論で論じるものではない」

「『また、世尊よ、知恵の完成への道を追求し、知恵の完成を修習する菩薩大士は、教えられているときに、彼がそのさとりに志向する心（菩提心）におごらない、というような仕方で学ばねばなりません。なぜかというと、心というものは心ではありません。心の本性は浄く輝い（ているのです）すべての汚れを離れ）ているのです』

そのとき、シャーリプトラ長老はスブーティ長老につぎのように言った。

『いったい、スブーティ長老よ、心でない心というその心は存在するのですか』

このように言われたとき、スブーティ長老はシャーリプトラ長老にこう言った。

『シャーリプトラ長老よ、いったい、心でない心というその無心性に、存在性とか非存在性とかがあったり、認識されたりするのですか』

シャーリプトラは言った。

『そうではありません、スブーティ長老よ』

スブーティは言った。

『シャーリプトラ長老よ、その無心性に存在性も非存在性もありはしないし、認識されもしないならば、シャーリプトラ長老（あなた）が、〈心でない心というその心は存在するのですか〉と質問されたことは、はたしてあなたにとって正しいことでしょうか』

このように言われて、シャーリプトラ長老はスブーティ長老につぎのように言った。

『スブーティ長老よ、ではこの無心性とはなんでしょうか』

スブーティは答えた。

『シャーリプトラ長老よ、無心性とは変化しないこと、妄想（分別）を離れていることなのです』

そのとき、シャーリプトラ長老はスブーティ長老をほめたたえた。

『善いかな、善いかな、スブーティ長老よ。ほんとうにあなたは、世尊によって、煩悩なき（無諍《むじょう》）境地に安住する人々のなかで第一人者である、といわれているとおりにお説きになりました』」（『八千頌般若経Ⅰ』梶山雄一訳　10、11頁）

ここは、スブーティ長老とシャーリプトラ長老のお二人が登場します。このお二人の名前は、お釈迦さまのお弟子さんの名前です。しかし、般若経が出来上がるのは、お釈迦さまが亡くなられてから300年近く経っています。本当のお弟子さんとは別の人と考えて下さい。

般若経において、スブーティは、般若経の最高指導者、プラジュニャー・パーラミター（般若波羅蜜）の到達者の役目を果たしています（ただし、これらの言い方を、般若経は否定します）。シャーリプトラは、伝統的な仏教の最高指導者の役割を果たしています。というよりも、この当時の知性の最高峰を意味しています。

このお二人の対論です。

まず初めにスブーティが、

「知恵の完成への道を追求し、修習する者は、彼がそのさとりに志向する心（菩提心）におごらない、というような仕方で学ばねばなりません。なぜなら、心というものは心ではないからです。」

と言います。

それに対して、シャーリプトラは、後半部分の「心というものは心ではない」という発言に引っかかって、質問をするのです。シャーリプトラは、スブーティの発言の意図は、「心ではない心」を主張していると捉えたのです。だから、シャーリプトラは、「心でない心というその心は存在するのですか」と問いかけるのです。さらに、「無心性（心でないという、そういうこと）とは何でしょうか」と問いかけるのです。

それに対して、スブーティは、また、別の言葉を使って答える訳です。その答えの部分の言葉については、私は、重要性はほとんどないと考えます。

ここで般若経が主張することは、こういうことです。

普通、私たちは議論しようとする時、ものを考える時、議論の主題、考えるべき課題を自分の前に置いて、そこから始めようとします。そのやり方が一般的であり、そのやり方しか普通は知らないのです。

しかし、般若経は、そのやり方、その方法は、あなたの問題の正面突破には役に立たない、と主張するのです。

「『私たちは、あらゆることを、存在論を使って、存在論から論じようとするが、それは誤りである。

まな板の上（俎上《そじょう》）に載せること、載せてしまうこと……、そのことそのものが、おかしい。』

このように、ブッダは説かれるのです」と、般若経は主張するのです。

このことを、もっと私の言葉で言ってみます。

「最も信頼する人が発せられた言葉を、私があれこれ吟味するのでなしに、受け取ってじっくり味わう」。

この言葉は、私にとっても、これを読んでおられる方にとっても、全く役に立たない言葉なのです。なぜなら、このようなことができておられる人は皆無だからです。でも、このように言うしかありません。

般若経の奥底にあるものをどのように表現しようとしても、その表現の中には、般若経の奥底にあるものは宿らないのです。それは確実なことなのです。それでも、そのことは、人間にとって、最大最高の重大事なのです。

7　般若経　恐怖2「聞くだけで恐怖をいだく」

「そのとき、スブーティ長老は世尊につぎのように申し上げた。

『世尊よ、私はこの菩薩という名前を知らず、認識せず、見もしません。また知恵の完成をも知らず、認識せず、見もいたしません。その私が、この菩薩という名前を知らず、認識せず、見ないままに、また知恵の完成をも知らず、認識せず、見ないままに、どのような菩薩を、どのような知恵の完成において教えさとしましょうか。世尊よ、私は、実物を知らず、認識せず、見ないままに、たとえば菩薩という名前だけによって、生滅（すなわち、ものの肯定と否定）を云々《うんぬん》する訳ですから、それを悔いることになるでしょう。けれどもまた、世尊よ、その（菩薩という）名前は（実物に）固定しているのでもなく固定していないのでもなく、離れているのでもなく離れていないのでもありません。それはなぜかといいますと、その名前（自体）が存在しないからです。このようにその名前は（実物に）固定しているのでもなく固定していないのでもなく、離れているのでもなく離れていないのでもないのです。

意味深い知恵の完成がこのようなかたちで話され、説かれ、述べられるにもかかわらず、もしある菩薩大士のかえって強い宗教的志願（増上意楽《いぎょう》）によって信ずるならば、その菩薩大士は知恵の完成を離れることがないと知られるのです。彼は退転することのない菩薩の階位に立ち、とどまらないという仕方でよくそこにとどまっているのです』」（『八千頌般若経Ⅰ』梶山雄一訳12、13頁）

ここで般若経が主張するのは、先の「5　般若経　恐怖1」の主張と全く同じです。「この菩薩という名前を知らず、認識せず、見もしません。また知恵の完成をも知らず、認識せず、見もいたしません」ということです。

ただここでスブーティは、「名前」という語を出してきます。そうして、「菩薩、知恵の完成を知らず、認識せず、見ない」ということの、さらなる論証を試みます。

しかし、こういうことをすることによって、ますます奥深い論証がされていくように感じられますが、実は、中身は、本当は浅いものなのだと私は思います。

ここでなされているのは、プラジュニャー・パーラミターの奥底に関する議論ではありません。

プラジュニャー・パーラミターの奥底と、今ここにいる私たち（プラジュニャー・パーラミターに生きようとする意欲を少しは持っている者に限ります）とを、何とか結びつけようとする議論なのです。

ですから、真面目な議論なのです。不毛な議論ではなく、必然的に起こる、価値ある議論です。「知らず、認識せず、見もしない」「菩薩」、そして、「知らず、認識せず、見もしない」「知恵の完成」と、（先の）私たちとは、断絶している訳にはいきません。

そこで、何らかの教え諭しがなされます。その時にどうしても必要なのは言葉です。言葉がなくては教え諭しができません。

そのことを、般若経は、「実物を知らずに、名前（言葉）だけによって、菩薩、知恵の完成を云々しようとする。」と、言葉の誤謬性を吐露します。「その言葉が指し示しているはずの何か（実物）」のことを本当は何も知らないのに、「その言葉」を使ってものを考えたりするに過ぎないのに、「実物」のことを知っているものとしてしまっています。そして、そのことに真摯に反省の弁を述べます。

「名前」とは、「それ（何か）を表す言葉」という意味です。「実物」とは、「私があると感じているそのもの」という意味です。

ところがここで、般若経は、名前（言葉）と実物との間に、関係性、無関係性があることを指摘します。関係性、無関係性の指摘は、実は般若経にとって逆進、居直りなのです。名前の使用も正当性があると言ってしまうのです。

その上で、ここで、般若経は、このことにも終止符を打ちます。般若経の本来の主張に戻るのだと思います。恐ろしいことを言います。

「その名前（自体）が存在しないからです」と。

般若経の本質は、その人がその時立っている、その立場を、「それは、ない」と言って、ひっくり返し、その人を、その人の生きている、その時、その場所から、外へ、放り出すのです。

こんな恐ろしいものは、人類の歴史上、どこにも存在しません。これほどの恐怖は、どこにも存在しません。

そして、最後に、結句。

知恵の完成のことをこのように聞いて、「心がおびえず、おじけず、失望せず、落胆せず、その心が臆せず、沈まず、おそれず、おののかず、恐怖に陥らないで、」であるならば、その行者は、今の境地にとどまったり、退き落ちたりすることはないと、般若経は主張します。「恐怖」があるかないか、または「恐怖」がどのようにあるのかは、行者の今の境地を測る、メルクマールでもあります。

世の中で般若経の解説をする時に、この「恐怖」について触れていることはほとんどありません。また般若経の歴史の中に踏み入っていっても、たとえば、後期般若経（注1）の「般若心（経）」を、初期般若経の作者たちが見ればがっかりすることでしょう。なぜなら、そこにあるものは、自らの主張する「何らかのもの（注2）」こそが、般若波羅蜜であると言っているに過ぎないからです。こういうものの中に、般若経のエッセンスはひとかけらも存在しません。

知恵の完成（般若波羅蜜）は、その説明を聞くだけで、「恐怖」をいだくようなものなのです。それほど、般若経の中で、「恐怖」は、重大な意味を持っているのです。

注1　「後期般若経」とは、私の般若経区分の第3類に当たるものです。「第5章　第2節　1　般若経」をご覧下さい。

注2　「真言」。具体的には、「般若心」の最後に掲げられているマントラ。

8　般若経　恐怖3

「（スブーティ長老は世尊につぎのように申し上げた。）『また、世尊よ、知恵の完成への道を追求し、知恵の完成を修習する菩薩大士はつぎのように考察し、つぎのように反省しなければなりません。〈この知恵の完成とは何であるか。この知恵の完成とは誰のものなのか。いったい存在もせず認識もされないものが、知恵の完成といえるのか〉と。もしこのように考察し、このように反省しながら、彼がおびえず、おじけず、失望せず、落胆せず、その心が臆せず、沈まず、おそれず、おののかず、恐怖に陥らないならば、その菩薩大士は知恵の完成から離れていない、と知られるのです』」（『八千頌般若経Ⅰ』梶山雄一訳16頁）

このように、般若経の最初の方に、「恐怖」のことが、続けて出てきます。

9　般若経「仏国土の浄化」

「（スブーティ長老はシャーリプトラ長老に答えた。）『このように学ぼうとする菩薩大士は、全知者性に向かって出ていくでしょう。それはなぜかというと、シャーリプトラ長老よ、すべてのものは生じたものでもなく、つくられたものでもないのです。菩薩大士がそのように追求するとき、全知者性は彼の近くにくるのです。全知者性が近づくにつれて、有情（sattva）を成熟させるために、身体と心の浄化、すがたかたちの浄化、仏（菩薩）の教化領域（仏国土）の浄化が（彼に）近づき、仏陀たちとめぐり会うことにもなるのです。シャーリプトラ長老よ、このように知恵の完成を追求している菩薩大士は、全知者性に近づくのです』」（『八千頌般若経Ⅰ』梶山雄一訳　17、18頁）

この「9　般若経『仏国土の浄化』」は、他の八つ（4〜8、10、11）とは異なる事情で出来上がったと考えられます。

他の八つ（4〜8、10、11）は、次のような感じで出来上がっていったのではないかと思います。
プラジュニャー・パーラミターから湧き上がってくる言葉を、ブッダの言葉だとして、プラジュニャー・パーラミターを実践しているコミュニティー（教団）の中で、研鑽し、その実践について議論し、その成果を記憶するということが行われたのだと思われます。

この「9」だけは、少し違います。ここには、行者の「救い」が語られるからです。その「救い」の総括的言語表現（言葉）は、「全知者性に近づく」です。そして、その具体的な内容は、「身体と心の浄化」、「すがたかたちの浄化」、「仏の教化領域（仏国土）の浄化」となっています。他の八つとは、質的に全く異なります。これが起こるのに、コミュニティー内部の要因だけでは、説明するのは無理なような気がします。

紀元前1世紀のインドは、異民族の進入による混乱の時代の、前半に当たります。西北インド、時には、中インドの西北部に、ギリシャ人、パルティア人、シリア人、スキタイ人の波状的な侵入があった時期に当たります。その後の紀元後1世紀は、西北インド、中インドは、大動乱の時代になります。まさに混沌の時代の幕開け、序章に当たる時期だったのです。

紀元前1世紀の後半に差し掛かった頃、中インド北西から北西インドにあった僧院群は、異民族の侵略に遭い、多くの僧侶が命を落としました。それらの多くが、般若経を生み出しつつあったコミュニティーに属していました。これらの僧院群は、インド全体の仏教コミュニティーの、中核の役割を果たしていたのです。また、それぞれの僧院は、各都市の中心部にあったので、被害が大きかったのだと思われます。ただその侵略は一時的なものだったので、コミュニティー全体としては、すぐに回復することができました。でも、それは表面的なものでした。指導的立場の多くの僧侶が犠牲になりました。そのことは、その後の、プラジュニャー・パーラミターの実践に、色濃く影を落としたのです。

それが、この9の「全知者性に近づく」が出現する理由なのだと思います。

この「全知者性（sarvajñata）」（注1）という言葉は、いい加減に出てきた言葉ではないということだけは強調しておきたいと思います。

この言葉は、ただ「救い」ということだけから出てきたものではありません。「全知全能の」とか、「すべてを知る」とか、「すべてができる」というようなところから思い付いたものではないのです。自分が癒やされたいというところから出てきたものでもありません。もしそんなところから、出てきたものなら、自分たちが大事にしてきたプラジュニャー・パーラミターは、崩壊してしまいます。

プラジュニャー（知恵）（どこまでも知る、知ろうとすること、どんなことものであっても知ろうとすること）の「知る」から出てきた言葉なのです。練りに練り上げられた言葉なのです。この「全知者性」という言葉に到達した時、はらはらと救いが舞い降りてきたのです。そういう救いの話をしてもいいのだということに行き着き、心穏やかになったのでしょう。

しかし、このことは、プラジュニャー・パーラミターにとって、非常に危険なことでした。そういうことも知りながら、それでも、ということで、踏み込んだ、そういう出来事でした。これは、陥穽への入り口でもあるのです。「全知者性」という言葉は、この言葉のせいで、プラジュニャー・パーラミターが崩壊するかもしれないという恐れも、皆で共有して、その上で出てきた言葉なのです。

このことは、般若経が先導していた「新しい動き」が、またさらなる新しい展開を生み出す、きっかけになったのかもしれません。例えば、阿弥陀仏信仰の発起、展開に、影響を与えている可能性があります。ここに出てくる「仏国土の浄化」（注2）ということが、阿弥陀仏信仰の発起に真面《まとも》に影響を与えている可能性があります。

先に、4のところで、

「4『般若経の、最も深き基層』から、12『対話』までの部分は、2／4期（BC50～0）、

3／4期（AD0〜50）に、経典化されたと考えます。初期般若経の中心部分に当たります。しかし、もっと厳密に言うと、4から、12までのそれぞれの叙述の核部分は、1／4期に出来上がっていたと思われます」

と言いましたが、

この「9　般若経『仏国土の浄化』」だけは、この中で最後に出来上がったと考えます。2／4期（BC50〜0）の前半と考えられます。経典化されたのは他の八つと同じ時期です。

注1　「全知者性（sarvajñata）」とは、「すべてのことを知っているということが成り立っていること（すべてを知る者であること）」ということを意味します。

注2　「仏国土の浄化」とは、「行者自身の力によって、行者自身の教化領域が調えられ、完成されていくこと」という意味に取ることは可能です。こういうことであるならば、それは、プラジュニャー・パーラミターの崩壊を意味しています。なぜなら、行者が自分の進歩を確認して、それを味わう、そのようなことは、プラジュニャー・パーラミターにとって許されることではないからです。

この「仏国土の浄化」という言葉は、ただ、自らのプラジュニャー・パーラミターを修習する環境がよくなること、という意味なのだと捉えたいのです。

ただし、「仏国土の浄化」を生み出した行者たちは、正確には「仏国土の浄化」に出会った行者たちは、

「ブッダの声」（常啼菩薩物語）ということもありましたが、現在どこかにおられるブッダというものを、なんとなく認めているような気がするのです。

般若経は、現在生きておられるブッダの存在を表だっては認めてはいません。しかし、般若経は、暗黙のうちに、現在仏の存在を想定しているようなのです。興味深いことです。

10　般若経「本体（自性）、特徴（相）」

「（スブーティ長老は、答えた。）
『物質的存在は物質的存在としての本体（自性）を捨て、知恵の完成も、知恵の完成としての本体を捨て、全知者性も、全知者性としての本体を捨てています。知恵の完成は知恵の完成としての特徴を捨て、特徴は特徴の本体を捨て、特徴づけられるものは特徴づけられるものの本体を捨て、本体は本体の特徴を捨てているのです』」（『八千頌般若経I』梶山雄一訳　17頁）

般若経の中でも、深遠な思想を説いているように見える部分です。

▽ここで言う「物質的存在」（注1）、「知恵の完成」「全知者性」とは、一体何を意味しているのでしょうか？ そのことが、ここでは最も大事なことなのです。

ここは、修行僧、プラジュニャー・パーラミターの行者に向かって言われた言葉です。一般の人々に対して言われた言葉ではありません。普通の人に向かってこのような抽象的な言葉を書き連ねることは有り得ません。こういう抽象的な言葉が書き連ねられている箇所は、修行僧たちの世界の中の話なのです。

「物質的存在」も、「知恵の完成」も、「全知者性」も、どの言葉も行者たちが知らず知らず頼りにするものの言葉なのです。真剣に修行をし、議論すればするほど、これらの言葉を使った思考になり、これらの言葉を使った議論になっていくのです。

皆さんに少しでも理解していただくために、言葉の差し替えをしてみます。

「物質的存在」のことを、「好きなもの、好きな人」に代えてみて下さい。このように考えると、理解しやすくなります。「知恵の完成」のことは、「私がそれによって生かされていると思っている教え」としてみて下さい。「全知者性」のことは、「救い」としてみて下さい。

そうすると先の訳文「物質的存在は物質的存在としての本体（自性）を捨て、知恵の完成も、知恵の完成としての本体を捨て、全知者性も、全知者性としての本体を捨てています。」は、次のような意味が、そこから溢れ出てくるようになります。

「好きなもの、好きな人」には、本当は具体的な何か、誰かがおられるのです。この場合、「Aさん」、とだけ、としていきます。私たちは、仲のよい友達と「好きな人」の話をすることは大好きです。そういうときは、私の頭の中には、「Aさん」のことばかりがあります。そういう時は、とても楽しいです。

もし、「Aさん」のことを思い浮かべることは、程度が低くて、「Aさん」のことは捨象して、抽象的に純粋に「好きな人」のことを話すことが、程度が高くて高尚なことなのだと思うということがあるとしたら、それは、もう既に、楽しいことではなくなっています。そういうことは、知恵の完成にとって、最悪なことなのだということです。

「私がそれによって生かされていると思っている教え」というのは、例えば、「人のために尽くしたいという思い」でもいいし、「自分のためだけに生きる」ということでもいいです。もそういうものに、知らないうちにしがみついて生きているんじゃないよ、ということです。もし、そうして生きておられるのなら、それは、知恵の完成にとって、最悪なことなのだということです。

「救い」というのは、例えば、「お金持ちになること」であってもいいし、「家族仲良く暮らすこと」であってもいいのです。そういうものに知らないうちにしがみついて生きているとしたら、それは、ヤバいよ、ということです。もし、そうして生きておられるのなら、それは、知恵の完成にとって、最悪なことなのだということです。

もし、「知恵の完成」そのものを、議論の対象として、奥深そうな議論をするとしたら、それは、知恵の完成にとって、最悪なことなのです。そんなことをいくらしても、知恵の完成とは絶対にならないのです。

「好きなもの、好きな人」も、「私がそれによって生かされていると思っている教え」も、「救い」も、どれも私たちが知らず知らずのうちに頼りにしているものなのです。

どうでしょうか。少しは、ご自分に近い、話になったでしょうか。般若経は、真理の奥深い深淵の話を語っているのではないのです。

▽ここで、般若経が、最も言いたいことを、端的に言ってみたいと思います。

プラジュニャー・パーラミターとは、

「私たちが頼りにしているものを、頼りにしていない」

ということなのです。

このことを、ここの般若経では、行者に対しては、

プラジュニャー・パーラミターとは、

「物質的存在も、知恵の完成も、全知者性も、頼りにしない」

ということなのです。

そのことを、ここでは、厳格な表現をします。そのために、ここでは、二つの言葉を使用しています。それは、「自性（本体）（注2）」と、「相（特徴）（注3）」の二つです。ただし、この二つの言葉を使わずに、私なりの表現を試みてみます。

「物質的存在も、知恵の完成も、全知者性も、本当はそのもの自身が存在しないのです。それらを捉まえようとしても、捉まえられたと思ったそのものが、実は存在しないのです」

ということです。

実は、般若経では、もっと厳格な表現が取られています。「捨てています」という言葉のことです。これは、「もともとないのです」という意味だと思います。

こういう表現の厳格さには、頭が下がります。でも、このしつこいばかりの厳格さに付き合おうとすると、こちらが疲れてしまいます。でも、般若経は、実に面白い。

注1　物質的存在とは、漢訳では「色」と訳します。現在では、「いろかたち」と訳したりする言葉です。この世の中にあるすべての「ものこと」を五つのものに集約できるとする、その第1番目のものです。

ここでは、「好きなもの、好きな人」としてみました。言葉の学術的説明よりははるかに「物質的存在」に迫っているると思います。

注2 「自性（本体）」とは、「そのもの自身」のことです。

注3 「相（特徴）」とは、「捉まえようとする時、捉まえたと思ったそのもの」のことです。

11 とても、般若経らしい表現

「またさらに、スブーティ長老は菩薩大士についてつぎのように言った。

『もし人が物質的存在を追求するならば、彼は（ものの）特徴（相）を追求している（にすぎない）のです。もし物質的存在の特徴を追求するならば、彼は特徴を追求しているのです。もし物質的存在はある特徴であるというように追求するならば、彼は特徴を追求しているのです。もし物質的存在の生起を追求するならば、彼は特徴を追求しているのです。もし物質的存在の消滅を追求するならば、彼は特徴を追求しているのです。もし物質的存在の破壊を追求するならば、彼は特徴を追求しているのです。もし物質的存在は空《くう》であるというように追求するならば、彼は特徴を追求しているのです。もし私は追求するといって追求するならば、彼は特徴を追求しているのです。もし私は菩薩であるといって追求するならば、彼は特徴を追求しているのです。つまり、私は菩薩であるという認識への道を、彼は追求しているにほかならないからです』」（『八千頌般若経Ⅰ』梶山雄一訳　18頁）

「『もし、シャーリプトラ長老よ、菩薩大士が物質的存在を追求せず、物質的存在の特徴を追求せず、物質的存在はある特徴であるといって追求せず、物質的存在の生起を追求せず、物質的存在の消滅を追求せず、物質的存在の破壊を追求せず、物質的存在は空であるといって追求せず、私は追求するといって追求せず、私は菩薩であるといって追求（しない）（中略）、またもし彼が、このように追求するものは知恵の完成への道を追求するのであり、知恵の完成を修習している、と考えないとしよう。（あると思っているもの・ことを追求しないというあり方で、追求することは、知恵の完成を修習してはいないのだと考えるべきです。）そのように追求する菩薩大士は、知恵の完成への道を追求しているのであります』」（『八千頌般若経Ⅰ』梶山雄一訳　19、20頁）

　とても、般若経らしい表現の箇所です。つまり、否定的表現がいい訳ではありません。それらもすべてここでは根こそぎ否定しています。ここは、詳しい解説はいたしません。般若経の醍醐味を味わってみて下さい。頭が痛くなるほど難しい表現ですが。

12 般若経「対話」

「そのとき、スブーティ長老は世尊につぎのように申し上げた。

『世尊よ、人はこう問うでありましょう。〈いったい、この幻のような人が全知者性を学び、全知者性に近づき、全知者性に向かって出ていくのであろうか〉と。このように問うている人に対して、どう教えたらよろしいでしょうか』

こう問われたとき、世尊はスブーティ長老につぎのようにお告げになった。

『それならば、スブーティよ、私はその点についてお前に反問しよう。お前が最もよいと思うように説明しなさい』

『よろしゅうございます、世尊よ』と言って、スブーティ長老は世尊に対して耳を傾けた。世尊はこう言われた。

『お前はどう思うか、スブーティよ、幻と物質的存在は別々のものなのか、幻と感覚は別々のものなのか、表象、意欲は（幻と）別なのか、そして幻と思惟は別々のものなのか』

スブーティは申し上げた。

『世尊よ、そうではございません。世尊よ、実に幻と物質的存在は別々ではありません。世尊よ、物質的存在は幻であり、幻は物質的存在と同じです。世尊よ、幻と感覚は別々のものではなく、表象も、意欲も別なのではありません。感覚、表象、意欲こそが、世尊よ、幻であり、幻こそが感覚、表象、意欲なのです。世尊よ、幻と思惟とは別々のものではありません。世尊よ、思惟こそが幻であり、幻こそが思惟なのです』

世尊は仰せられた。

『スブーティよ、このことをお前はどう思うか。菩薩というこの名前は、自己としてとりこまれた身心の五要素（五取蘊《しゅうん》）に与えられた名称、仮の名付け、ことばではないか』

こう言われて、スブーティ長老は世尊につぎのようにお答えした。

『そのとおりです、世尊よ。まことにそのとおりです、善く逝ける人（善逝《ぜんぜい》）よ。ですから、世尊よ、知恵の完成を学んでいる菩薩大士は、幻の人のごとくに、無上にして完全なさとりを求めて学ばねばなりません』」（『八千頌般若経Ⅰ』梶山雄一訳 24、25、26頁）

ここの所で、問題となっているのは、自分が知恵の完成を学ぶ菩薩として生きようとするときに、どのように生きようとするのか、そういうわが身に対する問いかけの厳しさです。その時に、普通私たちは、「菩薩」という言葉の意味をどのように捉えるのか、そういうことで、わが身に問いかけをしようとします。「菩薩」とは、「教えをとことん聞きにいく人」だから、私はそれをしっかりしているとか、まだまだ足りないとか、そういう具合に問いかけをしようとします。

しかし、ブッダは、最初に私たちが、その課題を考える時に、まず最初に、思い浮かべる言葉、すなわち「菩薩」という言葉そのものの曖昧さ、偽善性、空無性を指摘し、その時点で思い浮かんだ「言葉の意味」を基点にすることの無意味さを指摘します。

そして、その時、ブッダは、「菩薩」とは、「幻のような人」なんだと教え聞かせます。私たちは、その言葉に、ただただ戸惑うしかありません。

この「幻のような人」という表現の先進性について、私が理解できるはずありません。しかし、その大いなる意義の、表層のまたその上っ面だけでも言い表すことができたら、という思いで、以下述べてみます。

ここでは誰もが求めるもの、誰もがよく思い浮かべるものとして、この言葉を使って、迫ってみたいと思います。それは、「幸せ」、「幸福」という言葉です。

「幸せ」ということも、人によって、その意味が全く違います。それでも、それを求めるという点では、誰もが一致している、そういう言葉です。ある人は、自分の欲がかなえられた時感ずるものであったり、ある人は、取り立てて何もない時がそれを感ずる時であったりします。

ここで、「幸せは幻のようなものです」と言ってみます。

皆さんは、この言葉をどのように捉えられますか？ 多くの人が、幸せは幻のようにあるかないか分からないものなので、そんなものを求めるなんてことは、考えない方がよい、とか、幸せは幻のようにつかんだと思ったら、なくなってしまうようなものなのだから、真剣に求めない方がよい、というように思われるのでしょう。

▽ここ最近の10年ぐらいで、ますます顕著になっている傾向があります。日本で特にその傾向が認められます。

この傾向は、知性の危機にまでなだれ込んでいく、そういう性格のものです。

それは、言葉、特に、希望を持った言葉、積極的意味を持った言葉、いわゆるプラスの意味、価値を持った言葉が発せられると、その言葉を発した人間をけなすという傾向です。

例えば、平和、愛、自由、民主主義という言葉をどこかで見つけると、いっせいにそれをけなしにかかる、そういった動向が、今の日本には溢れています。この世界を覆っているインターネットの状況、その影響と考えることもできますが、さあそれだけでしょうか。

そういう人たちは、例えば、平和という言葉を聞いても、その言葉が、どのようにして生まれたのか、どのようにしてこの社会から認められる価値ある言葉となったのか、ということについて、本当に何も知らないのです(注)。そして、その上、少しでも知ろうというような、そういうことも思わないし、しようとしないのです。

そういう人たちは、今ある現状だけが、価値あるもので、その変更を迫ろうとするものを排撃して、今の自分を守ろうとするのです。インターネットの中では、同じことをしている人たちがたくさんいるので、自分たちは多数派だと勘違いして、ますます居丈高《いたけだか》な態度になるのです。正論をけなす論調で騒がしい社会の中では、何らの進歩も、経済の拡大も、何らの利益も得られないのですが、そのことに気が付こうともしないのです。

海外の人たちにとって、こんな御しやすい国家なり、集団はありません。外の人たちは、もっとやれもっとやれと内心は思っているのです。個人所得の増加率で、先進国の中で、日本だけが取り残されています。このことの大きな要因は、日本に蔓延している、けなす論調なのではないかと思います。

そういう状況の中で、仏教の教えの本質に迫ろうとするのは、本当に困難なことだと言わざるを得ません。

もう一度、「幸せは幻のようなものです」という言葉に迫ってみたいと思います。

まず、ここで言う「幸せ」は、先に述べたような茶化される、そういう時に使われる言葉ではありません。ある人にとって、自分が本当に求めているもの、そういうものとしての「幸せ」という言葉です。

もう一つ大事なことがあります。それは、「幻のような人」という言葉は、知らない誰かが言われた言葉ではないということです。誰か分からない人が、不特定多数の人に向かって言われた言葉ではないということです。

このことは、特に強調しておかなければならないことです。

お釈迦さまが言われた言葉です。お釈迦さまが、特定のある人に向かって言われた言葉なのです。その特定のある人とは、「菩薩」であろうとする人のことです。菩薩とは、悟りに向かう人、悟りに向かう道を歩んでいる人、悟りに結びついている人のことです。

本当に「幸せ」というものを求めている人に対して、お釈迦さまが、それを完璧に成就させるために、発せられる言葉なのです。

貧弱なものだとは思いますが、私の理解をお話ししたいと思います。

本当の「幸せ」とは、これこれであってよかった、というものではありません。本当の「幸せ」とは、求め求め、求め続けるものであるというようなものではありません。本当の「幸せ」とは、完全なる究極なる「幸せ」を獲得する、そういうものではありません。

本当の「幸せ」とは、立ち止まらず淡淡と、自分の向くべき方向に向かい続ける、というものなのです。

「幸せは幻のようである」というのは、こういうことではないかと思います。理解が、非常に不十分で、浅いとは思いますが。

この、12の所で、もう一つ重要なことがあります。それは、ここでは、お弟子さん（スブーティ）とお釈迦さまが、言葉のやり取り、対話をして話が進んでいるということです。それによって、話の内容が理解しやすくなっています。しかも、話の内容が、次第に深くなっていくということです。

ここを読むと、般若経の奥深さの源泉、奥深さの情景が、浮かび上がって来るような気がします。

つまり、「対話」の中から、般若経は形作られたということが、分かってくるような気がします。

注　平和という言葉は、どういう時に生まれてくるのか、考えてみたいと思います。この言葉は、安穏に暮らしている人の中からは絶対に生まれてはきません。自分の周りの人たちが殺される、殺されそうな時、自分が殺されそうな時、そういう時に、こんなのは厭だ、俺は、平和（ピース）を求める、と言って、「平和」と叫ぶ、そういう言葉だと思います。

参照文献

『大乗仏典2　八千頌般若経Ⅰ』梶山雄一訳　中央公論社　１９７４年
『大乗仏典3　八千頌般若経Ⅱ』梶山雄一訳　中央公論社　１９７４年

★13《創作》【バールフットの仏塔での出来事】

以下、私の推測でその当時の有り様を描いてみましょう。私の完全な創作（フィクション）です。（▽から△までの部分）

▽ここは、バールフット仏塔です。現在、最も優美な石の彫刻が残っている、仏教の遺跡です。そういうものの中で、最も古い時代のものです。

場所は、インド中部のバーラーナシー地方から、インド南西部のアラビア海沿岸部へ向かう通商路の途中にあります。詳しく言いますと、中インドと、西南インドを結ぶ通商路（ハイウェイ）の、全体からすると中インド寄りの所にあります。バールフット仏塔と言います。

時は、紀元前100年頃。そこに、年の頃30歳ぐらいの若いお坊さんがいました。仲間と共に、常に真面目に日々の勤めを果たしていました。

バールフット仏塔は、大きな通商路の中継地点に位置していたので、多くの商人たちが、行き来していました。

バールフット仏塔から北へ少し行った所にある村の中に、商人宿がありました。そこには、多くの商人が集まり、異国の話で盛り上がっていたことでしょう。コイン、黄金が行き来し、南西からやって来た商人は、大海に浮かぶ巨大な船の話をしていました。北東からやって来た商人は、他国の人を見つけると、このインドという国の豊かさを自慢していました。ここは、インド人たちだけでなく、他国の商人も足を踏み入れ商売をしたくなる、魅力に溢れた交易ルートなのです。そして、バールフットは、その交易ルートの中間地点に当たるのです。

ここは、ただ商人が集まる場所というのではありません。仏塔のある場所は、ルートからは必ず見つけることのできる、小高い丘の陰にあるのです。ここには、この地域を支配していた王国（注）が、通行料を取り、安全と数々の便宜を提供するための砦が置かれていました。兵の数で言うと、平時で300人ぐらい、かなり大掛かりな砦でした。

中インドのアラハバード（コーサンビー）と、西南インドのウッジャイン（サンチー）との間を、連絡兵（騎馬兵）が絶えず行き来していました。その騎馬兵に従う従卒の話は、とても面白いものでした。若き従卒も、行ったことも見たこともなかったのですが、南の海の話、北の方であった戦いの話など、あることないこと、フイて回っていました。

バールフット仏塔の南の小高い大きな丘の上に、見張所がありました。そこから見ると、幅20キロほどのハイウェイ（交易ルート）の端まで見わたすことができました。その逆に、このハイウェイのどこを通っていても、この小高い丘は見えるのです。交通の要衝でした。

砦はこの丘の北側の麓、小さな丘との間にありました。

バールフット仏塔、僧院は、この砦の域内にありました。砦の周囲は、木でできた柵、その内側には、木でできた高さ4メートルほどの塀がありました。

ここは、インドの中で、非常に興味深い場所だったのです。なぜなら、お坊さんたちの周囲には多くの人たちが集まっていたからです。お金持ちの商人、世界各地の情報というか、うわさ話、異国の旅人（商人）、話し好きな兵隊たち、王国の高位の役人、実際に軍隊を動かす将軍、仏教の修行のために各地の僧院を訪ね歩くお坊さんたち、聖地を巡礼するバラモンたち、これらの人々が、非常に身近な所に溢れていたのです。

そして、北東、中インド方面へは、亜麻布、ガラス器、銅器、錫、金、貨幣、珊瑚、高貴な衣服、槍、斧、短刀、少量の葡萄酒が、馬や荷車に積まれて運ばれていきました。その中の貴重な品々は、アラビア、エジプトで生産されたものでした。

南西、アラビア海方面には、木綿布、生糸、絹織物、象牙、碼碯、サファイア、香料が、運ばれていました。

まさに溢れる商品でむせかえらんばかりでした。


バールフット仏塔の北の小さな丘の所に、僧院がありました。正方形の広場の周囲に、コの字状に、10棟余りの住居用建物が並んでいました。そこには100人ほどのお坊さんたちが暮らしていました。未成年の見習いのお坊さんが50人ほど、高齢のお坊さんが10人ほど、壮年僧が15人ほど、青年僧が25人ほど、共同生活をしていました。コの字の開いているのが、入り口です。方角は、南になります。入り口を入って、正面の中央の棟（僧房）は、僧院長の僧房です。他の棟より少し大きな建物です。部屋を入って、奥に僧院長のベッドがあります。その両脇には、青壮年僧のベッドがあります。入り口の両側には低い床がしつらえてあります。そこは、見習い僧の寝床であり、居住の場所です。他の棟には、正面奥に指導僧のベッド、両脇に青壮年僧のベッド、入り口両側に見習い僧の居住場所があります。

ここの僧院長は、この僧院の最終的な決定権を持っています。と言っても、どんなことも自分で決めることができる、というのとは違います。僧院長の役目は、この僧院の総意の確認をするということです。最も大事なことは、僧院長は、この僧院の中で最も尊敬されているということです。

他の僧房には、1人の指導僧がいます。その他に2、3人の青壮年僧、4、5、6人の見習い僧がいます。指導僧は、仏教の経典の暗誦《あんじゅ》ができ、その経典の講義ができる、そういうお坊さんしかなれません。

このバールフットの僧院は、学校であり、学院であり、修行の場、道場であり、一般の人々に教えを説く場所であり、要望に応える寺院でもありました。盛衰はあるにはありましたが、200年にわたって、このような雰囲気を保っていました。

そして、この僧院の実際に機能する場所が、バールフット仏塔であったのです。

そこに、1人の青年僧がいました。名前を「法上」と言います。彼は、その僧院に5歳の時に預けられ、そこで育てられ、見習い僧になり、20歳になって正式の僧侶（比丘）になったのです。法上という名前は、正式の僧侶（比丘）になった時に、僧院長につけてもらった名前です。あなたの頭の上にはいつも仏教の教え（法）があるように、という意味をもってつけられました。

見習い僧の時、経典の暗誦、経典の学習に秀でていました。それで、法上という名前をもらいました。それからも、さらに熱心に、仏教の修習に努めました。

30歳になった時には、僧院の中で一番多くの経典の暗誦ができるようになっていました。彼がそのようになったのには理由がありました。小さい時から周りには、素晴らしい先輩たちがいました。仏教の教えは、なぜそのように教えられるのか、と尋ねると、必ず先輩たちから納得のできる答えが帰ってきました。僧院の指導僧たちのレベルが高かったことも幸運であったのでしょう。次から次へと経典を訪ねていくことが、楽しくて仕方がなかったのです。

僧院の中で、聞き、触れることのできる、すべての経典を習得できるようになった時、彼には、次のような思いが湧いてきました。

「今まで聞いて触れた経典の中に、本当のお釈迦さまの教えがあるのであろうか？　お釈迦さまの本当の教えを私は学べているのだろうか？」

そのことを、先輩の僧侶の皆さん、仲間の僧侶たちに尋ねてみました。

そうすると、僧侶たちは、

「そんなことは、今まで考えたこともありません。今まで、自分たちが学習してきたものの中に、お釈迦さまの教えがあるものだと思っていました。あなたのようなことを、疑問に持った人に会ったこともありません。しかし、あなたの考えは、素晴らしいことだと思います。しかし、これ以上、どうしたら、その疑問が晴らせるようになるのかは、分かりません。」

そこで、彼は、僧院長に尋ねてみました。

僧院長は言いました。

「ここで今まで研鑽してきた経典に対する知識を、さらに再点検するのも一つの方法だと思いますよ。もう一つの方法は、各地の僧院を訪ねていって、より多くの経典に触れることです。その上で、学識のある先生を探して、直接質問すべきだと思いますよ。」

法上比丘は、僧院長に、外の世界に出て、さらなる研鑽を積んでみたいという思いを打ち明けました。僧院長と彼とは、親子以上の絆がありました。比丘にとって、僧院長は、父親以上の存在であったのです。小さい時から育ててもらい、学問も、世の中の道理も教えてもらい、生活の隅々にまで僧院長の愛情は注がれていたのです。

僧院長は、僧院を訪ねてくるお坊さまがあると、僧院の皆に紹介して、自由な質疑応答をさせ、必ず最後には、法上比丘に何か聞きたいことはないのか、と質問を促しました。これは、僧院のすべてのお坊さんにしておられたことですが、特に、年の若いお坊さんには、いつも気を配っておられたということです。

法上比丘は、この僧院での修行の素晴らしさに感謝しながらも、外の世界に出てみたい思いの強さを訴えました。僧院長は、彼の意志を尊重して、まず最初は、サンチーの僧院へ行き、そこで自分の足りない学識を補い、さらなる研鑽を積むべきだと、勧めました。そして、さらにそこをも出て、外に出たいという意志がしっかりした時には、そこから外へ出て行くバックアップをしてもらえるように、あらかじめ、サンチーの僧院長に依頼しておきました。そして、自分の思いが果たされた時は、必ず、バールフットの僧院に戻ってくるように、それだけは必ず約束を守るようにと厳命しておきました。

法上比丘は、僧院から外へ出るのは、初めてのことでした。うきうきする思いと同時に、これからの出会いがどういうものであるのか、緊張というか、気が引き締まる思いでした。

サンチーの僧院は、全体でいうと、バールフットの僧院に比べて、5倍ぐらいの規模です。500人ぐらいのお坊さんがいました。その当時のインド最大の仏教センターでした。

サンチーの仏塔は、ベドゥーサの町（アショカ王の時代頃からの、この地方の中心都市）から歩いて10分ほど西にある、小高い丘の上にありました。丘の最も高い所に、最も大きな仏塔がありました。その仏塔の南に一つの僧院、西の少し低くなった平坦な所にもう一つの僧院、その丘の東の麓に、二つか、三つの僧院がありました。

法上比丘は、西の僧院に客僧として所属していました。西の僧院は、サンチーの僧院の中で、最も学問に優れた僧侶が集まっている僧院でした。サンチーの僧院は、バールフットの僧院から見て、兄弟のような関係にある僧院なのでした。ただし、サンチーは、バールフットより世俗に深い結びつきを持っていました。個人的な病気の平癒から始まって、雨乞いの祈祷まで、さまざまな願望に応える、読経などの儀式を行っていました。バールフットよりも、公然と、恒常的に行われていました。

法上比丘は、そこで、今まで知らなかった経典に触れることができました。経典に対する見識は、はるかに、広く深くなっていきました。経典の中の、ある文章が、古いものなのか、新しいものであるのかを判断する感覚、能力は、ますます鋭く、大きくなっていきました。サンチーへ来て、彼にとって、とても大きな出来事がありました。それは、自分と同じように考えていた人たちとの出会いです。

「お釈迦さまの教えを自分たちは歩んでいるのだろうか？お釈迦さまの本来の教えとは一体何なんだろうか？お釈迦さまの教えに、自分たちは、必ず辿り着けるはずだ。それをするには、どうしたらいいのか？」

このようなことを考えておられた、数は少ないけれど、真面目な僧侶たちと出会いました。彼にとってこれほどの喜びはありませんでした。それからは、それらの人々を心からの同志と思い、思索、探求の速度は、加速度的に速くなっていきました。同志として出会ったのは、指導僧の1人と、同年代の修行僧3人の、自分も入れて計5人でした。そして、その5人で出した結論は、お釈迦さまの使われた言葉、「プラジュニャー（知恵）」という言葉が、非常に重みのある言葉だということです。このサンチーで、彼は3年ほどを過ごしました。

彼がここで出した結論が、仏教全体として妥当なものであるのかを見極めるために、各地の僧院を訪ねていくことでした。

彼は、中央インドから西北インドにかけて訪ねていくことにしました。同志の1人は、南インドへ行ってくれることになりました。

中央インドの王国の代々の首都、パータリプトラ（パトナ）へ行き、王権の近くにいる教団の雰囲気を感ずることができました。それは世俗での評価を、無意識のうちに気にする、そういう雰囲気のことです。そこでも、自分たちと同じようなことを考えていた僧侶たちに出会うことができました。ここでは、人数的には結構多かったのです。パータリプトラ近郊の僧院を訪ね回ると、50人ほどになりました。そして、3年後にサンチーで再会することと、この動きの同志を募ることを、誓い合いました。

法上比丘は、その後、マトゥラー（デリーの南、アグラの北）へ向かいました。マトゥラーは、サンチーと同じような状況にありました。自分たちの考えを披瀝すると、高位のお坊さんたちも関心を持ってくれ、支援してくれるお坊さんが、思いもよらず多かったのです。30人ぐらいのお坊さんたちが同志となりました。同じように誓いをしてから、次は、タキシラ（現在のパキスタンの首都イスラマバードの西）へ向かいました。

ここでは、自分の考えに賛同してくれるお坊さんは全くいませんでした。ここでの状況は、他の地域とは全く違っていたのです。ここでは、西方からやって来る遊牧民たちによって、支配者が次々に変わるのです。まさに教団が絶やされるのか、存続できるのか、そういう、択一《たくいつ》の世界でした。彼は、その厳しい状況にも、うろたえることはありませんでした。それどころか、彼にとって興味深い所がたくさんあって、身の危険を感じながらも、東奔西走しました。異国の宗教、祭官、今まで出会ったことのない牧畜のみを生業にする民族、はるか西方からもたらされる文化、どれもこれも、興味は尽きませんでした。

西方の宗教に直接触れながらも、それにしっかり対応している仏教の姿に、頼もしさをも感じたのでした。仏教という教えは、どの宗教よりも奥が深く、全くレベルの異なるものだという印象を、その時、持ちました。

そして、西方の異国の宗教の歯切れのよさに、衝撃を覚えました。善と悪をはっきり分ける考え方、神と悪魔をはっきり分ける考え方、そういったものの考え方は、一般の人々を巻き込むには、格段に優れたものだということは、理解できました。

この西北インドでは、同志になってもらえるお坊さんはいませんでした。しかし、この地域には、真剣に仏教に学び、取り組んでいる多くのお坊さんたちがおられました。小高い丘の頂上付近にあった僧院、大きな谷の奥にある町の外れにある僧院、ここでは、長く滞在させてもらいました。同志になる約束はしてもらえませんでしたが、法上比丘の言わんとする趣旨も理解してもらえました。親友という感じのお坊さま方に出会えたことは、彼にとって最高の経験でした。

彼は、一旦、マトゥラーに戻り、それから、南へ向かい、最短距離でサンチーへ向かいました。彼は、マトゥラーの僧院の一人の僧院長から、「パーラミター」という言葉は面白い言葉だということを教えてもらいました。「『パーラミター』という言葉は、お釈迦さまが仰った言葉なのかもしれません。お釈迦さまが目覚められた（ブッダになられた）、その目覚めに私たちが向かおうとする時に、私たちに対して、最も厳しい励ましになる言葉となることでしょう。」

彼はそれを口ずさんでいるうちに、この言葉が、自分たちの新しい動きを表し、この動きを進める働きのある言葉であると確信を持ちました。

サンチーへ戻って、各地から集まった同志たちと、「プラジュニャー・パーラミター（般若波羅蜜）」という言葉で、これから進んでいこうという、大結論を得て、それから、同志を集めることと、その動きを、各個人の所で、進めていくことを決意しました。その後、それぞれの所属していた僧院に戻りました。個々人の繋がりは深いものがありましたが、活動は組織的というのとは全く正反対の動きをしていくことになっていきます。

法上比丘もバールフットの僧院に戻り、僧院長から、指導僧として一つの僧房を任されました。彼は、僧院では、後進の教育、指導に当たり、対外的には、バールフット仏塔で最も信頼される修行僧（比丘）として、法話、読経をして、自らの「プラジュニャー・パーラミター」

にひたすら寄り添い精進したのでした。

彼は、プラジュニャー・パーラミター（知恵の完成）となるべく修行、思索を深めるうちに、一つの選びをすることになります。

それは、今の自分の生き方は、「法上比丘」なのか、「法上菩薩」なのか、という問題なのです。「比丘」というのは、出家修行僧のことです。お釈迦さま存命中から、与えられた戒律を守ることが務めとなっています。お釈迦さまの直接のお弟子さん方は、比丘です。

「菩薩」というのは、一般人のことです。仏教に心を掛けている人のことを言います。結論を言いますと、彼は、自分のことを、「法上菩薩」と名告るようになりました。このように名告るようになった、最も大きな理由は、お釈迦さまにありました。お釈迦さまが目覚められた（ブッダになられた）、その前は、お釈迦さまは比丘であったのか菩薩であったのか、という問題です。

こういう考え方は、それまで誰もしたことがない考え方だったのです。このように考えれば、お釈迦さまが目覚められる前に誰かから戒律を授けられてそれを守ったなんてことは有り得ないので、結論は、菩薩であったということになります。それ以後、法上菩薩の結論を聞いた同志たちは、その意見を承認し、自らを「菩薩」と名告るようになりました。

それからも、法上菩薩は、指導的、先駆的に活動しました。しかし、彼は2回ほどのインド全土の僧院への訪問の旅の後は、バールフットで僧院生活を続け、そこで生涯を終えました。彼は自らのことを菩薩と名告りながら、実際の生活は比丘としての生活を選んだのでした。△

注　バールフット仏塔の東門の南側に当たる支柱に碑文があります。それは、つぎのように読めます。「シュンガ朝の治世に、ダナブーティによって塔門が造営され、石造物（石彫）が寄進された。」石彫は、西紀前180年頃から前68年頃のものとみなされています。（『原始仏教美術図典』より）

14　もう一度、プラジュニャー・パーラミターとは？

初期大乗仏教の経典（大乗という言葉を使いたくないのですが、それに代わる言葉がないので、この初期大乗仏教の経典という時だけ使います）が生み出される動機は、一言で言えば、「お釈迦さまの教えって、一体、何だったのだろうか」という疑問でした。

その当時の仏教を信奉しているグループは、出家生活の軌範についての意見の相違から幾つかのグループに分かれていました。そして、そのグループの中には、王権（アショカ王）の近くにいたいグループと、王権に近づきたくないというグループがありました。それらの各グループの内部には、自分たちの先生から教えられた教えの中に、お釈迦さまが生きておられる息吹が感じられないと思う若い出家僧たちがいたのだと思います。どのグループの中にもおられたのだと思います（注1）。

その当時の、教えを表す言葉の学習が、次第に空しく感じられるようになっていたのです。たぶん何世代にもわたって、そういうことになっていったのだと思います。そして、彼らは、やっと、やっとの思いで、ある一つの言葉に辿り着くのです。それは、「プラジュニャー・パーラミター（般若波羅蜜）」という言葉でした（注2）。

「プラジュニャー（知恵）」という言葉の持つ意味は、分からないことをそのままにせず、分からないことにこちらからアプローチして、知ろうとすることです。

「パーラミター（波羅蜜）」とは、梶山雄一先生は、「パーラミター（paramita）は、『最高の』を意味する形容詞 parama から派生する語 parami- に、状態をあらわす接尾辞 ta が加わった抽象名詞で、『極致、完成』を意味する。」（『大乗仏典3　八千頌般若経Ⅱ』梶山雄一　中央公論社　1975年　402頁）と仰っておられます（注3）。

この言葉は、自分が修行者であるという自覚を最初に求めます。そして、私もお釈迦さまのように覚りを得て、仏陀になりたいという強い気持ちを、さらに求めます。この決意、気持ちが定まれば定まるほど、そうなっていく手掛かりがどこにもないことに気づくのです。最初期の般若経の中にある常啼菩薩の物語は、その有り様を正確に描写しています。どこにプラジュニャー・パーラミターがあるのか？　どこでプラジュニャー・パーラミターが説かれているのか？　誰がプラジュニャー・パーラミターを説いているのか？　と言って、泣き叫ぶ、絶望の姿です。でも、尊い尊い、絶望の姿です。

注1　法顕の旅行記の中の、「小乗の寺、大乗の寺、大乗小乗の寺」によります。この書は、紀元後4、5世紀頃の中央アジア、インド世界の仏教寺院を、この3種類に分けて記述しています。小乗仏教の経典を主に扱う修行僧の住む寺院、大乗仏教の経典を主に扱う修行僧の住む寺院、両者を扱う修行僧の住む寺院の三つです。法顕の言う「小乗の寺、大乗の寺、大乗小乗の寺」は、そういう意味であると思います。つまり、小乗、大乗というのは、厳格に分けられているのではないということです。寺院には、いろいろな修行僧が活動していたということです。

注2　お釈迦さまも「プラジュニャー（知恵）」という言葉は使っておられました。「パーラミター（完成）」という言葉は使っておられなかったです。しかし、「パーラミ（奥義に精通していること）」という言葉を使っておられたかは、あまりはっきりはしませんが、スッタニパータの古い部分にあります。ただし、この語は、元は、バラモン教において、ヴェーダの奥義に達していることを表す言葉でした。（スッタニパータ　第5章　1018、1020）（『ブッダのことば』中村元　414頁）

注3　「パーラミター（波羅蜜）」の意味は、古来から、「到彼岸」と解釈されることが多いです。彼岸、覚りの世界に至ること、の意味とします。そして、覚りの世界に向かう修行もそれに含めます。

しかし、先に書きましたように、元の意味は、違っています。古来からの解釈でも、間違いとは言いませんが、それでは、「プラジュニャー・パーラミター」の原意を損なっているかもしれません。

「パーラミター（波羅蜜）」とは、極致であること、極致であろうとすること、極致そのものであること、という意味で捉えたいと思います。極致であることをどこまでも求めていくこと、そして、どこまでも極致であろうとすること、そして、極致であろうとすることが成し遂げられるということです。

第5章　初期大乗仏教経典成立期　議論する　錬成する

第1節　とき、ところ、ひと、比丘と菩薩、出家と居士、刺激、場所、人々、異なる文化、ブッダとの距離、ストゥーパとの距離

《随想》ここでは、私の妄想の、しっちゃかめっちゃかな所を、そのまま、ここに出してみ

ます。軽く、自由に、思いを馳せることは、「あり」なんだと思います。

〈とき〉私は、今、2020年5月3日17時24分、ここにいます。今から2400年前には、お釈迦さまは生きていました。今から2000年前には、ある一つのことにこだわって、苦闘していた人たちがいました。

人間の営みが、言葉によって記されるようになってから、6000年（メソポタミア）、5200年（エジプト）、3600年（中国）、2750年（イタリア）、1600年（日本）経っています。

〈ところ〉私は、地球の表面の、日本という国の中の、岐阜というところで、暮らしています。コロナウイルスのおかげで、人間はみんな一つの地球の上に、暮らしていることが分かってきました。こんなことは人類史上、初めてのことです。昔は、一生、村の中から外へ出ないのが当たり前でした。でも、お釈迦さまも、その当時のインドのバラモンたちも、村から村へと歩いていました。

〈ひと〉私は、日本人です。肌の色は、黄色っぽいです。白っぽい人も、黒っぽい人も、背が低い人も、高い人も、いろんな人が地球上にはいます。

〈比丘と菩薩〉自分のいる場所にこだわる人がいます。比丘とはそういうものです。

自分の理想にこだわる人がいます。菩薩さんとはそういうものでしょう。

そして、そのどちらでもない人がいます。ほとんどがそういう人たちです。

〈出家と居士〉理想を達成するには、環境を変えることから始める人がいます。今ある環境でこそ、理想は達成できるとする人がいます。理想そのものも、実は、いろいろなんです。

〈刺激〉刺激を求める人がいます。求めるのでなく、刺激を感ずるのがよいという人がいます。刺激をシャットアウトして生きるのがよいという人もいます。でも、刺激そのものがないということはありません。

〈場所〉ほとんどすべての人が、自分の場所で生きています。

たった一人の人だけが、場所で生きてはいませんでした。それは、お釈迦さまでした。

〈人々〉私たちは、人々ということで、考えるのが好きです。でも、私たちは、一人なんです。

〈異なる文化〉進んでいることを実感するのは、自分と違ったものが見えた時です。すぐ隣にも、異なる文化があるのに、あまり見ようとしません。自分から遠くに暮らしている人は、自分と違って当たり前です。

〈ブッダとの距離〉これを感じている人は、ブッダに近づいていくのです。感じてない人は、少しも親しくなれないのです。

〈ストゥーパとの距離〉みんな、これを感じることはありません。ゆだねて、安らぐ所。もしこんな所を持っていたら、幸せだと感ずるような所。みんながあったらよいのにと思うような所。昔のストゥーパ（仏塔）はそういう所だったのでしょう。

持っている人もいろいろなんです。誰にも見つからないように隠している人。こぢんまりと抱えている人。太鼓をどんどん打って、羨ましいだろうぐらいの勢いのある人。

2200年以上前から、修行僧も、一般の仏教徒もみんなが頼りにした場所、仏塔（ストゥーパ）。安らぎと教えが満ちあふれていた場所。

ある時、ある人にとって、そこは、全く違った場所になってしまったのです。

ある時、「仏教の本当の流れ」ということを、頭の片隅に浮かべるようになってしまったら、そのことがよくは分からなくても、それまでいた場所が変わったように感じるのです。今、自分の中にある幸せに浸っていることができなくなってしまいます。

そうではなく、お釈迦さまからの流れ、流れを感じると、お釈迦さまに近くなったような、こそっと微笑みを浮かべるような、そんなことが起こるのです。

100人中100人の人が、その人のことをそれでよいと評価する、そういう人がおられます。ひたすら修行に打ちこむ、完璧な修行僧がおられます。さらには、教理に明るく、美徳を備えた素晴らしい人がおられます。

そういう人に向かって、仏教は、ひどい言葉を浴びせかけます。

「あなたの仏教は、ダメだ。」と言ってしまいます。

「そんなものは、仏教ではない。」と言ってしまいます。

仏教は、ひどく残酷なのです。

でも、それは究極の温かさなのです。

その温かさを受け止めた人がおられました。その人の前には、「道」があります。そこには、確かな踏み心地の「大地」があります。そして、そこを歩んでいく、という「理想」があります。

しかし、そのことは、決して、言葉に出しませんでした。それどころか、心の片隅に留めることさえ、拒絶したのです。

なぜなら、それをすると、その場所に安住してしまうからなのです。その場所に立ち止まってしまうからなのです。

第2節　それぞれの激闘
その闘い（戦い）方

この節では、般若経、般舟三昧経、無量寿経、華厳経、維摩経、法華経の六つの経典を取り上げています。いずれも、代表的な、初期大乗仏教経典です。それぞれが、厳しい苦闘を経て、経典にまでなることができた、素晴らしいものです。ここでは、そのそれぞれの苦闘を掘り起こしていきたいと思います。

そのためには、各経典の成立についての、「年代、場所、誰が」の、ある程度の特定が必要になります。以下に書きました、年代などは、私の推定によるものです。

これらの参考になるもので、手に入れることのできるものは、だいたい見ました。この本の主旨は、「流れの意識化」です。成立に関する論考ではありません。ここでは、私が、なぜそういう推定をするようになったのかについて、詳しく説明することはしていません。でも、その論拠の核になるものは、しっかり取り上げました。

経典の成立について、「般若経は、紀元前後に、南インドで成立しました」というような表現が、仏教の歴史について書かれてあるものに、よく言われています。

しかし、私が関心があるのは、そういうことではありません。次のようなことです。どういう人たちが、どういう思いで般若経を作る動きを始めたのか。それはいつ頃、どこでなのか。その動きは、どのようになっていったのか。そして、最終的に経典として確定されたのは、いつ、どこで、どういう人たちによってなのか、ということです。

「経典の成立」という言葉を次のように厳格に使いたいのです。意図を持って作られてきた著述が、固定されるようになって、しかもそのことが、その著述を伝持している人々が、共通のものとして意識されるようになり、その後、そのものを、スートラと呼ぶようになった、その時を、「経典の成立」と名付けたいと思います。

ですから、経典の話をする時には、私は、「経典の成立」までの100年間、200年間、400年間の話をします。それを持って、経典の成立の話とします。

1　般若経《はんにゃきょう》

(1)　新しく経典を作る

その名前は、般若経。

般若経は、大乗仏教の経典の中で、最も早く出来上がったものです。般若経ができる最初のきっかけの、それ以前に、新しい経典の作成が黙認される、静かな同意が形成されていく時間が必要でした。

その辺りの事情については、本書「第3章　第2節　**教えを伝えるということ　教えが伝わるということ**」を参照して下さい。

初期の般若経を作った人たちは、真面目な、どちらかと言えば若いお坊さんたちでした。

この般若経が出来上がるということは、仏教の流れにとって、画期的な出来事でした。

私はこのことを、仏教の流れがどこにあるのか分からなくなった人が、その流れを感じ取って、それを少しずつ捉まえようとして、そして、経典にまでそれをしたのだと、理解しています。このことについては、現代でも違った見解を持つ人たちがおられます。お釈迦さまがどんなことを仰ったのか、何をされたのか、という視点で見れば、はっきりするのですが。ただ、ここで大事なことは、お釈迦さまが仰ったと伝えられていることと、本当に仰ったこととは、ある距離があるのではないかとする視点に立てるのか、立てないのか、ということなのです。

最初期の般若経、『八千頌般若経』（漢訳でいうと『道行般若経』）にある常啼菩薩の話を元にして、どのようなことが、実際にあったのかの話をします。（以下の「」内は、梶山雄一先生の『八千頌般若経』訳の要約です。）

「彼は空中から声を聞いたのである。『……お前は東のほうへ行きなさい。そこでお前は知恵の完成を聞くであろう。……』」（313頁）

ボサツ（この物語の主人公、常啼菩薩のことです）が、教えを求めての旅に出るきっかけは、空中からの声でした。その声が誰の声かということは、何も書かれていません。

このことから、ボサツは、誰かから命じられて、求道の旅に出たのではないということが分かります。自分の中から湧き上がってきた激情、確固たる意志を持って、旅を始めたのです。彼は、どこまで行ったらよいのか、分からなくて、その場に立ちつくし、泣き叫び、悲しみ、嘆きました。いつになったら、知恵の完成を聞くことになるのか、このこと以外、何も考えられなくなりました。

その時、彼の目の前に、如来が姿を現し、彼のことを誉め称えました。

「善いかな。善いかな。過去の素晴らしき如来たちも、あなたと同じように、知恵の完成をたずね求めたのです。だから、あなたは、この意力、熱情を持ち続けて、東の方向へ行きなさい。」

(317頁)

ここでは、誰のものか分からない、ただの声ではありません。如来が姿を現して、彼を称えるのです。彼の中の意志が仏教の本流のど真ん中にあるという、核心の中に彼はいるのです。

この如来、すなわち、ブッダが姿を現し、そのブッダと言葉を交わす、このことが、ものすごく重大なことだと、私は思います。最初期の般若経の中に、こういう記述があることを、記憶のどこかに留めておいて下さい。

そして、如来は、
「ここから五百ヨージャナへだたったところに、ガンダヴァティーという七宝から成る都市がある。そこには、……七重の濠……七重のターラ樹……があり、蓮池には、青、黄、赤、白い蓮の花があり、青く輝き、黄色に輝き、赤く輝き、白く輝いている。……そこにはガチョウ、ツル、……オシドリがさえずっている。……ただ（それらは）、かの有情たちの過去の行為の果報として出現したものである。」（318頁〜）

ここのガンダヴァティーという都市の表現は、『阿弥陀経』の極楽世界の描写と酷似しています。

教えがあるところは、仏塔のある寺院でもありません。修行がしやすい人里離れた僧院でもありませんでした。たくさんの人々が暮らす大都市なのでした。

ここで分かることは、最初に新しく作ろうとした経典、般若経を作った人たちは、その当時存在した、大ストゥーパに巣くう僧侶集団とか、山岳地帯に建設された近代的僧院には、全く興味を示していないということです。たくさんの人が雑多に暮らす都市にこそ、自分たちの求める教えがあるんだ、という確信があったようです。

ただ、ここで確認しておきたいことは、それらのその当時隆盛を誇っていた僧侶集団に対して、反発して敵対的態度を取るという形跡が、全くないことです。興味がない、というのが最も正確な表現なのだと思います。そして、その逆に、相手から、敵対的行動を取られたという形跡もないことです。邪魔されたということも起こってはいないんじゃないかと思われます。

こういうことの確認は、非常に大事なことだと思います。反発しながら、傷つけあいながら、成長していくということは、有り得ないと私は思うからです。当然、そうは思わない人たちがおられるのも承知しています。

「その都市の中央に、ダルモードガタというボサツの大邸宅があり、七宝でき、きらびやかで美しく、七重の壁、七重のターラ樹の並木に取り囲まれている。」(320頁)

「日に三回、智慧の完成を講義するのである。人々は、市の四つ辻の中央にダルモードガタというボサツの座席を設ける。……」(321頁)

ダルモードガタというボサツは、出家修行僧ではありません。大都市に住み、大邸宅に住む、大富豪です。「従者にとりまかれ、6万8千人の婦人とともに、五欲を満喫する」といわれています。

最初に新しく作ろうとした経典、般若経を作った人たちは、出家修行僧の中には興味がありませんでした。新しい動きをしていた人々は、大僧院に住む修行僧たちのことに関わる必要性を感じていなかったのです。

でも、みんな、仏教徒なのです。仏教徒が、仏教徒に興味を示さないのです。これが、どれほど彼ら(新しい動きをしていた人々)の決心が深いものであったのか、を表しています。その真剣さ、深刻さに心打たれ、私は身震いします。

救いは、都市に住む富豪の中で、仏教を支援し、しかも、教理に関心を持つ一握りの人たちでした。

一般大衆の支援はほとんどなかったと思います。そのことを表している描写があります。

「ボサツは、『私は、どのような供養の品をもって、ダルモードガタというボサツを訪ねたらよいのであろうか。私は貧しい。』と言って、旅を続けた。」(329頁)

自分を支援してくれるのは、ほんのわずかの人たちであったことが分かります。

「ボサツは、自分の身体を売って供養の品を買おうとしますが、誰も自分の身体を買おうという人はいません。泣き、涙を流しました。」（331頁）

「そして、買おうと言う人が現れましたが、彼は、『私は、人間の身体はいらない。心臓、血液、骨、髄が欲しいのです』と言いました。

そこで、彼は、鋭利な刃物を手にとり、右胸に突き刺し、血をほとばしらせた。また、右の太ももに突き刺し、肉をそいだのち、身を断ち切るために壁の土台に近づいたのである。」（332、333頁）

命をかける。実際に命を投げ出す人もあったのだと思います。

こういう描写を、比喩的に捉えて、そのくらい真剣に、とかいう人がいますが、私はそのように考えたくありません。自分の身体に刃物を突き刺し、命を投げ出し、命を終えた人がおられたのだと思います。

仏教、お釈迦さまの教えでは、その人自身の意志に基づく行動について、「その行いはしてはならないことです」とは、決して言いません。「すべきことである」とも言いません。自殺、自死すら、その行動を否定的に見ることも、肯定的に見ることもしません。

もし、自死を、「神が許されないこと」だとすると、それをした人は、「永遠の煉獄」に行くとしか、言いようがないことになってしまいます。仏教は、どんな行いでも、その責任はその人自身が負うものである、と考えてきました。そのことは自明である、としてきました。

このように考えることは、実は、ものすごく厳しいことなのです。このように考えることのできる人は、仏教修行者の中でも、ほんの纔《わず》かなのです。

神の命じるままに、神の教えに殉じて、というのとは、全く異なっているのです。仏教の厳格さ、厳しさを、ほんの纔かでも分かってもらえれば、先ほどのボサツが「刃物で胸に突き刺し」ということが、譬喩ではなく、有り得ることであるということが分かってもらえるのではないかと思います。

最初期の般若経の中身については、本書「第4章　胎動　新しき動き　受け継いだものを見直す」をご覧下さい。そこには、八千頌般若経を元に、その教理まで含めた受け止めを、披瀝してあります。

⑵　般若経の分類

般若経と呼ばれているものは、長い期間に多くのものが作られました。ここでは、般若経を大きく3種類に分けてみました。私が、般若経として認めることができるのは、第1類と、せいぜい第2類まで、第3類は、最初期のものだけです。

他のものは全く考慮に含めていません。私は、般若経とは認めたくありません。般若経の権威に乗っかって作られた、全く違うものだからです。

ここには、般若経を3種類に分類して、それぞれの経典の成立の概略を示してみました。

第1類《プラジュニャー・パーラミター（般若波羅蜜）の獲得（紀元前100年）から、般若経成立（紀元後100年）まで》
『道行般若経』（179年、支婁迦讖《しるかせん》訳）「仏像」（『大正新脩大蔵経』第八巻　476頁中段）
『八千頌般若経』（サンスクリット）

第2類《増広般若経（第1類が重んじられて、経典の分量が増やされていった般若経）（紀元後100年から紀元後300年まで）》
『二万五千頌般若経』（サンスクリット）

第3類《個別編集般若経（ある特別な意図をもって、般若経を独自に編集したもの）（紀元後150年から種々雑多なものが制作された。般若経に対する信仰は長く続いた。5、6、7世紀まで）》

『金剛般若経』（この中では最初期のもの。紀元後150年から250年頃成立）
『般若心経』（350年から450年頃成立）

2　般舟三昧経《はんじゅうざんまいきょう》

《紀元前50年から紀元後150年頃に、中インドから西北インド、さらに北西辺境地域で、成立。作成、編集、受持された、その時々の地域範囲は狭かったと考えられる。》
（179年、支婁迦讖　訳）（3巻本　NO.418）（中国の洛陽において、『道行般若経』の訳出と同じ年に、漢訳された。）

(1)　般舟三昧

般舟三昧とは、「精神集中をすることによって、ブッダ（たち）に、現前に、見《まみ》えることができる」ということを意味しています。

普通、これを、行者が精神集中をすると、ブッダがそこへやって来て、行者は、ブッダに見えることができると解釈します。

しかし、もともとの意味は、行者が精神集中をして、他世界におられるブッダの所へ行って、ブッダに見える、とされています（注1）。

この二つの解釈を、語義の解釈や、後世の人々がどのように受け取ったのかの議論で判断するのではなく、どちらが、素朴な考えなのか、という視点で考えてみたいと思います。

まず、この両者の双方に一致している大前提があります。それは、行者は、現在おられるブッダ（現在仏）の存在を信じているということです。そして、アクション、サマーディ（精神集中）をすることとです。

ここに非常に重要なことがあります。

般舟三昧経が出来上がる最も初めの動きは何かというと、「現在おられるブッダ（現在仏）の存在を信じる」ということであったということです。

（ブッダに見えるために実際にサマーディをやってみて、見えることにコンスタントに成功したのは、阿弥陀仏であったということです。このことは、後に詳説します。）

般舟三昧経の中に、「夢の中で仏を見る」ことも、見仏であるということができるというニュアンスのことが出てきます（注2）。しかし、こういうものが出てくるということは、サマーディで見仏することがいかに少なかったかを表しています。見仏とは、夢の中で会うことのようなものなのだ、とすることで、サマーディのハードルを下げているようです。

それでも、この般舟三昧経を受持していた人々は、粘り強く、サマーディを修習していました。紀元1世紀の動乱の世の中から、逃れ逃れしながら、静かに精神集中する場所を何とか確保しながら、100年余りの時間、この経典を維持してきたのだと思います。

前述の「夢の中で仏を見る」という表現は、実は、もっと深い意味があるものとして、経の中にあったのです。そのことは、非常に大事なことなので、詳しく述べてみたいと思います。精神集中（サマーディ）（般舟三昧）をして、ある程度（注3）、それを修習すると、目の前にブッダが現れるようになります。最初の段階は、お姿を見ることができるということかと思います。そうすると、その行者は、「自分は仏に会えた」と思い、そのことを誇らしく思い、慢心を抱くようになります。私は仏に見えることのできる行者なのだと、同僚、信者の前で、吹聴するようになります。さらに大抵の場合、自分が見たブッダの姿などを、自分にとって都合のいいように変えてしまうこともよくあることなのです。行者の欲するブッダ像になってしまいます。もうこうなっては、仏道修行は停滞してしまいます。仏道での停滞、停止は、後退を意味します。

先ほどの般舟三昧経の中の「夢の中で仏を見る」という言葉は、本当はこの時のために用意された言葉なのです。実際にサマーディの修習の中で見たもののことを、「あなたね、あなたの見たブッダは、夢の中で見たブッダと同じことなのですよ」と言って、行者の見たブッダ像を破壊するのです。行者が知らず知らずのうちに頼っていたブッダ像を、なき者として抹殺する言葉なのです。このあり方は、正しく、般若経の「あなたの求めている、あなたがあると思っている菩薩は存在しない」という迫り方と全く同じなのです。まさに最初期の般若経の行者と同じ系譜に属しているということが言えます。

注1『浄土仏教の思想　第2巻　観無量寿経・般舟三昧経』梶山雄一　講談社　1992年　240頁

注2「若しは沙門、白衣の所にて西方の阿弥陀仏刹を聞き、常に彼方の仏を念ず。戒を欠くことを得ず。一心に念ずること、若しは一昼夜、若しは七日七夜、七日を過ぎて以後、阿弥陀仏を見たてまつる、覚《うつつ》に於て見ず、夢中に於て之れを見る。」（『国訳一切経　印度撰述部　大集部四』266頁　行品第二）

注3　前注の「若しは一昼夜、若しは七日七夜、七日を過ぎて以後、」によります。

(2) ブッダに会う

「ブッダに会う」ということが、この経典の主題になっています。お釈迦さまが亡くなってから、既に400年近く経っています。「1　般若経」の所で、お釈迦さまの本当の教え（プラジュニャー・パーラミター）はどこにあるのかと、啼《な》きながら尋ね歩く話がありました。ここで求めているのは、本当の教えではありません。ブッダ、ほとけさまを求めているのです。「ほとけさまに会いたいよう」という熱望が、この経典の奥にあります。その熱望が生み出した経典なのだと思います。

先の「1　般若経」で述べたように、紀元前100年頃、プラジュニャー・パーラミターという言葉で生きようと決意した真面目な修行僧たちがおられました。まさしくその時に、お釈迦さまの教えは何か、という思いと、対になって、本当はもう一つの思いがあったのです。それが、【「ブッダに会いたい」という熱望】なのです。ただ、この熱望は、表に出てくるまでに時間がかかりました。

この思いは、その当時、ある程度解消する方法があったのです。それより以前も、それより以降も、解消する方法はありました。それは、ストゥーパ（仏塔）の存在です。お釈迦さまの身体、お骨が納められている土まんじゅう、ストゥーパの所に行って、礼拝をして、その周りを右回りに3回回り、また、礼拝します。そこで、お釈迦さまと思いのやり取り、お釈迦さまと言葉のやり取りをします。そこには、お釈迦さまがおられるような気がして、心が安らぎます。これは、在家信者も、出家僧も同じことです。

紀元前100年頃、一つの大道《だいどう》を歩もうとする者たちが現れました。プラジュニャー・パーラミターに生きようとする、大いなる道のことです。この道は、仏教の最終目的、「目覚める（悟り）」にまともに関わることなので、大きな道と言ってよいと思います。

そういう動きが起こった、その辺りの事情につきましては、本書「第4章　第2節　13《創作》【バールフットの仏塔での出来事】」を参照して下さい。

それと同時に、プラジュニャー・パーラミターに生きようとする人々の中に、意識化されたことがあったのです。それが、「ブッダに会いたい」という熱望でした。

その気持ちは、お釈迦さまが亡くなられてから、あらゆる仏教徒たちの中にありました。しかし、その思いは、深く心の中に沈んでいる、横たわっているようなものでした。それが、仏教の流れの中で新しい動きをするようなことはありませんでした。ストゥーパが作られる時、ストゥーパが維持される時、ストゥーパが飾られる時には、少し顕在化することもありましたが、ほとんどの場合、長い時間、深く深く眠っていました。

それが、ある時、目覚める兆《きざ》しが現れてきたのです。しかし、大道を行く人たちの中のほんの一部の人たちの中だけでした。しかも、自分たちの感じた、この思いは、最終目的まで辿り着ける、そういう展望があった訳でもありませんでした。

この動きは、小さな道、小道《しょうどう》と言っていいほどの、目立たない、頼りないものでした。

しかし、2世代ぐらい、50年ぐらい経つと、ブッダに会う、具体的な方法が提示できるようになりました。それが、精神集中、サマーディ（三昧《さんまい》）の中での「出会い」だったのです。

これは、やれば、効果があるものなので、トレーニングが日常になります。後輩に対して指導することもできるし、年輩の指導僧は、先生として敬われるし、小さな教団として機能し、維持していくこともできるようになりました。そして、自分たちのしていることを表現する言葉として、「般舟三昧」という言葉を作り、小さいながらも、ある程度組織化された集団を作りました。紀元前50年頃のことだったと思います。この時、小道が、中道《ちゅうどう》に変わった時なのです。やっと歴史の中に顔を覗《のぞ》かせた時だったのです。

⑶「阿弥陀仏に会う」般舟三昧経の根幹

この経典の中心（般舟三昧経の古層の中の中心）とされている「行品《ぎょうぼん》（第二）」は、阿弥陀仏に見《まみ》える話オンリーでできています。「阿弥陀仏に見える」三昧、行《ぎょう》、そういう話が、般舟三昧経の中心なのです。

般舟三昧経は、阿弥陀仏、極楽国土について言及している経典の中では、最も古いものとされています。

「⑵ブッダに会う」の所で述べましたように、紀元前50年頃より以前は、個々人の所で、「ブッダに会う」行法《ぎょうほう》（三昧などの行法）が行われていました。一人一人の試行錯誤の時代です。従って、一人一人の行者が、自分の会いたいブッダ像を思い描き、その姿を現前させる行法を修習していたのです。小さいながらも般舟三昧の教団を組織する、それ以前の話です。

その頃から、三昧をする行者の中で、議論になっていることがありました。三昧の中で見《まみ》えるブッダについてわれわれは議論した方がよいのか、しない方がよいのか、という問題です。それについての結論は、早く出ました。

皆から信頼されている1人の老僧が、「私たちは、現在ブッダがおられること、そしてブッダたちにお会いするには、三昧が最もふさわしい行であることを知っているではないか」と言われたことで、その問題は解消しました。どういうことなのかというと、現在仏について、これこれのブッダに会いたいと、ブッダを選ぶことは、私たちの宗旨ではないということです。

それでも、彼らの中には、ある一つの思いが残っていきました。お会いできたブッダはどういうお方なのか、お会いする前でも、どういうブッダにお会いできるだろうか、こういうような思いは、すべての行者の心の中にあったのです。

そういう状況の中で、ある自然な流れができていきました。三昧をして見《まみ》えるブッダのほぼ100%が、阿弥陀仏であったことです。これは本当に自然なことでした。誰かが、「阿弥陀仏を三昧で感得しましょう」なんて言うことは、絶対に有り得ませんでした。

なぜ、阿弥陀仏が、突然出てきたのでしょうか? これは、彼らにとって唐突に出てきたことではありませんでした。

その当時、彼らの教団（注1）は、10人から50人ぐらいの修行僧がいる僧院が、中インドから西北インドにかけて、十数カ所しかない、小さな小さな教団でした。この後、この教団は、紀元後の100年間の激動の中を生き残り、勢力を保ちながら、西北辺境インド方面へ移動していきます。紀元後2世紀初頭には、アムダリア川を北に越えて、今のウズベキスタンのテルメズ（注2）にまで到達していました。

阿弥陀仏信仰の起源についての多くの説があります。光に由来するという説、西方の諸宗教（注3）を起源とするという説があります。しかし、それらのほとんどが、初期の阿弥陀仏信仰についての生半可な知識しかない人たちの、あまりに稚拙な考えです。ただ、「仏教教団内部で行われたブッダ観における議論の中から生まれた」とする説は、一応納得できる説です。しかし、非常に曖昧な説です。

注1　ここで、教団と言っていますのは、現代の教団というものとは、異なっています。現代ではその成員は、その教団にだけ属していますが、ここでいう教団は、そういうものではありません。それは、ある信条を守ることを誓い合った同志の集団、というようなものです。従って、その教団の成員が、他の教団の集まりに参加することはごく自然なことなのです。

それから、しっかり押さえておかなければならないことがあります。彼ら（いわゆる大乗の人々）が、伝統的部派（いわゆる小乗の教団）と、どういう関係を持っているのか、という点です。彼らは、いわゆる大乗の活動をするようになっても、伝統的部派にいまだに所属しているのだ、と思っているということは、普通のことであるということです。

注2　ウズベキスタンとアフガニスタンとの国境線となっている、アムダリア川の北岸に、テルメズという町があります。テルメズ付近は、2、3世紀にインドで栄えた、クシャン朝の本拠地です。

注3　古代ペルシャのゾロアスター教や、パルティアのミトラ教。

テルメズの北西に★【カラ・テパ遺跡】があります。幾つかの丘の所にある、洞窟と地上構造物との複合遺跡です。現在、国境警備隊の管理区域に入っていて、近くへ行くことはできません。このカラ・テパ遺跡は、仏教遺跡としてあまり取り上げられることはありませんが、私は、紀元後2、3世紀の仏教にとって、最も重要な遺跡であると思います。その当時の僧院、仏塔の形状が残っていることと、土器、コインというある程度年代が推定できる遺品が発掘されたことによります。

カラ・テパ遺跡は、南丘、西丘、北丘にある、洞窟と地上構造物の複合遺跡と、その北部にある、より大型の仏塔、僧院施設からなっています。このうち最も古いものは、南丘にあるCコンプレックス（注1）であるといわれています。

スタヴィスキーは、「Cコンプレックスの最初の核は三つの洞窟（1号、2号、3号）をもつ正方形の前庭であった。三つのうち二つは南端の側面に龕のある長い廊下状のものであった。」（注書44頁）と言っています。

そこにあった、Cコンプレックスの1号洞窟、3号洞窟の発掘時の図面（注書43頁）を見て、私は、この構造は、般舟三昧経に書かれている「般舟三昧」の行法を行った場所ではないかと思いました。それは、1号洞窟の南端の東側にある「龕《がん》」と、3号洞窟の南端の西側にある「龕」とを見て、そう思いました。つまり、私は、その鍵形のへこみ（スタヴィスキーが「龕」と言っているもの）を、行者の禅定する場であると思ったのです。

一般的に言って、「龕」とは、仏像を安置する「仏龕」を意味します。スタヴィスキーもそのように解釈しておられるのでしょう。それ以上の詮索はしておられません。

この南丘にあった、他の洞窟（D、E、F、Yu）、西丘の洞窟（注書105〜107頁）にも、洞窟の奥に鍵状のへこみがあるのです。そのへこみは、洞窟を奥に入っていくと、突き当たりの右、または左にあるのです。洞窟は、ほとんどが、北から南へ掘られています。その奥の所に、東、または西に掘られ、そこへは、外の光は直接差し込むことのない構造になっているのです。

仏龕とは、そこに仏陀像を安置して敬うものなので、洞窟状の施設でいうと、一番奥、正面にあるのが普通であると思います。

しかし、カラ・テパ遺跡の洞窟には、そういったものは、全くないのです。それに、東へのへこみ、西へのへこみが、だいたい同じ頻度で無作為に感じられるように、東、西とあるのです。それを見ていて、これは、礼拝施設では有り得ないと思いました。

私は、この形状のくぼみで、般舟三昧経に書かれている「般舟三昧」を行じていたのではないかと思いました。

ただし、そのように判断するには、情報が足りないのです。つまり、そのへこみは、人間が座るものと言ってよいのかどうかを判断する、その判断材料が足りないのです。それに関する記述がどこかにないかと探してみましたが、どこにも見つかりませんでした。

それで、現地へ行って、確かめるしかないかと思いましたが、カラ・テパ遺跡は、現在、国境警備隊の管理区域に入っているので、調査に訪れることが困難になっていました。ウズベキスタン政府の許可を取るのに時間がかかりましたが、2017年10月に、許可を得て、個人的に、遺跡の見学、調査に入ることができました。本当に、幸運でした。ウズベキスタンのガイド、テルメズのガイドさんの協力もあって、カラ・テパのほとんどの遺跡を見学することができました。しかも、ある程度、自由に見て回ることができました。

遺跡で、確かめたかったことの一つは、床面です。洞窟の床面と、鍵状のへこみの部分の床面とが、平坦なのか、鍵状のへこみの部分が、洞窟床面より高くなっているかどうかということです。もし、仏龕であるなら、その部分の床面は、高くなっていることが普通であると思います。

床面は、完全に平坦になっていました。

もう一つは、そこに座っての感想です。そこに座ってどのように感じるのかということです。実際に、Cコンプレックスの1号洞窟、3号洞窟の鍵状の所に座ってみて、非常に快適な禅定龕であることが分かりました。他の洞窟の多くの鍵状の所に座っての感想も全く、同じです。そして、その部分の上部の多くは、龕状に掘られています。アーチ状になっています。つまり、通路ではないことが分かります。

私の結論は、鍵状のへこみは、禅定する場であったということです。普通このような場がしつらえた洞窟または石窟を、【禅定窟】(注2)と言います。このカラ・テパは、禅定窟の最も初期のものであると言えます。

般舟三昧経に書かれてある「般舟三昧」は、どういった場所で行われたのでしょうか。まず必須なのは、静かに精神集中ができる場所です。外界からの刺激の少しでも少ない場所が最適です。そして、その場所の視野はある程度開けていなくてはいけません。「般舟三昧」とは、仏陀たちが目の前に姿を表す、そういう精神集中であるからです。そして、般舟三昧経の最も古い部分には、西方に向かう三昧が説かれています。つまり、三昧をする時の向き、方角が非

中央アジア最大の仏教遺跡「カラ・テパ」

カラ・テパの現状。砂岩の丘をくり抜いた横穴式僧房が並び、天井は崩れ落ちてきている

かつて僧が座って行をしていた同じ場所で（2017 年）

常に意識されているのです。

カラ・テパ遺跡の洞窟の奥の鍵状のへこみは、ほとんどが、西、東向きになっています。これは、非常に特徴的なことです。

このような理由で、カラ・テパ遺跡には、「般舟三昧」をしていたと思われる足跡があったと考えるようになりました。

以上のことを、この遺跡の発掘当時の図面と、個人的に2017年10月に私が行きました現地調査によって、確信しました。私が訪れた時には、洞窟部分の崩落が進んでいました。現在では、降雨によって、遺跡（発掘跡）の相当部分が崩壊していると思われます。私は、本当に幸運であったと思います。

私がカラ・テパ遺跡に注目するようになったのは、テルメズ付近の仏教遺跡の発掘を献身的になされてこられた、加藤九祚《きゅうぞう》先生（元国立民族学博物館教授）のおかげであると思っています。

あらためて、加藤九祚博士のご功績に感謝申し上げます。

そして、テルメズ付近の遺跡がますます注目されるようになり、遺跡群が荒廃しないことを、深く深く私の心に刻み、祈念します。

注1　『アイハヌム　２００７　加藤九祚一人雑誌』加藤九祚　東海大学出版会　２００７年「カラテパ南丘の発掘（１９６１－１９９４）Ｂ．スタヴィスキー」41～52頁

『アイハヌム　２００２　加藤九祚一人雑誌』加藤九祚　東海大学出版会　２００２年「カラテパに関する新考察（１９７８－89年の発掘に関する若干の総括）Ｂ．スタヴィスキー」３～５頁

注２「禅定窟」とは、僧侶の住まいのための施設（ヴィハーラ）、宗教的行為を行うための施設（チャイティア）とは違って、修行の中の、特に精神集中（サマーディ）のために作られた施設（洞窟）を指します。私が完全に確認できたものは、この、カラ・テパ遺跡と、もう一つは、中国の敦煌莫高窟にあるものです。それは、【敦煌莫高窟の２６７～２７１窟】です。平面図、断面図は、『中国石窟　敦煌莫高窟二』（平凡社　１９８０年）214頁にあります。写真は、『中国莫高窟一』図版４、５、６にあります。

敦煌莫高窟の２６７～２７１窟は、実際は、ただ一つの洞窟です。それを中にある四つの支洞（実際は、仏龕、または禅定龕）にもナンバーを打って２６７～２７１窟となった訳です。小さな小さな洞窟です。莫高窟の中で最も古い窟です。

10年以上前に、敦煌を訪ねた時に、莫高窟全体をじっくり見て回りました。有名な窟は、案内のお姉さんと２人で、時間をかけて私なりの見学・調査をしました。しかし、２６７～２７１窟は、見学の対象からは外されているので、見学することができないことになっていました。特別な拝観もできないのです。莫高窟へ行って、２８５窟、２７５窟と、見学の許された窟を見て回っている時に、２６７～

271窟へ行きたいと案内のお姉さんに言ってみたら、「そこはここです」と言われました。ちょっと出っ張っている通路の所に、壊れかけたように見える扉があって、そこが、267～271窟だったのです。

その扉には、鍵がたくさんついていました。案内のお姉さんは、「そこには、何もありませんよ。ただの資材置き場です」と言っておられました。そこを見たいと言う私を怪訝な顔で見ておられました。私は、ここが莫高窟の中で最も貴重な窟なのですよ、とだけ言っておきました。そして、扉の前で、その中の空気を感じて、しばらくじっとしていました。そこは今も資材置き場になっているのかもしれません。

この267～271窟について、私の理解をお話しします。石窟の古い、新しいを判断するのに、その場所が尾根筋にあるのか、谷筋にあるのか、これが一つの判断材料になります。莫高窟はほとんど一直線の配置になっているので、あまりこの理屈は役に立たないかもしれませんが、それでも、微妙な尾根筋、谷筋はあるのです。この267～271窟は、尾根筋にあります。古いものであることが分かります。

莫高窟の中で、禅定窟といわれているものは、3カ所あるそうです。267～271窟、285窟、487窟です。487窟は、情報がありません。

267～271窟は、奥行き、推定7、8メートルの小型の洞窟です。奥、正面の西壁に仏龕があります。腰より高い所に、交脚の仏像があります。交脚というのは、足を交差して椅子に座っていることを表します。西方草原地帯の、遊牧民の王の姿に由来します。この窟の創建は400年代前半とされることがあります（前掲『中国莫高窟一』202頁）が、私は、300年代前半まで持って行ってもよいと考えます。あるいは200年代後半とまで考えることもあります。基本的にこの窟は、奥に通じる通路と、その横に二つずつ禅定するための房室からなるもの、と考えるからです。中にある仏像、天井、壁などの装飾は、400年代前半としてもよいと思います。

285窟は、それより100年ないし200年後とされています。500年代前半とされています。

267〜271窟では、まず、通路部分が掘られ、そこで、禅定をしていたと考えられます。禅定を熱心にするお坊さんが、何人かはいたのでしょう。その後、その通路の両脇に右左二つずつ禅定用の房室が掘られました。その時は、4人のお坊さんが、一度に禅定の修習ができます。ここで禅定と私が言っているものは、三昧（精神集中）と呼ばれるものです。言葉の意味は、異なるものを指すのですが、ここでは区別なく使うことにします。四つの房室が設《しつら》えられたのは、禅定（三昧）の練習が行われたからです。つまり、300年代以前には、三昧の修習ができる僧がこの敦煌の地におられるようになっていて、300年代には、この地で三昧の学習がなされたと考えることができます。

そして、285窟のような、三昧完成者供養窟が、500年代前半には作られました。お坊さんにきれいな法衣を身に着けさせ、房室の中に座らせ、それを供養することで、何らかの願いが成就するという、祈願の儀式が行われたのであろうと思われます。祈願の内容は、雨乞い、戦勝祈願、病気の平癒などであったのでしょう。たぶん、その当時には、三昧を完全に修習するお坊さんはいなくなっていたと思われます。

なお、スバシ遺址石窟に、禅定窟があったと記したものもありましたが、全く確認がとれませんでした。あっても不思議ではありませんが、古いものであるので、確認には非常な困難が伴うと思います。

また、テルメズ以東、敦煌以西の石窟寺院には、多くの単房室（ただの単純な小さな洞窟）のものがあります。これは、一般的に僧侶の住居ですが、禅定などの修行に使われたとも言うことができます。

400年代前半の『法顕伝』、600年代前半の玄奘の『大唐西域記』には、現在のアフガニスタン領に仏影（仏陀の姿）が見える洞窟の話が出てきています。これも、禅定窟の一種であると思います。

★（4）阿弥陀仏信仰誕生までの流れ

これが、ストゥーパ（仏塔）の最初の形です。

↑（↑は直立した塔を表わしています）

↑

BC300～200

アショカ王によって、

大きな立派なストゥーパが作られる。

これから、お釈迦さまは、

過去のブッダとなっていきます。

この時点までは、仏教徒たちは、お釈迦さまのことを今も生きておられるというように感じていました。しかし、国家の力で大きな立派なストゥーパ（仏塔）がたくさん作られ、それを毎日見ているうちに、お釈迦さまは亡くなったのだなあ、と感じるようになっていきました。なぜなら、ストゥーパは、死んだ人間の象徴であるからです。お釈迦さまは、過去のブッダなのだと、ゆっくりと皆が思うようになっていきました。

しばらくすると、お釈迦さまより古い、昔々のブッダの話をするお坊さんが現れるようになっていきました。「お釈迦さまが生きておられた時代よりずっとずっと昔、迦葉仏という名前のブッダがおられました」という具合に、仏塔の近くの大木の木陰で、話をされるのです。

その話が続けられるに従って、昔々のブッダの数が次第に増えていって、１００年ぐらいかかって（注1）、過去七仏の話になっていくのです。

【過去七仏】と言いますのは、毘婆尸仏《びばしぶつ》（1）から、拘那含牟尼仏《くなごんむにぶつ》（5）、迦葉仏《かしょうぶつ》（6）までの、釈迦仏（7）以前の6人のブッダ、そして、釈迦仏、それらを総称していわれる言葉です。この時点になると、それらの話をしていたお坊さんたちにとっては、釈迦仏も過去のブッダとなっています。

BC200～BC　AD0
↑　↑

過去のブッダ、未来のブッダについて
考えを巡らしてきた僧侶たちは、
自然に
現在、生きておられるブッダ
というものを
考えるようになってきました。

過去のブッダの話をしていたお坊さんに、その当時のことを説明してもらいます。

☆《創作》過去仏の話をしていたお坊さんの話

「お釈迦さまの時代より、ずっとずっと昔、たくさんのブッダたちがおられました」という話をしていると、聴衆の1人が、「どういうブッダさまなのですか、教えて下さい」と尋ねられました。それで、「こういう名前の、こういう木の下で悟りを開かれた、こういうブッダがおられた」という話をするようになりました。そうすると、「その前には、ブッダはおられなかったのですか」と聞かれるので、こちらも調子に乗って、「これこれのブッダがおられた」という話をしてしまいました。

これを何回か繰り返しましたが、そのうちには、聴衆の皆さんも、私たちも、その話に飽きてしまいました。

何でかなあ、と考えてみると、みな過去のブッダの話だからです。

昔々のブッダって、ご利益《りやく》ありそうにみえますか？ だって、死んじゃってすごく長い時間経っているのですよ。お参りに行けば少しは恩恵があるかもしれませんが、ご利益があるようには思えませんよね。だって、教えなんてものは全く伝わっていないんですから。まあ、私たちが想像で言っただけのことですから。お参りに行くのなら、お釈迦さまの方が、ましだと思いますよ。

このような、過去のブッダ、たまには未来のブッダの話をするようになって、何か、変わったような気がするのです。こういう話をする前に比べて、お釈迦さまのことも、何か色褪せたような気がしてきてしまったのです。

お釈迦さまも含めて、自分たちが知っているブッダは、過去とか未来のブッダであって、いなくなったブッダと、まだやって来ないブッダでしかないのじゃないか。

そんなことを考えていたら、そう言えば、現在生きているブッダはおられないのだろうか？今ここじゃないどこかに生きておられるブッダはいないのだろうか？　と、こんなことを考えるようになってきました。

この世界ではない世界が、数限りなくあるとか言うじゃないですか。他方世界と言うのか、そういういろいろな方角にあるたくさんの世界があるのだということは、今まで聞かされてきました。

それなら、そういう他方世界に、現在、ブッダはおられないのだろうか？

そんなことをぐだぐだと考えて、そのことを僧院の中の同僚に言ったら、同じようなことを考えていた僧侶が、結構おられることが分かって来ました。それからは、遠くの僧院に行くことがあれば、そこの僧院の人たちにも、尋ねてみるようになりました。

「現在おられるかもしれないブッダについて考えてみませんか」と。

今、私は、インド各地の仏教徒たちに、現在仏について考えることを提起し、同じ考えをもっている人たち、そういう人たちと、意見の交換をしたいと思っています。

仏塔のお参りに来られる人たちの応対だけで忙しい僧院、外へ出ることなく僧院の中だけで経典の学習を延々と続けている僧院、何か新しい動きをすべきだと遠方の僧院へも出かけて行って意見を戦わせることが大好きな僧院、この当時は、いろいろな仏教の僧院がありました。

この頃の西北インドでは、西方、北方から、各種の異民族が絶え間なく進入して来ています。仏教徒たちは、それらの異民族に対しても仏教の教えを主張し、仏教の、社会に対する有益性を納得させて、何とか僧院は存続していました。仏教にとって大変困難な時代です。

でも、私は、この当時は、仏教が最も輝いていた時代でないかと思っています。

↑

↑

BC150~BC　AD0

現在仏《げんざいふつ》 研究会 発足

この【現在仏研究会】は、教団というものとは全く違います。現在生きておられるブッダが存在するのかどうか、もし存在するのであれば、どのようなブッダであるのか、というようなことをゆっくり論義する、僧院間のネットワークのようなものです。最初は、僧侶のネットワークでしたが、後半になると、在家信者も積極的に参加してきます。

この現在仏研究会は、紀元前150年頃、発足し、紀元前後頃まで続きます。

↑

↑

BC80～BC　AD0

現在仏の中の理想型である、
「阿弥陀仏」の輪郭が
はっきりしてくると、
阿弥陀仏の恩恵を期待する
阿弥陀仏信仰の原型が出来てきます。

研究会の中で、最初意見を交換した議題は、「現在仏は存在するのか?」ということでした。このことは、すぐ決着がつきました。なぜなら、過去仏、未来仏を大多数の僧侶が認めてしまっているからです。過去仏、未来仏が存在するのなら、現在仏が存在するのは、自明のことです。ただ、今まで、誰もそのことを言わなかっただけのことです。

現在仏が存在するのであれば、次は、「どのようなブッダが現在おられるのか」という議題になります。

この議論になると、ネットワーク間で、ものすごく盛んに意見が行き来するようになるのです。

このことは、最初、研究会を主宰した人たちも、驚きを隠せませんでした。本人たちも意外だったのです。

現在生きておられるブッダは、頼りになる存在なのです。過去仏、未来仏が頼りにならないことに気づいてしまった、その反動のようなものです。まだどんなブッダなのか分かっていなくても、あらゆる人々が、無意識のうちに、頼りにしてしまっているのです。

そして、現在仏の理想の形を、それぞれの人々が描き始めるのです。本当に、かしましいと言うしかない状況が続きます。

このように、現在仏研究会の活動の中で、静かにゆるやかに、現在理想仏の輪郭ができてきます。

紀元前80年頃、阿弥陀仏（仮称）の輪郭が現れてきます。

ここで、「阿弥陀仏（仮称）」とあるのは、阿弥陀仏誕生の事情に関係しているのです。少し説明してみます。

普通、阿弥陀仏が誕生するのは、阿弥陀仏という名前がついて、初めて誕生する、と考えます。しかし、この阿弥陀仏（仮称）は、名前が付けられる前に、名前がない状態で、どのようなブッダなのかが決められている、そのようなブッダなのです。【名前がないブッダ】なのです。

しかも、その決められていくのは、非常に長い時間がかかっています。何十年もかかっているのです。

そのことを理解しやすくするために、「現在仏研究会」という言葉を使いました。この研究会は、現在仏についての意見の交換が仕事です。ただ、皆の意見の大多数が、現在仏はどういうブッダであるのかということであったということです。その意見が次第に収束してきて、整理される段階まで来ると、仮の呼び名が付けられました。最初付けられた呼び名は、「アミターユス（寿命が無限であるもの）(注2)」でした。それを中国で漢訳された時、「阿弥陀（アミダ）」と音訳したのです。

だから、このブッダは、固有名詞がなかった、と考えてよいとも言えるのです。

その時は、最も彼を表現している言葉は、「アミターユス（寿命が無限であるもの）」で、それを呼び名としていました。その後に、彼を表現している言葉「アミターバ（光が無量であるもの）」も、呼び名として使われました。

紀元前50年頃、阿弥陀仏信仰の原型ができてきます。そして、これまで阿弥陀仏の話として蓄積されてきたものが、経典化されていきます。

そして、紀元前後頃、阿弥陀仏信仰の最初の経典が出来上がりました。これが、古形の『大阿弥陀経』です。大阿弥陀経（漢訳）の中の古い部分のことです。核の部分です。
《「阿弥陀仏」がおられるぞ宣言。その国土「楽土」があるぞ宣言。それぞれの基本的性格。特に阿弥陀仏は私たちを自分の楽土に招き入れて救おうとしておられる。》
というような部分のことです。

ここには、いわゆる「教義」はありません。お釈迦さまのおられた時にはあった「仏教」そのものがあります。「私」と「ブッダ」との繋がりがあります。

最初期の大乗仏教経典である、般若経、大阿弥陀経、般舟三昧経などの、この頃の経典の制作の過程は、ゆるやかに論義の成果が積み上がっていく、という性格のものでした。これこれの主旨の経典を作ろう、と言って、作成されるようなものとは違っていたのであろうと思われます。

注1　アショカ王碑文（ニガーリー・サーガル法勅）に、アショカ王が即位14年に拘那含牟尼仏（5）の塔を増築したことが述べられています。（『アショカ王碑文』塚本啓祥 139頁）
注2　阿弥陀仏（仮称）の名前がなかった時代、彼のことを最も表す言葉は「アミターユス（寿命が無限である者）」でした。このように本文に書きました。このことは、この本の各所に、書きました。時

代ごと、または、テキストごとの記述になっています。
このことを肯定的に受け取れる論述に、最近触れることができました。ずっと以前に何回も読んだことがあるのに、完全に記憶の彼方へ行っておりました。紹介します。
「（般舟三昧経の）チベット訳では、阿弥陀は、無量寿（アミターユス）という呼び名で現れ、無量光（アミターバ）という呼び名はついに現れない。チベット訳の年代（800年頃）とサンスクリット語あるいは中期インド俗語で書かれていた『般舟経』の原典の年代とには7、800年の隔たりがあるから、確かなことはいえないが、チベット訳に無量寿の名しか現れない以上、原典にもアミターユス（無量寿）の名しかなかった、ということは推定してよいであろう。」（『浄土仏教の思想 第2巻 観無量寿経・般舟三昧経』梶山雄一　講談社　1992年　291頁）
なお、『大阿弥陀経』（無量寿経の最古の漢訳）には、音写で、「阿弥陀」とだけあります。この原典にどういう言葉があったのかは、よく分かりません。『大阿弥陀経』には、チベット語訳もありません。

(5)　在家の信者も、「ブッダに会う」行法をしていました
般舟三昧経の中の中心部分、行品（第二）の中に、「在家の信者が般舟三昧をしていた」ということが読み取れる箇所があります。挙げてみます。

行品の最初の所には、

「若し菩薩あって所念現在の定意にして十方の仏に向ふに、若し定意有らば一切菩薩の高行を得。」（後掲書264頁）

とあります。

行をするのは、菩薩であるとなっています。菩薩とは、出家、在家、両者を含む言葉なので、在家の信者も、行をしていた意と取ることができます。

その後には、

「其れ比丘・比丘尼・優婆塞《うばそく》・優婆夷《うばい》あり、持戒完具し、獨り一處に止り、心に西方の阿弥陀仏、今現在したまふを念じ、所聞に随って當に念ずべし。」（後掲書265頁）

とあります。

ここに言う「優婆塞、優婆夷」は、男性、女性の在家信者のことです。従って、「在家の者が三昧行をしていた」と、断言することができます。

その後には、

「若しは沙門、白衣の所にて西方の阿弥陀仏刹を聞き、常に彼方の仏を念ず。戒を欠くことを得ず。一心に念ずること、若しは一昼夜、若しは七日七夜、七日を過ぎて以後、阿弥陀仏を見たてまつる。」（後掲書266頁）

とあります。

ここで言う「白衣」とは、在家の信者のことを表す言葉です。出家、在家を問わず、行をする者は、在家信者の所へ行って、阿弥陀仏のことを聞くものなのだと言っています。在家信者の所にこそ、阿弥陀仏の世界のことをありありと話できる人がおられたということが分かります。

1世紀後半から始まる『維摩経』の歴史の源流とも言える箇所です。在家信者こそが、仏教の大本の流れを受け継いでいる、という主張の嚆矢《こうし》と言ってよい箇所だと思われます。

（『国訳一切経　印度撰述部　大集部四』望月信享　大東出版社　1934年）

☆(6)　紀元前100年頃からの200年間の動き

般若経、般舟三昧経、無量寿経、それぞれの最も古い漢訳（道行般若経、般舟三昧経、大阿弥陀経）を参照しながら、素描してみます。

「現在仏」研究会発足

【般舟三昧経に至る最初の契機】

紀元前100年頃

プラジュニャー・パーラミター（般若波羅蜜）という言葉で生きていこうとする人々が現れ、

名告りを上げる。

【道行般若経の根幹（最古型）部分成立】

「現在仏」の議論の集約が進む。「阿弥陀仏（仮称）」が現れてくる。

【般舟三昧経に至る第2の契機】

紀元前50年頃

【大阿弥陀経の根幹部分成立】

【道行般若経の空の思想（前25章）成立】

阿弥陀仏が、現在仏の第一人者であることが確立した。そのことが、新しい動きの仏教界の中で、周知されるようになる。

【般舟三昧経の最古型の部分（行品）成立】

紀元前後頃

阿弥陀仏の最古の経典が成立する。そのことをもって、阿弥陀仏信仰が確立された、ということが言える。

【大阿弥陀経の基本部分成立】

【道行般若経の26章以降成立】

紀元後50年頃

般舟三昧経が確定成立

【般舟三昧経の第三品以降成立】

紀元後100年頃

道行般若経が確定成立

【最初期般若経成立】

大阿弥陀経が確定成立

【最初期無量寿経成立】

これは、私なりに実際にあったことを想像してみたものです。

後述の、梶山先生の論述を踏まえて、書かれています。その上に、私の想像を重ねています。

『道行般若経』（179年訳出）

『般舟三昧経』（179年訳出）

『大阿弥陀経』（222年訳出）
これらの三つの経典は、最初期に漢訳された大乗仏教経典です。
それぞれ、この本のこの節（第5章　第2節）の「1　般若経」、「2　般舟三昧経」、「3　無量寿経」において、中心として取り上げている経典です。

三つの経典の先後についての梶山雄一先生、静谷正雄先生の論述があります。それをご紹介申し上げます。

「『大阿弥陀経』が大乗経典の先駆でありながら、なお大乗という語を用いず、その自覚も明確でなく、『道行般若経』の空の思想も知らないこと、したがって『道行般若経』に先立って成立したことは一般に認められている。」（『初期大乗仏教の成立過程』静谷正雄　百華苑　1974年　51頁）

「『大阿弥陀経』は、他の幾つかの経典とともに、原始大乗経典と呼ばれることもある。その成立の時期はおそらく西暦紀元前後と考えられる。」（『浄土仏教の思想　第2巻　観無量寿経・般舟三昧経』梶山雄一　講談社　1992年　259頁）

「（『般舟三昧経』の）行品は『道行般若経』の前二十五章にあらわれる空の思想を受けて成立したが、同時に、無所従来 ― 縁起の思想の端緒を提示し、それが『道行般若経』に受け入れられ、ついにこの経に薩陀波倫《さつだだりん》（サダープラルディタ）菩薩・曇無竭《どんむかつ》（ダルモードガタ）菩薩

の二品（第二十八、二十九）を追加させるようになったと考えざるを得ない。」（前掲書262頁）
これらのことをまとめてみますと、
大阿弥陀経　←　道行般若経の空の思想（前25章）　←　般舟三昧経の行品　←　道行般若経の26章以降
影響を与えた順序は、以上のようになります。
よく経典の成立に関する問題が話題になります。そのことだけに限ると、次のようになります。先の「紀元前100年頃からの200年間の動き」の素描から、必要なものだけを抜き出したものです。

道行般若経に至る最初、第2の契機
般舟三昧経に至る最初の契機
道行般若経の根幹（最古型）部分成立
般舟三昧経に至る第2の契機
大阿弥陀経の根幹部分成立
道行般若経の空の思想（前25章）成立
般舟三昧経の最古型の部分（行品）成立
大阿弥陀経の基本部分成立

道行般若経の26章以降成立
般舟三昧経が確定成立（般舟三昧経の第三品以降成立）
道行般若経が確定成立
大阿弥陀経が確定成立
この順序です。

ここで私が強調しておきたいことは、次のことです。

【「経典の成立」】というものは、ある時（例えば、紀元後100年頃とか）、ある瞬間に、成立するというものではないということです。

ある時に、これこれの名前の経典が確定された。そのことを、私は、「確定成立」と呼びたいと思います。それ以降、その名前の経典との意識があって、継続的に、次の段階の経典を作り上げることもあります。次の段階と言っても、レベルが上がるとは限りません。これ以降多くの場合、レベルが下がるのがほとんどです。

ある経典が「確定成立」するまでには、長い時間がかかっていることがある、ということに、留意しなければなりません。特に、初期大乗仏教の経典には、そのことが言えます。

ここでは、初期大乗仏教の経典として挙げることができるものを、限定していきたいと思います。

初期般若経（『道行般若経』、『八千頌般若経』）
『般舟三昧経』、
初期無量寿経（『大阿弥陀経』）
華厳経（『六十巻華厳経』）
維摩経（『維摩詰経』、『維摩詰所説経』）
法華経（『正法華経』、『妙法蓮華経』）

これらの六つに限定していきたいと思います。

参考文献

『浄土仏教の思想　第二巻　観無量寿経・般舟三昧経』梶山雄一　講談社　１９９２年
『国訳一切経　印度撰述部　大集部四』望月信享　大東出版社　１９３４年

3　無量寿経《むりょうじゅきょう》

(1)　無量寿経

無量寿経を作った人たちは、基本的にはお坊さんたちでした。仏塔や、仏跡にお参りに来る、一般のおじちゃん、おばちゃんたち、そして、法話会に喜んで来てくれた普通の人たちに、お釈迦さまの話をしていた、そういうお坊さんたちでした。

このことは、「枝葉編　第3章　第2節　三毒・五悪段の重要性について」を読んでもらえば分かると思います。

普通の人たちに、話を、法話をしていたのです。こういうことをしておられたのは、無量寿経を作った人たちだけではありません。法華経のお坊さんたちも、普通の人たちにお話をしておられました。

無量寿経は、400年間（または、500年弱）、絶え間なく連続して、編纂が続けられました。中身がそれでよいのか吟味が続けられました。そういう経典は他にはありませんでした。長期にわたって編纂された、そういう経典は、他には有り得ませんでした。

このことは、ここに挙げました他の五つの経典、般若経、般舟三昧経、華厳経、維摩経、法華経と比較してもらえれば、分かると思います。

無量寿経のテキストは、後出⑶にあるように、七つあります。そのうちの大事なものは①から⑤の五つです。それらはすべて完本です。しかも、それらのテキストが確定した年代は、ざっと見て3世紀から8世紀にわたります。そして、最も早いものは、①『大阿弥陀経』、222年の訳出です。これは、他の六つのテキストの中でも、最も早い時期に当たります。

そして、興味深いことは、それぞれが（部分訳ではなく）、完本であるのに、その内容に、変遷が確認できることです。

つまり、無量寿経は、その編纂が非常に長期にわたっていると思われるのです。

私が思うには、紀元1世紀の中頃から（または、紀元前1世紀の中頃から）5世紀の初めまで、約400年間（または、500年弱）、編纂が続けられたと考えられます。このことは、無量寿経の最も大きな特徴であると思います。他の経典では、そのようなものはありません。

(2) 大阿弥陀経の出現

無量寿経の最初期の漢訳、『大阿弥陀経』の出現の事情については、先の般舟三昧経の所で、少し述べさせてもらいました。『大阿弥陀経』の作成、編纂の時期は、おおよそ紀元前50年頃から紀元後150年頃までの200年間であろうと推測しています。

ただし、先の100年間（紀元前50年頃から紀元後50年頃まで）は、経典（スートラ）にしようとする意識は希薄であったような気がします。その期間は、（現在仏である）阿弥陀仏に関する議論の記録（記憶）として持っておればよいと考えていたのでしょう。そして自分たちの行く先に対する希望の基点として、成員に共通の記憶を作成し維持してきた、ということでないかと思います。このような大阿弥陀経の記憶を保持してきた人々は、中インドから西北インドへかけての広い範囲におられたと推測されます。

このアミダ・ブッダ（阿弥陀仏）のコミュニティー（集まり）は、しっかり機能していました。中インド㊟、西北インド、さらには西南インドにまで広がっていたと考えられます。そのコミュニティーの中では活発な議論がなされていました。そして、議論の集約もなされていました。その後の議論の共有もしっかりなされていました。そこでは、経典化しようとする意志は、般若経に比べれば相当希薄なような気がします。大阿弥陀経の経典化は、ゆるく、2カ所で行われたような気がしています。最初、中インド㊟で、その後、西北インドで、という具合です。詳しいことは下巻「枝葉編」をご覧下さい。

経典の中身の中心は、

「今、現在、ブッダがおられること。そのブッダの名前は『アミターユス』。2番目の名前は、『アミターバ』ということ。

そして、現在私たちはその『アミターユス』の恩恵にあずかっていること。

私たちはそれを救いと感じていること。」

そういうことでなかったかと思われます。

アミダ・ブッダ（阿弥陀仏）のコミュニティー（集まり）に属していた人たちは、一般の人々に、そういう話をしておられました。法話をしておられたのです。

しかし、このアミダ・ブッダ（阿弥陀仏）のコミュニティー（集まり）の動きは、インドでは、大勢とはなりませんでした。

それは、神格の強さの問題であるのでしょう。一般の人々は、修行僧ではないということです。過酷な所で生きている人にとって、アミダ・ブッダは優しすぎます。神さまは、何でもやってくれそうなのが、いいのです。人殺しでもするような神さまの方が、頼りがいがあると思うのです。インドの人々は、そのように考えました。

この後の、無量寿経の形成の歴史（無量寿経がどのように作られたのか）については、「枝葉編　第3章　第1節　漢訳無量寿経というものとは」をご覧下さい。触れてあります。

(3)　無量寿経のテキスト

①『大阿弥陀経』訳者は、支謙《しけん》（呉）（月支国居士）222年訳出

②『平等覚経』訳者は、帛延《はくえん》（曹魏）（亀茲出身）258年頃訳出

③『無量寿経』佛陀跋陀羅《ぶっだばだら》（北インド出身）と寶雲（宝雲）（中国河北の人、廬山にて修学）の共訳。421年、健康（南京）にて訳出

宝雲は、法顕と同じ時期に仲間と共に、インド、ガンダーラに到達し、そこでしばらく勉学をして、帰国しました。仏陀跋陀羅は、406年、中国に入り、しばらく長安にとどまりましたが、そこを排斥され、南都、健康に至りました。

④『如来会』訳者は、菩提流支（唐）。706年から713年の間、長安にて訳出

⑤『サンスクリット本』

⑥『荘厳経』訳者は、法賢（宋）。991年、開封にて訳出

⑦『チベット訳』8世紀から9世紀に訳出

詳しくは、「枝葉編　第3章」をご覧下さい。

漢訳無量寿経の中身の話は、「幹編　第6章」そして、「枝葉編　第3章」をご覧下さい。

注　浄土仏教は西北インドで誕生したといわれることが多いです。中インドで誕生したと、私は思っています。その根拠となるのがアミターバブッダの台座の発掘です。

「アミターバ（阿弥陀）」と刻まれた、ブッダ立像の台座が、1976年にマトゥラー市の西郊、ゴーヴィンドナガルで発掘されました。発掘されたのは、台座と足のみで、その上部はありませんでした。現在、マトゥラーの博物館に保管されています。なお、中村先生は、銘文により建立されたのは西暦156年とされています。（『ブッダの世界』中村元　学習研究社1980年「新発見の阿弥陀仏像台座銘文とその意義」493～495頁）

4　華厳経《けごんきょう》

(1)　華厳経というもの

代表的なテキストとしては、次のようなものが挙げられます。

マトゥラー出土　阿弥陀仏の台座（マトゥラー博物館）

『兜沙経』支婁迦讖訳（部分訳）《「如来名号品」「光明覚品」》
『菩薩本業経』支謙訳（部分訳）《「十住品」》
『十住経』鳩摩羅什訳（部分訳）《「十地品」》
『六十巻華厳経』421年、仏陀跋陀羅訳出〈完本〉（現在の南京付近で）

華厳経というのは、最初から華厳経として、存在していたのではありません。今、華厳経としてあるものは、紀元350年頃、タクラマカン砂漠の南のオアシス都市、ホータンで、確定成立しました。ここに挙げました六つの経典の中で、全体ができたのは最も遅いと言えます。しかし、だからといって、新しい経典だということではありません。

この華厳経の中の、ある部分は、単独の経典として、相当古い時代に作られました。維摩経《ゆいま》が出来上がるのとほとんど同じ時に、出来上がりました。紀元100年から150年頃にできたと考えます。

最初は、小部のものが作られました。この経典には、非常に大きな特徴があります。

それは、ブッダ（仏陀）が教えを説くという形式を取っていないことです。どんな経典も、必ずブッダが教えを説くのが当たり前なのに、この経典では、教えを説くのは、ブッダではなく、ボサツ（菩薩）なのです。

こういう表現は、仏教徒にとって、相当の覚悟がないとできないことです。確固たる信念がないとできないことです。


その後、彼らは、自分たちのグループ内で、真面目に、じっくりといろいろな修行に打ち込んでいくのです。しかし、そこには、権威ある指導者はいないのです。修行のための、信頼できるカリキュラムも存在していないのです。ただあるのは、自分に対する信頼、仲間に対する信頼、この世の中に対する信頼、それしかないのです。でも、それが、彼らにとって、揺るがない、崩れることのない、退くことのない、そういうものになっていたのです。

そして、彼らは、自分が、そして、仲間が、どういうように高みに登っていくのかを、丹念に記述したのです。彼らは、それを「十」という段階で表しました。十段階の境地（十住）、少し後には、十段階の大地（十地）としてまとめられました。

優れた修行僧の実証をまとめた華厳経は、お釈迦さまの悟りの最も奥底を表したものと古来からいわれてきました。実際は全く違いますが、そのように評価される所以《ゆえん》はあるのだと思います。

(2) 華厳経成立の五つの時期

華厳経という経典は、出来上がり方が、とても興味深いものになっています。普通、経典の成立というと、最初、小部の前駆的な経典が複数現れて、それらが融合編纂されて、次第に体系的な大部の経典が出来上がる、というのが一般的な成立のパターンです。この華厳経は、そういったものでは全くないのです。ただ、中国側から見ると、そのようにも見えるのです。例えば、『六十巻華厳経』がどのように成立したのか、というような見方をすると、経典の成立の普通のパターンということになります。

ここでは、インド側から見た成立の全体像を、5期に分けて、描いてみたいと思います。

▽第1期(100~150)

最初期般若経(八千頌般若経に相当するもの)を熱心に実習していた人たちが、1世紀のインドにいました。彼らは、プラジュニャー・パーラミター(般若波羅蜜)の獲得の実践をしていたのです。その中には、伝統を重んじる集団(伝統的部派)からは離れたスタンスをとる修行者もいましたが、少数者でした。ほとんどの者は、何らかの部派と関わりを持っていました。伝統に対して懐疑的なスタンスを取る部派の影響を色濃く受けている修行者たちも、数多くいました。

その中で、多くの者たちが持った共通認識がありました。それは、「自分たちには、本当の先生がいない。何もかも教えてくれる、先生というものがいない」ということです。

このことは、見方によっては一つの弱点なのです。なので、彼らは、先生がいないことに正当性がある、という主張をするようになっていったのです。先生、ブッダの直接の教えを受けなくても、ブッダになっていける、という主張をするようになりました。

しかし、このことを、対外的な見栄ととらえるような、狭小な評価をすべきではありません。その主張の裏付けには、彼らの修行の確固たる自信と、最高の仏教者を輩出しているという自負があったからです。

だから、彼らは、そのことを、自分たちが実習してきた、修行の姿、具体的にはカリキュラム、それが、はるかなるブッダの高みまで存在していることを示すために、十という数字を使って、修行の段階を明示したのです。「十法住」、「十道地」、「十願」、「十三昧」という具合に、叙述できることを示したのです。それが、最も初期の「華厳経」、「兜沙経《としゃきょう》」です。まだ、ここには、10の段階の具体的内容までは触れられていません。しかし、画期的な経典であると思います。

これができたのは、北西インド、中インド西北部、であったと思われます。

初期華厳経が出来上がるのは、異民族の宗教の神格にも対抗できるだけの人間を輩出することが責務であったそういう時間であり、そういう場所であること。そして、ある程度の治安は確保されていた時間、場所。クシャナ朝の中心勢力が中インドに移動したその後の西北インド、それが、一番ふさわしいと思われます。

▽第2期（150〜200）

この時期は、先ほどの動きの延長線上にあります。10の段階の具体的姿を叙述した経典が制作されるのです。それが、『菩薩本業経』です。

この頃、般若経の流れの中で実習していた修行僧の中に、具体的、求道の姿が、皆の共通認識として出来上がってきたのです。それが、善財童子《ぜんざいどうじ》の求道物語です。

インドの長者の子に生まれた善財童子が、ある日、仏教に目覚めて、さまざまな善知識（先生）（菩薩、出家僧、在家、女性、子ども、他宗教の人）53人を訪ね歩いて仏教の修行を積み、最後に普賢菩薩の所で悟りを開くという、求道の物語です。

『ガンダ・ヴューハ』の先駆のものが出来上がったのだと思われます。ちょうど、般若経の中に、常啼菩薩物語があるように。

▽第3期（２００～３００）

この時期は耐え忍んだ時代です。新しい動きはありませんでしたが、しっかり自分たちの中にエネルギーは確保していたのだと思います。彼らは、それを携えて、少しずつ移動を始めていました。パミールを北へ越える者も出てきました。

インド世界の中では、１００年間ぐらいの長い時間をかけて、仏道の10の段階を精密に、描写した『十地経』が出来上がりました。それを携えた修行者たちは、パミールを北へ越える者も出てきました。

▽第4期（３００～３５０）

この時期に、中国に伝わる「華厳経」が成立しました。ただし、インド世界で、ではありません。インド世界と、中国世界の中間地帯、中国のタクマラカン砂漠の南、オアシス都市、ホータンで、なのです。ここでの編纂には、先に挙げましたすべての華厳経経典が使われました。一大経典の編纂なのです。

この経典の編纂の動機は、多分に貿易上の都合があったように思えます。中国への輸出品を製作する、オアシス都市ホータンの、一大プロジェクトの成果であったような気がします。ただし、このホータンに、この華厳経類を信奉している多くの修行者がいたことは言うまでもありません。そのことが、他の経典にも影響を与えているくらいです（注）。

▽第5期（350〜450）

この時期は、考慮に入れなくても構わないとも思います。現在残っている華厳経経典が、確定テキストになった時期というだけのことです。『十地経』（サンスクリット語）、『漢訳華厳経』、『ガンダ・ヴューハ』（サンスクリット語）がテキストとして確定された時期です。

(3) 華厳経を作った人たち

華厳経を作った人たちは、ボサツたちでした。ボサツというのは、先生がいなくても、自分たちだけで頑張って修行する人たちのことです。

ボサツ（ボウディ・サットバ）とは、漢字で【「菩薩」】と書きます。この言葉は、もともとは、仏陀になる（目覚める、覚りを開く）以前の、お釈迦さまのことを呼んだ言葉なのです。その言葉の意味は、「さとりに心をかける人」ということです。

紀元前1世紀から始まった新しい動きの中で、その動きを進めていた人たちは、まず自分たちのことをボサツと呼ぶようになります。つまり、彼らは、自分たちこそが、「さとりに心をかける人」であるという自覚があったのです。

このことを強烈に意識した人たちは、自分たちこそ、仏陀になれるのだという強い思いがありました。

そして、さらに、そのことを、出家僧の中で議論した人たちは、次のようなことを結論として導き出しました。

「自分たち出家僧がボサツである、という思いは、ひどく的外れなものだ」ということでした。自分たち出家僧だけがボサツであるということは、誤りである、とまで思うようになったのです。

そして、そのことがますます意識化されると、「ボサツ」という言葉は、紀元前後から、出家僧だけを指す言葉でなくなり、さらに、家庭生活を送っている人をも指す言葉になっていきます。

普通に家庭生活を送り、普通の職業につき、在家の生活を送っている、多くの人たちがいます。その中には、われわれ、出家僧よりもはるかに仏教の教えに精通していて、われわれ出家僧よりもはるかに修行も進んでいる人たちがおられる。そういう方々こそ、「ボサツ」と呼ぶにふさわしい、と思うようになっていきました。

（時代が経つと、仏陀に継ぐ尊格《そんかく》としての「菩薩」というように、また違った意味をも持つようになりました。例えば、観音菩薩。）

この華厳経は、そうした一般の人たちに焦点を当てた経典なのです。

そして、この経典の最後の章には、有名な善財童子の話があります。

善財童子は、インドの長者の息子でした。彼は、文殊菩薩の勧めに従い、求法の旅に出かけます。そして、その途中で教えを請う相手は、男性の出家僧、女性の出家僧などの仏教の人たちとは限りません。仏教以外の宗教の修行者、子ども、娼婦、商人、いろいろな人たちなのです。計53人の人たちから、教えを受けて、最後、普賢菩薩のもとで、悟りを開きます。

菩薩としての修行者の、理想像が描かれています。

『華厳経入法界品』によります。

注　この華厳経編纂の出来事は、「無量寿経」信奉者たちにも影響を与えました。

【無量寿経への影響】

無量寿経の最初の部分に、「仏華厳三昧」（『真宗聖典』5頁）という言葉があります。

この言葉があるブロック（段）は、古い異訳『大阿弥陀経』、『平等覚経』、そして、サンスクリット本にもない部分です。漢訳無量寿経の中で最も新しく付け加えられた部分であると思われます。

以下は私の推測によっています。

紀元後350年頃、ホータンに存在していた、華厳経コミュニティーは、華厳経の総合版の編纂をなし終えていました。同じ時期に、サンスクリット語本の無量寿経を携えた、無量寿経コミュニティーもホータンで活動をしていました。ただし、華厳経コミュニティーより数十年は早く、その地に根付いていました。既に、阿弥陀仏信仰に基づく、「王妃様の救済物語」と、「阿弥陀仏の姿を見るための方法」という二つの小本を完成させていました。

この二つのコミュニティーは、インドの地で200年以上前から非常に近い関係にありました。自前の組織化された修行体系を持つ、華厳経コミュニティーと、実際のブッダ（アミダ・ブッダ）を先生とすることで自分の命の方向を決めている、無量寿経コミュニティーとして、どの仏教集団からも信頼されていました。互いに対しても、他に対しても、非常に良好な関係を築いていたのです。

排他的なインド宗教が大きな力を持ってくるにつれて、仏教の各教団、コミュニティーも、切磋するその中で生き残ろうと精一杯の動きをしていた、その時に当たります。

そういう時代であるからこそ、他からの言葉をしっかり受け止めることのできる、この二つのコミュニティーは存在意味を持っていたのだと思います。

そして、ホータンというオアシス都市で、何十年も同じ時を過ごすうちに、さらに互いの理解が深まっていきました。ある時、華厳経コミュニティーから出された、「無量寿経も、私たちと同じように、多くのボサツ（菩薩）たちがおられる、ということが大前提になっているのですね」という言葉を完全に了承して、私の言う「ボサツストーリー」の段（前掲書 2〜6頁）が無量寿経に取り込まれたのでした。そして、「多くのブッダがおられる、ということも大前提になっているのですね」という言葉も了解されて、「仏華厳三昧（多くのブッダがおられるという精神集中）」という言葉が、取り込まれたのでした。

話は変わりますが、中国西域、そして中国本土の石窟寺院の天井、壁に多くのブッダが描かれることがあります。千仏洞と、よく言われます。これらが作られるに際しての、その一番基礎にあるのは、華厳経コミュニティーの働きであると思います。

5 維摩経《ゆいまきょう》

テキストとしては、次のものがあります。

『維摩詰経』（222〜229年）呉、支謙訳
『維摩詰所説経』（406年）鳩摩羅什訳
『サンスクリット本』
『説無垢称経』（649〜650年）玄奘訳

『チベット語訳』

(1)「初期維摩経」を作った人たち

（ここで、私が「初期維摩経」と呼ぶのは、維摩経の成立に前期、後期の二つの時代があったと解釈した方が、維摩経の理解が進むのでないかと思うからです。その前期に当たる内容〈維摩経〉を「初期維摩経」と呼びます。後期に当たる内容〈維摩経〉を「後期維摩経」と呼びたいと思います。）

「初期維摩経」を作った人たちは、出家僧の中でも、初期大乗仏教経典の創出に最も情熱を込めた人たちでした。1世紀末から2世紀初めにかけてのことでした。

彼らは、一般の仏教徒たちの中にあった、さまざまな意見にしっかり耳を傾けた人々でした。そして、さらに、仏教徒以外の人々のさまざまな思いも、引き受けようとした人々でした。

（ただ、教えのことについては、一般の仏教信者たちの意見に耳を傾けたのかと言えば、そうではないと私は思います。維摩経に登場する議論が、どう考えても、一般の仏教徒がする議論ではないと思えるからです。どうしても、出家修行僧の、専門家の中だけの議論に思えて仕方がないのです。）

初期維摩経の中では、「どんなに、しっかりした修行をしている人であっても、それは、見せかけだけの修行に過ぎないのかもしれない」という主張が展開されます。そして、その主張を、在家の仏教徒である「維摩」という人物にさせる、ということをしています。

修行僧たちが、本当にちゃんとしているのか、そういう不信感が、その当時の在家の信者たちにあったのではないかと思います。そして、出家僧でなければ、覚りへの道を歩めない、という出家僧たちの態度は、鼻持ちならないと思っていた多くの人々がいたのではないかと思われるのです。

(2) 時代、場所

この経典の主人公の名前は、「維摩《ゆいま》(詰《きつ》)」と言います。インドの言葉で「ヴィマラキールティ」と言い、「汚れのない名声を持てる者」という意味です。中国、日本では、彼のことを「維摩居士《ゆいまこじ》」と言い習わしています。「居士」というのは、資産家という意味です。出家したお坊さんではありません。在家の人です。

この主人公、「維摩居士」は、中インドのヴァイシャーリーという商業都市の有力者、つまり、大金持ちとして描かれています。一般の、ただの普通の人では決してないのです。これも、大きな特徴であると思います。

この維摩経が出来上がりつつある時代、大都市に住む商人が、非常に裕福であって、宗教的なことにも造詣が深い人がおられた、そういう時代であったということです。

初期維摩経が確定成立したのは、時代は1世紀末から2世紀初め。場所は、中央インドの西北部、マトゥラー、バーラーナシー辺りを想定しています。

1世紀頃からインド世界に侵入を始めた大月氏が建てた国、クシャン朝。そのクシャン朝の最盛期に、この維摩経は成立したのではないかと思われます。

(3) 表のストーリー・裏のストーリー

「初期維摩経」には、二つのストーリーがあります。表と裏の二つです。

この維摩経という経典は、世俗的な権力者、資産家が喜ぶ内容であると思います。そういう者が宗教的権威を愚弄する、そういう話に見えるからです。なぜなら、この世の権力者を束縛する者は、多くの場合、宗教的権威だからです。

維摩経の「表のストーリー」は、権力者（資産家）が宗教的権威者をばかにする話なのです。武力であろうが財産であろうが力を手に入れた人は、ほとんどのことは意のままにできます。しかし、そこまで上り詰めても、宗教における威光を持てる者は、こうしてはいけないとか、こういうことをすべきであるとか、こちらの意に染まないことをいろいろ言ってくるものです。そういうことにうんざりする権力者は、大変多くおられたのだと思います。そういう人たちにこの維摩経の表の話をすると、彼らの鬱憤晴らしになります。

この話は、世俗で生きている人には、受けに受けます。

だから、維摩経が中国世界に入った後も、維摩居士のモチーフは中国人に好まれ、石窟寺院の壁画に描かれたり、彫刻が彫られたりしたのです。

実は、維摩経には、「裏のストーリー」があります。

「あなたの病はどうして生じたのでしょうか。」という文殊菩薩からの問いに答えて、

「一切衆生病むを以て、是の故に我病む。」(注1)

と、維摩居士は答えます。

維摩経全体の内容は、お釈迦さまが、病気になった維摩(維摩詰)のお見舞いに、弟子たちを行かせる話となっています。最初弟子たちに「行かないか」と話を持っていっても、誰も行くとは言わないのです。みんな、以前に維摩にやり込められたことを明かし、自分では無理だと言うのです。その次に、菩薩たちに、話を持っていっても、誰も行きたがらないのです。最後に、文殊菩薩だけがお見舞いを引き受けました。

そして、先の問答になります。

その時の答えとして出された言葉、

「一切衆生病むを以て、是の故に我病む。」

この言葉が、維摩経の最も言いたかったことを表していると思います。


「(お釈迦さまのどんな弟子たちもかなわない)維摩が病気である」ということが、まずこの維摩経のメインテーマになっています。

お釈迦さまの筆頭弟子の舎利弗よりも、菩薩の中の最高位の弥勒菩薩よりも、ブッダに近い、その維摩が病んでいる。普通は、有り得ないことなのです。この維摩経は、仏教の常識から言って有り得ないことを、この経典のメインテーマにしているのです。

これはどういうことでしょうか?

「私は病気である」と感じていることほど、健康的なことはない、ということなのです。

仏教は、「自らを良し」とはしません。自らを良しとすると、そこを離れようとはしないからです。これは、最も基本的な、仏教のものの考え方です。

いいですか? ここでしっかり確認してほしいことがあります。「私は病気である」と維摩が言った相手は誰なのかということなのです。それは、文殊菩薩をはじめとする、仏教の大御所たちです。一般の人に向かって、それを言ったのではありません。釈尊の高位の直弟子たち、後代理想的な修行をしている人たち、つまり、仏教の権威者たちに対してなのです。

この「裏のストーリー」が、維摩経の最も言わんとするところなのです。仏教の最も基本的な教え、「自らを決して良しとはしない」ことを、仏教の（伝統的グループ、進歩的グループに関係なく、）権威者たちに、ぶちかますことにあったのです。

この「裏の」話は、経典の中では高らかに取り上げられていますが、現実の維摩経の講話の時は、講師はこのことにほとんど触れなかったことは、想像に難くありません。一般の人には、全く受けない話であるからです。それどころか、自分が病気かもしれないという、不快感を与えてしまうおそれがあったからです。

⑷　維摩経の結論

それは、先ほど挙げた言葉、

「一切衆生病むを以て、是の故に」

の中にあります。

一切衆生が病気なので、私が病気なのです。あらゆる人々が病気なので、私は病気になってしまっている。私が病気を克服するには、あらゆる人々の病気を治せばよい、ということになります。または、私の病気が治るには、あらゆる人の病気が治ればよいのだ、ということになります。

ここで、維摩経は、「あらゆる人々に関わる」ことこそ、あなたにとって素晴らしい成果をもたらすことになる、ということを表明しているのです。

(5) 維摩経という経典の受け取られ方

維摩経は、慈悲と空の思想を表すために説かれたという人がいます。確かに、慈悲と空について、しつこいくらい議論がなされています。

それは、この維摩経が確定成立した時期に、般若経を信奉していた人々の中で真剣に議論されていたことが、この維摩経の中に記録されたということでなかったのかと思います。2世紀のインドは、新しい動きの各グループが、一番盛り上がった時期ではなかったかと思います。その当時、維摩経は、最もそういうことを掲載しやすい経典であったのでしょう。

その当時は、「後期維摩経」の内容が、維摩経として確定成立しようとしていた時期に当たります。

議論の最もホットな記録は、維摩経コミュニティーという最も真摯なコミュニティーにとって、自らの経典に含まなければ、散逸してしまう恐れがあると感じていたのではないかと思います。それで、維摩経に取り入れられたのでしょう。資料はありません。私の推測に過ぎません。

⑹ 維摩経の、二つの構造

維摩経の中には、二つの構造があると言えます。

第1の構造は、⑴から⑷のところで述べたような、維摩経の、「話の骨格部分」に当たります。この骨格部分は、他の部分に先がけて出来上がったと考えられます。具体的にはどういう部分かと言いますと、

「主人公が、都市の大商人（資産家）であるということ。

主人公が、その当時の仏教の権威者とされていた、二つの類型の人々を完膚なきまでにたたきのめすこと。

そのうちの一つは、釈尊の教えらしきものを大事にして、その上で安穏をむさぼっている人たち（伝統コミュニティーの人たち）（注2）です。もう一つは、最近態度がでかくなってきた、修行マニアたち（ボサツコミュニティーの人たち）（注3）」です。

そして、最後に、結語として、「一切衆生病むを以て、是の故に我病む。」を置き、「あらゆる人々に関わることを、最高の指針とした」という所が、骨格部分と言ってよいのでしょう。

第1の構造は、「話の骨格部分」のことです。はっきりストーリー性のある部分のことです。誰もが話を聞いて、聞き取れる部分のことです。

この骨格部分というのは、維摩経のどこからどこまでと言える部分を言うのではありません。話の骨組みと言ってよいところのことです。

第2の構造とは、骨格部分の後にある、「教義の説明部分」のことです。分かりやすい例を挙げてみます。第4章（注4）を取り上げてみます。第4の「一切衆生病むを以て、是の故に我病む。」とある部分（注5）までを、第1の構造とします。

それ以降を、第2の構造とします。

第2の構造の所は、教義の説明部分がほとんどです。第4章のそこにあるのは、具体的には、「大悲、諸仏の国土、空、相、四大、我、顛倒、客塵煩悩、縛、解、空・無相・無願、生死、智慧、方便、一切智、十二縁起、彼岸、六波羅蜜、六神通、四無量心、四念処、四正勤、七覚支」などです。ここに挙げてある教義の説明は、他のどの経典に挙げてあるものより精緻で的確なものです。

(7) 維摩経の出来上がり方

ここでは、維摩経がどのように出来上がっていったのかをお話しします。

① 《推測》【初期維摩経の出来上がり方】

▽インドでは、紀元前1300年頃から約千年間、長年にわたって西北方からアーリア民族の進入がありました。

それ以降、紀元前4世紀後半からは、西北方から、幾多の異民族が侵入してきました。ギリシャ人、パルティア人、シリア人たちです。侵入してきたこれらの集団は、比較的少数(1派、最大で1万人)だったので、ある一帯を完全に支配するほどの力はありませんでした。仏教徒たちも彼らと共存の道を歩みました。彼らも異教徒である仏教徒たちと、協力、対話の関係を維持しました。

そして、紀元前1世紀には、北方遊牧民のサカ人(スキタイとも呼ばれる)が、北西辺境地域、西北インドの一部に侵入してきました。彼らは、はっきり侵略の意図がありました。彼らには強力な武力がありました。騎馬、そして優れた武器、短弓、剣、斧などでした。侵入してきた最大の勢力で、5万人規模でした。300年前のアレクサンドロス大王の軍の規模と考えてよいと思います。ただし、アレクサンドロス大王軍とは違っています。軍隊のすぐ後に部族全体が移動するのです。

サカ人は、本当に一瞬でインド辺境地域、西北インドを手中にしたのです。そして、一帯の村落、都市を略奪しまくったのです。その後、ある時には、中インドのバーラーナシー、パトナまで落としたといわれています。

しかし、永続的に統治するということは行いませんでした。彼らは、農耕地域を統治することに関心がなかったのだと思われます。西北インドのペシャワール付近を本拠地にしていたようです。

そこで、1世代、2世代と過ごしていくうちに、部族内が変質していきます。食料、財物がたやすく手に入るようになると、武力の集中が行われることが急速になくなっていったのです。

彼らは、宗教にも関心がありませんでした。その当時栄えていた仏教、アーリア民族のヒンズー教にも関心がありませんでした。略奪の対象とみれば、略奪、破壊し、そうでなければ、関わりのないものとして放っておく。そういった関係でした。

【《想像》侵略を受けた仏教徒たちはどうしたのか】

さて、この当時のこの地域の仏教徒たちは、どういった行動を取ったのでしょう。それを証明する資料はほとんどありません。想像を逞《たくま》しくして、描いてみましょう。

（a）僧院を根拠地にしていた出家僧たちは、略奪の対象になり、僧院は破壊され、多くの僧侶の命が奪われました。残った者のほとんどは、西南インドの僧院、中インドの僧院へ難を避けたのでしょう。西北インドの仏教はほとんど壊滅しました。表面上はそういうことです。

（b）都市を根拠地にしていた出家僧たちは、これも略奪の対象になりましたが、その後、目立たないように、都市の片隅でそっと暮らしていました。以前のように、財物を募って寺院を作る、みたいなことは全くなくなりました。出家僧としての気迫は相当損なわれました。もっともダメージを受けたと言ってよいような気がします。

（c）村を根拠地にしていた出家僧たちは、サカ人の有力者たちの所へ行って、ささやかな所から交わりをしようとしたのではないかと思われます。

彼らは以前から清貧の生活をしていました。ただ自らが生きていくための食料の施しを受けて修行をしていたのでした。彼らは、もともと大きなグループを作ってはいなかったのです。そして、現世で守るものがない修行をしていたのです。ただ、そういった行動を取れた人は、数が少なかったのではないかと思います。最初は、2、3人であったかもしれません。彼らほど、自由な動きの取れる人たちはいなかったのです。

まさに、プラジュニャー・パーラミター（般若波羅蜜）に生きた人々（注6）がここにもいたのです。

彼らは、自分たちのことを宗教に関心を持たない人たちに理解してもらうために、ある「話」をするようになりました。それが、初期維摩経の「骨格部分」の話なのです。ただこの当時は、話をしている人たちも、それが経典になるとは思ってもいませんでした。経典にしようとも思ってもいませんでした。そういう人たちがこの西北インドの地におられたのだと思われるのです。

紀元1世紀初めから、西北インドでは少し変化の兆しが現れます。サカ人の領域が縮小してきたことが、そこに住んでいる人たちにも次第に分かってきたことです。

分散して暮らしていた人々が凝集して、部族が一体となって移動して、新天地で部族の領域を作り、栄華を謳歌した。そういうサカ族とは、性格の異なる部族連合体が、サカ族の遠征出発地点に形成されつつあったのです。

それは、もともと西方起源の部族が、中国世界（その部族の東端は、中国の河西回廊に暮らしていたともされています）にまで移動し、その後、中央アジアのアムダリア川北岸に戻り、暮らしていた人々でした。彼らの名前は、中国からは「大月氏」と呼ばれていました。そして、その中の中心となった部族の名を取って、「クシャン」と呼ばれるようになりました。

インド世界にとって、クシャン人とは、北方からやってきた遊牧民です。紀元1世紀中頃から、北西辺境地域に本格的に侵略しました。そして、紀元1世紀後半には、西北インドを手中に収めました。

クシャン人は、中国で農耕を主なる産業とする大国家（漢）との接触を経験しています。そして、サカ族のインドへの移動に伴って、発生した力の空白地帯（アムダリア川北岸）に舞い戻ってから、しばらくそこで小規模ながら農耕も経験していました。そして、移動の過程で、交易がいかに富をもたらすか、ということも学習しました。特に中国世界とインド世界との間の物資の運搬を伴う交易は、想像をはるかに超える利益をもたらしました。しかし、武力の支援なしの交易は、深刻な危険を伴うことも理解していました。隊商が全滅することもよくあったのです。

彼らは、根拠地を獲得することを夢見たのです。部族全体を養えるだけの農耕地を含む根拠地を。そして、そこは揺るぎない武力でもって守られている。そういう根拠地を夢見ていたのです。

紀元1世紀初め頃、大草原地帯を通り抜けて、アムダリア川北岸に到達しました。過去に、その地を一旦根拠地にして、インド方面へ移動していった部族、サカ人（スキタイともいわれる）たちのことを気にするようになり、その情報を丹念に収集するようになりました。

その結果、

「サカ人とクシャン人の兵士の強さは互角。

サカ人と、クシャン人が糾合できる人口との比較は、自分たちが5倍。サカ人の人口を5万人とすると、クシャン人は25万人。

インドへ侵入するルート（辺境地域、現在のアフガニスタン）は、1年に通過可能なのは、兵員（輜重《しちょう》隊も含む）で、平均3万人。民間人（護衛兵を含む）で、平均1万5千人。5分の1は残していくとすると、辺境地域を通過するのに、約10年間かかる」

ということが分かりました。

そして、最も重要な情報は、到着地点を支配しているサカ人たちの動向です。そのうち、最も気がかりなのが、兵力の問題です。交易をしながら集めた情報によれば、サカ人の兵力は、全盛期の3分の1から5分の1程度であることが分かりました。この程度であれば、第1派の兵力で彼らを駆逐できることが分かりました。

一般的に、人口が5万人だとすると、武装できるのは、2万人ぐらいです。精鋭兵は、その3分の1。7千人ほどとなります。これは、移動を生活とする遊牧民の場合の算定基準になります。農耕民族の場合は、武装できるのは、1万人。精鋭兵は、その5分の1、2千人ほどとなります。

（すべて私の推定による算定基準です。）△
以上のように描いてみましたが、ほとんどが私の推測です。

▽《推測》【サカ人とクシャン朝の関わり】

紀元後1世紀に、西北インド辺境地域からやって来た、侵略勢力は、圧倒的武力を持っていました。後にインドでクシャン朝となる勢力でした。

紀元2世紀初めになると、クシャン王朝の支配も安定化に向かいました。

各都市の中には、次第に、仏教寺院、そして、ヒンズー教寺院もきらびやかに建立され、多くの信者で賑やかになってきました。

寺院の近くには市が立ち、寺院は、都市の中で中核の役割を担うようになっていきました。

まだこの頃は、クシャン王朝は、仏教に対して、本格的に支援を与えるということまではなされてはいませんでした。ただ、クシャン王朝は、商人の活動に対しては便宜を図っていました。そして、この頃から、コインの発行が本格化していきました。このクシャン朝のコインは、サカ人が発行したものに比べて、はるかに上質なものでした。

長々と、紀元前から、1世紀、そして、2世紀の初めまでの、北西インド、辺境地域の情勢について語ってきました。

維摩経と何の関係があるのかと、怪訝《けげん》に思われる方も、多くおられることでしょう。

先ほど、サカ族がやって来た話の中で、
（a）僧院を根拠地にしていた出家僧たち
（b）都市を根拠地にしていた出家僧たち
（c）村を根拠地にしていた出家僧たち
が、どのようにしたのかの話をしました。

〈この（a）、（b）、（c）はタイプ名だと理解して下さい。僧院に住まいする者が英雄的な死を選ぶのか。または、南へと逃げて同じ系統の僧院に駆け込み、安穏な暮らしをすると言っている訳ではありません。ただ、そういう人がおられやすいということなのです。〉

サカ族はある日突然やって来たのです。まさに厄災でした。

それに、どのように反応したのか。こんなことは仏教開闢《かいびゃく》以来一度も経験がなかったことです。
（a）僧院を根拠地にしていた出家僧たち

侵略の初めには、サカ人の兵士の前に立ち、略奪をやめるように懇願した修行僧たちがいました。数はそれほど多くはありませんでしたが、サカ人によって切り殺されました。彼ら、修行僧たちは、自分たちは英雄的行動が取れたと思っていました。少なくとも仲間はそのように思ってくれました。

ある者は、サカ人に占領されていない、仲間の僧院まで逃げました。行程千キロにもなる逃避行でした。主に南西インドのウッジャイン、または中インド北西の都市、マトゥラーに向かいました。そこには、仲間の修行僧たちがいました。そこでは、元の地位での修行生活をすることができました。

《修行僧は一般人と同じくらい逞しい。》

（b）都市を根拠地にしていた出家僧たち

日頃、彼らは、とてもよき隣人でした。貧しく飢えに苦しむ者には、食料を。凍える者たちには、身にまとう布を。親のない子どもには、世話をしてくれる大人を。

その都市にサカ人がやって来た時、彼らはどうしてよいか分かりませんでした。いつもお世話になっている商人の家にサカ人が押し入り、家人を殺し財物を奪っているのです。

その家からサカ人が引き上げるまで、彼は何もできませんでした。隅の方で隠れていました。

彼には、何もできなかったという罪悪感だけが残りました。

その後でも、彼は何もやる気が起きませんでした。周りの人から見ると、投げやりな引きこもりです。冷たい視線だけがかけられていました。なぜこのようなことになったのでしょう。

自分は不幸になるべきでないと、無意識のうちに思っていたからです。外から見れば冷静に見えますが、中身はパニックなのです。でも、自分はパニックになる人間ではないのです。

《出家僧に死はないのですが、ボサツに死はあるのです。》

（c）村を根拠地にしている修行僧たち
彼らに特別の支援者はいません。ただ、村の家々の前に立つと、わずかの食べ物を施してもらえる、そういう関係です。

彼らは、大事にしていることがあります。とても簡単に思えることです。

《人の言うことは、聞こう。》

ということです。

これは、自分の師匠から「これだけは大事にしていきなさい」と伝えられた言葉なのです。

師匠は、こうも言っていました。「この言葉は、この先も代々伝えるように」と。

師匠の言葉の意味はよく分かりませんでしたが、彼らは、ただ愚直に「プラジュニャー・パーラミター」と口に唱えて、修行に励んでいました。彼は、プラジュニャー・パーラミター（般若波羅蜜）の行者だったのです。

初めてサカ人が村に現れた時､彼はびっくりしました。震えているだけでは､プラジュニャー・パーラミターにならない。前に出なくては。それで、彼は、少し知的な感じのする、サカ人の兵士に声を掛けてみました。相手が圧倒的な力を持っているのなら、そういう彼に敬意を払おう。精一杯の礼拝をしました。そして彼に語りかけました。

「この場所で、私が尊敬する先生に礼拝することをお許し下さい。その方は何百年も前に亡くなった方です。その方は皆さんに仇なすお方ではありません。その方の話を聞くとすっきり整った気持ちになってきます。また、皆さん方のご命令はいかなることにも従います。」

言葉が通じようが通じまいと穏やかな顔で、ゆっくり語りかけました。サカ人の兵士は、黙って聞いていてくれました。

そのサカ人の兵士は、行者の顔を正面に見て、ゆっくり話し始めました。言葉は全く分かりませんでしたが、この場所で礼拝してもよいと言っているようでした。何回も身振り手振りで確かめました。最後に兵士は、明日の朝、ここにやって来ると言っているようでした。

頭の中での整理に少し時間がかかりましたが、すんなり、落ち着くことができました。整理が付けば、もはや何の葛藤もありませんでした。

《収まりきっている僧院の修行僧》よりも、《人のために生きようとする修行僧》よりも、確かさのある歩みなのだという思いが、次第に揺るぎないものになっていきました。

そこには、《収まり》があるのでもなく、《喜び》があるのでもなく、ただ、《すっきり》があったのです。

《収まり》は、安定を志向します。生きていくのに厳しい世界では、平安をもたらします。

《喜び》は、あらゆる者の一致を志向します。孤独感を気にする人々の中に、連帯をもたらします。

《すっきり》は、選択の正しさを志向します。あらゆる人々の中に、生きていく足取りの確かさをもたらします。△

紀元2世紀の初め、クシャン朝の初期、この頃までに出来上がっていたものを、私は「初期維摩経」と便宜的に名付けました。

「初期維摩経」は、テキスト上では、だいたい次のようになります。

第2章から第3章にある骨組み部分、「維摩居士の病気と、お釈迦さまからの見舞いの依頼を断る、弟子たち、ボサツたち」を中心にした部分。

第4章の骨組み部分、「見舞いに行った文殊ボサツと維摩とのやり取り」。
第6章の骨組み部分、「天女の話」は、初期維摩経の最終期に入れたいと思います。
これらは、基本的に、「お話」として、普通の人々に語られたと思われる、そういう所です。誰が聞いても面白いと思える、そういうストーリーの部分です。

② 後期維摩経の出来上がり方

クシャン朝も、紀元2世紀中頃、カニシカ王の治世で絶頂期となり、アムダリア川北岸、バクトリアから、中インド、西南インドまでを帝国の版図としました。

100年間足らずでしたが、この頃は、インドが生き生きと活気づく、貴重な時代でした。西北からやって来た、クシャン人によって作られた王国。しかし、この国は単なる征服王朝ではありませんでした。クシャン人は、洗練された民族でした。大帝国と接触する術も持っていました。世界的に見て最長の移動も経験していました。武力も最強クラスでした。交易がいかに利益を生むのかも知っていました。異民族を従順にさせる術も知っていました。

後期維摩経が出来上がった時代は、クシャン朝が栄華を極めた100年間の、その中の10年間ほどだったのです。

「後期維摩経」とは、簡単に言えば、①「初期維摩経」以外のすべてのことです。

その中を、(i)、(ii)、(iii)の三つに分けて、維摩経の中身の話をしようと思います。

(i)先ほど、「初期維摩経」とした部分に織り込まれた、教義に関しての議論。または、維摩居士が教義に関して主張する箇所。

例を挙げてみます。

維摩経第4章、私が維摩経の結論(究極の主張)として挙げました「衆生が病であるので、私は病なのです。すべての衆生が病を消し去る時、私の病も治るのです。(取意)」のすぐ後にある「空、空性」に関する議論がそれに当たります。

これらは、至極の議論です。これ以上、高度なものはどこにもありません。

この本の第5章にて取り上げました他の経典のどれよりも、中身が高度であり洗練されています。

内容が充実している議論は、自然に仲間内に伝播していきます。

これらの議論は、【維摩経コミュニティー（維摩経を保持していた人々）】の中だけでされた議論ではありません。「ゆるい般若経コミュニティー」の中でされていた議論がここに取り入れられたのだろうと思います。維摩経コミュニティーは、【「ゆるい般若経コミュニティー」】の中に位置していたのでしょう。

（他の例を挙げると、無量寿経〈大阿弥陀経〉コミュニティーは、ゆるい般若経コミュニティーの外縁部の外側に接して位置していたと思われます。また、法華経コミュニティーは、般若経コミュニティーから近いが少し離れた所に位置していたと思われます。）

維摩経コミュニティーは、社会に対する強固な意志を持った前衛集団です。ただし、非常に規模は小さいと言わざるを得ませんでした。また、社会が安定し、社会（国家）を意識せずに暮らせるようになると、その評価も急速に減退していきます。

（ii）仏教全体から見た、維摩経の位置付けに関するもの。
または、維摩経の構成上必要なもの。
または、編纂時の維摩経コミュニティーの事情により、維摩経の中にどうしても組み入れたかったもの。

次の各章の骨組み部分に当たります。

第1章の骨組み部分

この部分は、経典として世に問う、という考えに至った時、この普通は有り得ないストーリーが、仏教として成立する、ということを仏教界に納得してもらうために、議論され、ここに入れられたのだと思われます。

ここでは、【「仏国土の浄化」】という概念で、維摩経というものを、仏教の中に位置付けようとしました。これはどういうことかと言いますと、維摩居士のこのお話が、仏教という世界でどういう意味を持つのかを、経の最初にうたい上げたということです。この維摩経の出来事すべてが、ブッダ、具体的には釈迦如来が自らの世界で教えを展開される、そういう具体相（具体的な姿）なのだということです。そのことを、般若経（注7）では「仏国土の浄化」、「ブッダがその世界を仏国土にしていくこと」と捉えました。そのことをここに援用したのです。

ここには、仏教にとっての大いなる疑問が提起されています。「ここは、釈迦如来の仏国土であって、清浄であるはずなのに、なぜ汚辱に満たされているのか?」。これに対して、釈迦牟尼世尊は、「本当は清浄な仏国土であるが、劣った衆生を成熟させるために、そのように見せているのです」と答えています。

第5章・第6章の骨組み部分

第5章は、「不可思議という解脱」について語っています。座席が大きくなったり、小さくなったりするような、普通の人から見て不思議としか言えないようなことは、如来の解脱の力にて起こっていることを示しています。

この章は、第6章「天女が花びらを撒き散らしたところ、舎利弗の身体にかかった花びらが舎利弗が振り払おうとしても落ちなかった」という話の序曲になっています。第6章「天女」の骨組み部分は、私は「初期維摩経」とします。2世紀中頃の維摩経編纂の10年間より50年以上前に、この話は出来上がっていたのでないかと思います（この話は、普通の人に聞かせれば確実に受ける話であるという単純な理由によります）。

第7章の骨組み部分

「巧みなる方便」について語っています。ボサツは人々を導くため、道に非ざる道（悪道）をとるが、それは、救うための手立てであると主張しています。

第8章の骨組み部分

「不二の法門」について語っています。

最初に維摩居士が、ボサツたちに「不二の法門に入る、ということはどういうことなのか?」と問いかけます。これに32人のボサツが「これこれのことが、不二の法門に入ることです」と答えます。文殊ボサツに同じことを問われた維摩居士は、一言も言葉を発せず、沈黙しました。不二ということは、言葉を尽くすことがないことなのです。

第9章の骨組み部分

舎利弗が、「食事の時間が過ぎていきます。ここにおられるボサツたちはどこで食事をするのだろうか?」と心に思いました。維摩居士はそれを知って、香積如来から最高の食べ物を持って来させます。最高の食べ物の香りで教化する香積如来と、釈迦如来との説法の違いに注目させます。

第10章の骨組み部分

釈尊が「ボサツは、ブッダの国土の完全な浄化のために、有為を尽きさせることなく、ブッダの力が加えられていることから、無為に住することもない」と言われます。

これは、「有為を尽きさせて、無為に住する」という従来の教えとは全く正反対の表現になっています。

そして、前者の表現こそ、ボサツにはふさわしいと説いています。

第11章の骨組み部分

「如来を見るとは、どういうことであるのか?」から始まって、「死して後、生まれ変わる」ということに話が移り、最後に、釈尊から、「維摩居士は、阿閦如来のもとからやって来た」ということが明かされます。

第12章の骨組み部分

「この経典を後に託す」ということが語られています。

(iii)「初期維摩経」と呼んだもの、そして、「後期維摩経」の(i)としたもの、そして、「後期維摩経」の(ii)としたもの、それら以外のすべての部分。

ここは、維摩経編纂期の最終段階で取り入れられた、「教義」に関して述べられた部分に当たります。

読んでみると少し冗長な感じがあります。しかし、この当時以降作られた経典の中に比べれば、なぜその場所にこの「教義」があるのかという点で、その意味（存在理由）はしっかり理解できます。話の筋道は通っています。

（ii）、（iii）に関しましては、

「初期維摩経」の骨組みを利用して、新しい章、第1章、第5章、第7章以降第12章までが出来上がりました。

維摩経ストーリーに則《のっと》った部分（骨組み部分）がまず出来上がりました。

その後、ほとんど同時に、教義部分が出来上がりました。

これは、般若経コミュニティーでの議論の記録のうち、維摩経コミュニティーが経典とすべきであると判断したものから成っています。

【般若経コミュニティー】での議論の記録のうち、維摩経コミュニティーが経典とすべきであると判断したものが先に出来上がっていて、それを維摩経に掲載するために、第7章以降第12章までの骨組みが作られた、そういう可能性も有り得ます。そうである確率は低いですが。

このように考えると、第7章以降第12章までの骨組みは、ただの、記録を記憶するフォーマットに過ぎないことになります。

後期維摩経は、一挙に出来上がった感が強いのです。後期維摩経が、経典化されるのに要した時間は10年までのような気がします。

③　ここで、結論を申し上げます。

維摩経は、紀元後2世紀中頃の10年間ぐらいで、一気に作られたということが、分かります。「初期維摩経」とか、「後期維摩経」と言って、二つに分けて、出来上がり方を描いたのは、この維摩経の持っている意味を分かっていただきたくて、便宜上、そのように名前を仮に付けて、解説しただけのことです。テキスト上も、歴史上も実体はありません。しかし、編纂者たちの頭の中にはしっかりそういう区分があったように感じます。

「始まりの維摩物語」なるものは、実際に存在が想定されます。これは、テキスト上では、「初期維摩経」と呼んだ中の、枠組み部分のことです。維摩が、仏弟子、菩薩たちをこてんぱんにやっつける部分のことです。

紀元後1世紀中頃から話され始めて、紀元後2世紀初めには、形が定まっていたと思われます。

ただし、この話を語っていた人々には、これを経典化しようとする意志はほとんどなかったのだと思います。紀元後2世紀初め、多くの僧侶たちに、経典として認められていたのは、「初期般若経」と「大阿弥陀経（その原初形態）」と「般舟三昧経」ぐらいでした（注8）。

その後、紀元2世紀中頃、経典として編纂されたのです。

その時、取り入れられた教義の話は、大変高度な内容であって、しかも冗長ではなくすっきりまとまったものになっています。これらは、編纂者たちの能力の高さを表しています。全仏教界の中で、修行の点でも学問の上でも情熱の面でも、ずばぬけてトップランクでした。

次に、繰り返しになりますが、維摩経を作り上げた人々について、お話しします。

この人々の源流は紀元前まで遡れそうです。その頃は、2、3人ぐらいだったかもしれません。それから少しずつ多くなっていったのでしょう。紀元1世紀中頃には、極少数ながらもコミュニティーができていたようです。

彼らは、超現実主義者でした。

略奪を副業としているサカ人たちとも関わろうとしました。それが、彼らの仏道でした。命を落とした人も多かったのかもしれません。それでも、サカ人の前にひざまずき、サカ人の前に立ち、話をしようとしました。その中で少しずつ彼らの信頼も得るようになっていきました。

そうして、自らの仏道に揺るぎなさを確信したのでした。

1世紀後半から2世紀前半にかけては、クシャン人たちでした。しかし、彼らも、現実を重んじる人たちだったので、互いの信頼関係を築くのに、サカ人よりははるかにすんなり行きました。

異質なものから逃げるのではなく、異質なものと関わらないようにするのでなく、異質なものが目の前にあるという現実を受け入れ、そこで生きていこうとする、そういう人たちでした（現実を大事にするという意味で、現実主義者でした（注9）。それが、揺るぎないという意味で超現実主義者でした。）

(8) 他の経典との関係が推測できる箇所

または、内容が固定化された年代を推測するに役に立つ言葉

維摩経のここに挙げた箇所と、先の経典（本書第5章の中の、維摩経以外の五つの経典）との間の先後の判断はしません。今回、私が取った「推測に推測を重ねる方法」では、太刀打ちできない

ことを、あらかじめ、おことわりしておきます。
フィクションとして描くならできますが、この問題はそれをしないで、歴史上真実と思われる意見を戦かわせて、時間をかけて、行うべきことだと考えるからです。
この作業をする上で、先後の判定のための基準資料として扱いやすいのは、「般舟三昧経」と「維摩経」、そして、この第5章では取り上げませんでしたが、「阿弥陀経」の三つです。これらの経典は、大きな共通の特徴を持っております。編纂がただ1回であったこと、つまり、後からの挿入ということがないと考えられることです。

（初めに挙げてあります章、ページは後掲の植木雅俊先生の訳本のものです。無量寿経、観無量寿経、阿弥陀経のページは、真宗聖典〈東本願寺〉のものです。）

「向こう岸に達しておられるあなたに、私は敬礼致します。」第1章 15頁
（訳文で「煩悩の此岸から」と補ってあるが、これは不要である。補うと原意を損なう。）

「観世音菩薩、得大勢菩薩」第1章 17頁
→← 「盧樓亘（観世音）菩薩」大阿弥陀経
（無量寿経にはない。）
→← 「観世音菩薩、大勢至菩薩」観無量寿経 104頁

「大いなる乗り物（大乗）」第2章57、59頁　第6章291頁　第7章355頁　第9章433、449頁
「ボサツの集団（ボサツ僧伽）を導くことによって、大いなる乗り物に教導する」第10章497頁
「劣った乗り物（小乗）」第2章59頁
「大いなる乗り物（大乗）、声聞のための乗り物（声聞乗）、独覚に到るための乗り物（独覚乗）」（三つがそろって列記されているもの）第3章89頁　第6章303、305頁
「あらゆるブッダたちに誉め称えられ、讃嘆され、称讃されていた。」第2章57頁

→←　阿弥陀経の六方段以降の表現に近い。

「その私は、空中からの声を聞きました。

『……アーナンダよ、それ故に、牛乳を受け取ってあなたは立ち去るがよい。恥じ入ることはない』と。」第3章113頁

（維摩詰の言うがままにはさせていない。）

→←　般若経「常啼菩薩物語」

「その「悪魔」は、空中からの声を聞いた。『パーピーヤスよ、お前はこのよき人にこれらの天女を与えるがよい。そうすれば、自分の宮殿に帰ることができるであろう』と。」第3章153頁

→←　般若経「常啼菩薩物語」

「世尊は、五つの濁り（五濁）において出現されるのだ。衆生たちは、それによって、意義

のない、粗雑で、貧賤な行いを通して教化されるべきである。」第3章113頁

→←　阿弥陀経133頁（真宗聖典）

（維摩経では、釈尊の教化の特徴を述べているだけである。さらに、阿弥陀経では、諸仏が釈尊を讃嘆するということで、釈尊に対してより積極的に評価を与えている。）

「無量の光明を持つ者という如来（阿弥陀仏）」第6章「天女」307頁

→←　阿弥陀如来

「不動である者という如来」第6章「天女」307頁

→←　阿閦如来

「ガンジス河の砂に等しい如来たちが、［過去に］覚ったし、［現在に］覚るし、［未来に］覚るであろう」第6章313頁

→←　阿弥陀経130〜133頁（表現が似ている。）

「この天女は、九十二コーティのブッダたちに供養し已りて、神通の智慧により自在に振る舞い、誓願を満たし、［無生法］忍を得て、不退転［の位］に入っていて、……」第6章315頁

→←　大阿弥陀経第十三願

「……衆生を成熟させるために誓願の力によって欲するままに、そのように［天女として］あり続けているのである」第6章315頁

→← 大阿弥陀経にはない。平等覚経第十五願には同じニュアンスの言葉がある。無量寿経第十五願、第二十二願も同様。

「ボサツたちは、衆生たちを完全に清めるために、意のままに、汚れたブッダの国土に生まれるのだ。」第11章541頁

→← 同右

「世尊よ、私たちは、その世尊であるシャーキャムニ（釈迦牟尼）に敬意を表するために、……そのサハー世界にまいりましょう。」第9章439頁

→← 釈尊の評価。

「世尊が仰られた。『自分の姿をおさえて、サハー世界において、それらの衆生たちが恥じることがないようにせよ。その世界に対して、劣っているという意識を生じて嫌悪感を生じてはならない。』と。」第9章439頁

→← 阿弥陀経では、より積極的な評価を釈尊に与えている。

「［サハー世界の］これらの衆生たちは教化しがたい。それらの教化しがたい衆生たちに、［世尊は］まさに頑固で教化しがたい者たちを屈服させる話を説かれるのだ。」第9章445頁

→← 「善知識に遇い、法を聞きて能く行ずること、これまた難しとす。」無量寿経87頁 「一切世間の信じ難き法」阿弥陀経133頁

「このサハー世界に生まれ来たったボサツたち、かれらの大いなる憐れみもまた堅固である。かれらは、この世界に一度生まれてきただけで、衆生のためにより多くの利益をもたらすのだ。」第9章 447頁

→← 阿弥陀経には、「ボサツに限って生まれ変わるとか、利益をもたらす」とかの記述はない。阿弥陀仏の世界に生まれるのは、「衆生」、「善男子善女人」といわれていて、制限はない。門戸は、完全に開かれている。

「ボサツは、どのような法を具えて、サハー世界から死んで後に、傷つけられず、苦しめられずに、[他の]完全に清められたブッダの国土に[生まれて]行くのでしょうか。」第9章 449頁

→← 大阿弥陀経、阿弥陀経の「アミダ仏国土に生まれる」

「食事の前の一時に」第10章 491頁

→← 「一つの朝食前の時間に」Skt.（サンスクリット語）無量寿経第二十二願。「ひとたび朝食前の時間に」Skt. 阿弥陀経（岩波文庫 中村元訳注 下124頁）

「この良家の息子（善男子）は、極めて楽しいところ（妙喜）という世界の不動であるもの（阿閦）という如来のもとから[生まれ変わって]やって来たのだ。」第11章 541頁

→← 阿閦如来

「良家の息子よ、この聴衆に、その極めて楽しいところ（妙喜）という世界と、その不動で

あるもの（阿閦）という如来を見せてやるがよい。この聴衆は、［これらを］見たいと思っている。」第11章543頁

→← 仏国土を見る。如来を見る。

「すべてのものたちは、極めて楽しいところという世界に誕生するための誓願を発した。世尊は、それらのすべてのものたちに、極めて楽しいところという世界に誕生するための授記（予言）をなされた。」第11章547頁

→← 誕生したいという誓願。それに対する世尊の了承。（こういう表現があるということは、維摩経コミュニティーが大阿弥陀経、阿弥陀経の内容を完全に承認していることを表している。）

「［舎利弗が］言った。『世尊よ、私は見ました。……今、如来がいらっしゃる時であれ、完全なる滅度に入られた後であれ、この法門でさえも聞くであろうところの人たち、それらの衆生たちもまた大きな利益を受けるでありましょう。』」第11章547頁

→← 舎利弗への付属

「この法門を手中にするならば、それらの人たちは、法の宝の蔵を獲得するでありましょう。「この法門を上手に書写して後、受持し、崇敬するであろうところの人たち、それらの人たちの家の中には如来がいることになるでありましょう。」第11章549頁

→← 法華経（「法門」を大事にする、特に「書写」に言及している点）
「この法門を会得し、さらに写本として書写することでさえもなし、読誦し、書写し、完全に理解するであろうところの〔良家の息子、あるいは良家の娘、〕その良家の息子、あるいは良家の娘は、この世において過去・現在・未来の世尊であるブッダたちに供養をなしたことになるであろう。」第12章 569頁
→← 同右
「如来たちが完全な滅度に入られた後に、一人ひとりの如来への供養をなすために、……ストゥーパを建てるとしよう。」第12章 569頁
→← ストゥーパ（仏塔）。供養。
「覚りを供養するのは、法によってこそできるのであり、財物によってではないのだ。」第12章 571頁
→← 財物でなく、法による供養。
「あなたたちは今、法の供養によって私に供養するがよい。財物の供養によってするべきではない。法による恭敬によって私を恭敬するべきであって、財物による恭敬によってなすべきではない。」第12章 581頁
→← 同右

参照文献

『維摩経　梵漢和対照・現代語訳』植木雅俊　岩波書店　２０１１年
『１００分ｄｅ名著　維摩経』釈徹宗　ＮＨＫ出版　２０１７年

注１　『大正新脩大蔵経』第十四巻　544頁中段
注２　伝統を重んじる部派の人たち。いわゆる小乗仏教の人たち。
注３　紀元前後から、起こってきたいわゆる大乗仏教の人たち。
注４　ここに挙げました「章」は、『維摩経　梵漢和対照・現代語訳』（植木雅俊）にある、サンスクリット本現代語訳のものです。
注５　『維摩経　梵漢和対照・現代語訳』植木雅俊（場所を見やすくするために、現代語訳部分のページ、行で表示します）189頁21行まで
注６　「プラジュニャー・パーラミター（般若波羅蜜）に生きた人々」は、インド全域におられたと思います。一部の人々だけが、そうであったのではなく、インド仏教界全体におられた、必然的な「新しい動き」であったと思います。僧侶全体から見たら、約半数の人々と言うことができますが、一部の地域だけで起こり始めたと考えるのは賛成できません。最も多くの比率でおられたのは、南インドではなく、

西南インドであったと思います。

彼らは、伝統を重んじる部派（上座部）から独立して全く自由に活動していたとみることは、実態とかけ離れたイメージを持ってしまうような気がします。そういう人たちもいたはいたでしょうが、ほとんどの人たちは、上座部と何らかの関係は残しながら活動をしていたものと思います。

注7『大乗仏典2　八千頌般若経Ⅰ』梶山雄一訳　中央公論社　1974年　17頁
注8　いわゆる大乗仏教の経典の範囲内のことです。「道行般若経」の訳者である支婁迦讖（2世紀中頃の人）は、その他の経典も訳していますが、それらがすべて、「経典」としてインドの地で認められていたのかについては、私は疑問を持っています。

注9　維摩経コミュニティーの現実主義者ぶりを発揮する箇所があります。しかも、それは私の分類で、「初期維摩経」とされる箇所です。

阿難が釈尊のために牛乳をもらおうと門前で待っていた時、その行為を維摩居士に「ブッダの病は牛乳で癒されるものではない」と、正論でもって詰問された時のことです。その時、空中からの声がしました。「牛乳を受け取って、あなたは立ち去るがよい。恥じ入ることはない」と。

維摩経コミュニティーの人は自分たちが生み出した絶対的エース、維摩居士の正論をも翻させたのでした。是非読んでいただきたいと思います。（本書第3章「受け継ぐ者たち　先生から弟子へ」）

6　法華経　ほっけきょう、ほけきょう

(1)　法華経とは

法華経は素晴らしい経典です。

「声聞《しょうもん》」、「ブッダ」、「乗り物」、「菩薩」、この四つの言葉だけを使って、法華経の中身についてお話をしたいと思います。法華経を信奉しておられる方にとっては、ご不満もあるかもしれませんが、ひとまずご容赦下さい。

法華経が誕生する当時、法華経を生み出した人たちの現状認識は、次のようでした。

「仏教の出家僧は、たくさんおられるが、その人たちは、ただのお弟子さんとしての生活で満足しているみたいだ。いわゆる声聞でいることに何の感慨も持っていない。その人たちは、声聞のすべきことすら、何もしていない。声聞と言ったら、お釈迦さまの教えを聞く人のはずなのに、そういうことをしようとしている人はどこにもいない。

しかし、私も含めて、そういう『声聞』こそが、教えを真剣に聞いていかなくてはならない。

そして、お釈迦さまの教えの根幹は、あらゆる人がブッダになっていく、このこと一つのはずだ。そのためには、『ブッダ』を頼りにして生きていこう。そのことを、出家僧、一般人の区別なく、あらゆる人々に訴えていこう。」

そして、次の段階に進みます。

「このことを多くの出家僧たちに訴えてきましたが、自分たちこそ釈尊の弟子であると思い込んでいる声聞たちには、何も響きませんでした。

その逆のことが起こってきたのでした。最初のうちは、私たちが話をし出すと、彼らはその場からいなくなりましたが、最近では、私たちが、話をし出すと、私たちのことをその場から追い出すようになりました。彼らの所へ行って話をしようとすると、私たちはその場所から追い出されるのです。

そういうことが度々あって、自分たちと彼らは何か違っているのだと次第に思うようになっていきました。そのことによって、私たちは声聞の姿をしてはいるが、彼らとは違う、一般人なのだ、『菩薩』なのだ、という思いが次第に、さらに強くなっていきました。

それからは、声聞たちから離れた場所で、話をするようになりました。以前より話を聞いてくれる人は少なくなりましたが、熱心な聴衆は前にも増して心を込めて聞いてくれるようになりました。そして、その話のクライマックスは決まって次の話でした。

『あなたがブッダになるところまで、〝最高の乗り物〟が、あなたを運んでくれますよ』という話です。毎回、最後に必ずするようになっていきました。

そして、一般の人たちに、さらに心を込めて話をするようになりました。

「私たちは、人々が多く集まる場所、市場の中の四つ辻のような所で、よく話をするようになりました。そこでは、普通の人からシッシッと犬でも追い払うようなそんな扱いを受けることもありました。また、声聞たちの目を盗んでは、ストゥーパ（仏塔）の近くで話をすることもありました。やはり、お釈迦さまが一緒におられるような気がして、とても勇気付けられます。そこでは、話し手も聞き手も熱がこもる感じになっていきます。

そこで話をする時には、特に強調することがあります。ストゥーパ（仏塔）に供養するということはどういうことなのか、本当の供養とはどういうことなのか、という話です。ストゥーパに供養するということは、そこにおられるお釈迦さまの教えに供養するということでないでしょうか。

私たち、話し手たちは、考えをもっと進めていきました。お釈迦さまの教えとは、私たちが話しているこの話のことではないか。この話こそが、お釈迦さまの教え（法門）、経典なのでないか。

そのような中で最も困難を極めたのが、仏塔への信仰から、経典への信仰への切り替えでした。自分たちの中では最初からそれは既になされていましたが、聴衆の考えを変えていこうとすると、話は全く別ものでした。

これを少し強引に進めたのか、これを促せば促すほど、聴衆の数は減っていきました。しかし、残った聴衆の方々の熱気は前と比べものにならないくらい高まっていったのでした。

この有り様を見て、私たちはうれしくもなり、また自信も確固たるものになっていきました。」

初期の法華経行者（法華経作者）たちのおられた場所（位置）は、大きな仏塔の近く、または境内地の中でした。そこにおられることのできたお坊さんたちでした。

そして、しばらく経って、その人たちはその場所を去りました。たぶん、その場所にはいられなくなったのでしょう。

仏塔に対する供養より、法華経に対する供養の方が、はるかに功徳があるということを主張するようになったからです。

法華経を作った人たちは、一般の仏教徒たちに、真剣に説教（説法）をしておられました。それは、法華経の中にちりばめられた、数々の譬え話を読めば、明らかです。一つ一つの譬え話が宝石の如く輝いています。

代表的な譬え話は七つあります。このすぐ後に書きました「(2) 法華経の構造」の、

《第1類》のところ（第三品、第四品、第五品、第六品、第七品）に五つ、
《第2類》のところ（第十品、第十六品）に二つ、
あります。

第1類が第2類より古いとすると、古い時代の方が、説法が熱心であったのかもしれません。法華経が出来上がる初期の方が、一般の人に説法が多くなされたのではないかと思われます。

法華経のテキストは次の通りです。

①『正法華経』（286年）竺法護訳
②『妙法蓮華経』（406年）鳩摩羅什訳
③『サンスクリット語本』
④『添品妙法蓮華経』（601年）隋　闍那崛多・達磨笈多共訳
⑤『チベット訳』

全部で五つあります。

(2) 法華経の構造

法華経は、内容の違いから三つに分けることができます。第1類、第2類、第3類とします。

（以下の漢数字は鳩摩羅什訳の第何なのかを表しています。）

《第1類》 第三品〜第九品、第二品

《第2類》 第十品〜第二十二品、第一品

《第3類》 第二十三品〜第二十八品

《第1類》

第1類には、大きな特徴的傾向が見られます。それは、釈尊の弟子たちに対しての授記《じゅき》（ブッダになることができるという予言）が行われていることです。

第二品から第九品にかけて、舎利弗（譬喩品第三）、須菩提《すぼだい》、摩訶迦栴延《まかかせんねん》、摩訶迦葉《まかかしょう》、大目犍連《だいもっけんれん》、富楼那《ふるな》、阿難《あなん》、羅睺羅《らごら》など、釈尊の弟子たち（声聞たち）に授記を与えているのです。

法華経誕生時にも、仏塔（ストゥーパ）はありました。そして、ストゥーパに対する信仰は存在していました。法華経は、釈尊の遺骨の安置してあるストゥーパ（仏塔）に対する信仰を表面的には受け入れています。というより無理やり受け入れようとしています。

「ストゥーパに対して、頭を纔かの時間でも下げる人たち、悩乱した心によってであっても、ブッダに帰命すべしと言う人たちは、すべて直ちにこの覚りの最高の覚りに達した。（上119頁取意）」

というような話をしているのが、法華経誕生時の外から見た姿なのです。当然そこには本当は、（ストゥーパ信仰に対する）重大な思い、（教えの帰結としての）批判的決意があったことは言うまでもないことです。

それでも、この第1類では、現状をひとまず肯定的に見ようとします。それがこの類の特徴なのです。

そこでは、（歴史的事実上の）釈尊を越えた「釈尊」を作り上げることによって、釈尊の弟子に、ブッダになるであろうと認可を与えることができるようになるのです。つまり、歴史的事実をすら変えることを厭わないあり方なのです。

私は、このことをもって法華経誕生の端緒になるのではないかと思います（この辺りは、法華経に少し立ち寄った者の、ちょっとした感想と思って下さい）。

このことは、仏教にとって大きな変革を意味するのかもしれません。仏教の基本的なあり方、今の自分でよいのかと問い続けること、そのこと自体を封印するかもしれない領域に入っていこうとします。このことは、第2類で本格的に展開されていきます。

私は、このあり方を単純に肯定はできません。というより、このあり方は、ある陥穽に落ち込んでいくような気さえするのです。そこには、乗り越えた先の地平を否定するということがないからです。

《第2類》

ここからは、話がますますダイナミックなものになっていきます。地中から巨大なストゥーパが出現して、今までの常識であった釈尊をはるかに超える釈尊像を描きさろうとします。

この第2類の最大の関心事は、如来滅後《めつご》の弘教《ぐきょう》の姿、あり方なのです。

ここで言う「如来」とは、釈尊その人だけにとどまりません。釈尊だけに限定されないのです。あらゆる世界のあらゆる如来たちのことです。

地面から湧き上がってくる、弘教の担い手、ボサツたち。

そして、最も感動的な姿が、「私はあなたを軽んじることはありません」と言って、あらゆる所を訪ね歩く1人のボサツの話です。そんなことを言う者はあらゆる人たちからバカにされます。それでも、自分にできることはこれなのだということで、それを全うしようとします。

法華経は素晴らしい人間の姿を描ききります。

めくるめく展開される弘教の姿、読んでいると、聞いていると、わくわくします。

このダイナミックさが、法華経の真骨頂なのだと思います。

少し気になることがあります。

法華経の第2類では、現状のストゥーパ信仰を否定しながらも、そのことを主張するのに、ストゥーパを使った話（見宝塔品《けんほうとうほん》）で、表現しようとします。これは、この当時の法華経コミュニティーの、ある種の屈折した心境、心根を伺うことができるのではないかと思います。けなしながらも、うらやむような感じでしょうか。少し気になります。

《第3類》

第1類、第2類とは、内容が全く異なっています。

第1類と第2類が、第3類に比べて古いということは、ほとんどの学者の意見の一致するところです。もともとの法華経は、第1類、第2類の所までであったようです。後に、第3類の部分が追加されたと考えられています。

第3類は、第1類、第2類とは異質なものとなっています。現世利益的な要素が色濃くなっています。法華経の教えに興味を持たない人たちが増えてきたので、受け入れられやすい内容の話から始めようとしたと考えられます。

呪文（ダーラニー）を唱える者を守護するという話であったり、巨大な身体の菩薩の話であったり、観世音菩薩の名前を称えると火傷をしない、盗賊にあわない、死刑にならない、というようなありがたい利益を受けますよ、というような内容です。

第3類には、第2類と比べても、話のダイナミックさがアップしている話が出ています。内容の質は変わりないのですが、こういう話が出ているということは、この当時も法華経行者たちの説法への情熱は非常に高かったのだと思われます。

第3類は、第1類、第2類の成立から、少し時を隔てて追加されたようです。

(3) 法華経の成立

ここでは、先ほど挙げました、第1類、第2類、第3類の区分を使って、法華経の成立の流れを提起してみたいと思います。

第1類、第2類、第3類が同時に成立したという説、第1類と第2類とは同時に成立し、第3類は後に追加されたという説、いろいろな説があります。

私は、先の三つの分類は、内容の違いだけでなく、成立の時期の違いでもあると思っています。そのように考えた方が、成立の情景が自然に描けるからです。

第1類、第2類、第3類全体が完成された法華経と見れば、全体同時成立説になります。

第1類、第2類の部分で完成された法華経と見れば、第1類、第2類同時成立説になるということではないかと思います。

私の個人的な意見ですが、第1類は、AD120年~150年頃、クシャナ朝が最盛期に向かおうとする時代、または、最盛期に、確定成立したのではないかと推定します。

第1類の核になるのは、第三品から第九品の部分だと思います。この部分の成立は、AD100年頃まで遡れる可能性があります。

その後、厳密な議論の末、「一仏乗」の考え方が出てきて、第二品が付け加わって、法華経の中心部分が成立したのだと思います。

この第1類で話されていることの主題は、今、目の前におられる人たちに対して、釈尊は、どういう乗り物(ヤーナ)に乗せて、連れて行こうとされているのか、このことです。

自分のことを、釈尊の弟子だと思っている人には、お弟子さん(声聞)としての乗り物を用意します。いきなり立派な乗り物を与えても、見向きもしないような子どもには、その子の大好きなおもちゃの乗り物を用意します。

そして、そうしたことの釈尊の思いを尋ねていくと、そこには、最終的には仏陀の覚りにまで乗せていく「乗り物(仏乗)」をこそ、釈尊は用意されているのだ、ということが明らかになってきます。そして、その「乗り物」ただ一つ（一仏乗）をこそが、用意されておられるのだ、ということが明かされてくるのです。

法華経の素晴らしさは、その探究そのものというよりも、それらの内容を話として、実際に聞いておられる方々に、語りかけている、そのことこそが、素晴らしいことなのだと思います。その内容、サットダルマが語られることこそが、花開いたプンダリーカである、という意味で、「妙法・蓮華（サットダルマ・プンダリーカ）（妙法の白蓮華）経」ということでないかと思います。

私は、法華経の経名の「妙法」と「蓮華」とでは、「蓮華」の方に重みがあるのでないかと思います。サンスクリット語の語法で、後ろの方が修飾語となることがあるということで、「白蓮華のような正しい妙なる教え」とされることは了解しますが、それでも、私は、「妙法の白蓮華」としたいです。この時の「の」は、一応格助詞ですが、（格の意味があるのかないのか分からない）曖昧な「の」です。

第1類が確定成立したのはクシャナ朝が最盛期に向かう時期である、としたのは、次のような理由からです。

第1類には、ストゥーパ（仏塔）に対する数々の供養、豪華な飾り物であったり、香であったり、音楽であったり、そういうものが描かれています。それらは、有力な支援者なくしては有り得ません。しかも、平和な時代を感じさせます。クシャナ朝がインドの中心部、中央インドに入り、そこを安定統治した時代を想起させます。

なお、【「確定成立」】とは、法華経コミュニティーの大半の同意をもって、テキストとして固定されることを意味しています。そして、そのテキストとして刻まれたものが、法華経コミュニティーの中で、経典として認知されていることを言います。

この頃が、法華経コミュニティーを構成する成員（修行僧）の数は、最も多かったのではないかと思われます。

第2類は、AD150年〜180年頃、クシャナ朝の最盛期が過ぎたあたり、次第に権勢が衰退し始める時期に確定成立したと思います。

ただし、第1類が確定成立した時期と、第2類が確定成立した時期とが連続している可能性は否定しません。それでも、第1類が先で、第2類が後ということは揺るがないと思います。

この頃は、仏教修行僧にとって、最もよき時代であったのです。快適な生活が約束された、素晴らしい時代であったのです。仏教修行僧にとって快適というのは、相当皮肉の意味を込めて言っているのですが。

クシャナ朝の北西インド、中インドの大都市においては、大きく壮麗な寺院が建設されました。街の中心部、郊外、少し離れた丘の上に造られました。

ギリシャの神殿のように、両側に列柱があり、奥には小型のストゥーパがあり、その両側から裏面にかけて、半円周状に立柱があります。この時代、この形が、仏教寺院のポピュラーな姿でした。


その隣では、新しいタイプの寺院（僧堂）ができていました。大きな屋根をたくさんの柱で支えて、壁は奥面にだけありました。奥の方に、1メートルほどの高さの方形の祭壇がありま す。正面の祭壇の上には、等身大のブッダ像が立っていました。そのブッダ像は、筋骨隆々の力強いものでした。周囲の柱の内側には、等身大のボサツ像がたくさん立っていました。

そのまたすぐ隣には、ヒンズー教の寺院がありました。ヴィシュヌ神を祭る寺院でした。仏教寺院のブッダ像に比べると、少し雑な作りの神像です。それでも参拝者たちは、熱狂的に祈りを捧げていました。

三つとも参拝者で賑わっていました。昼間は花輪を持って、夜、明け方は灯明を持って、多くの市民が訪れていました。

これは中インドのマトゥラーにあった、ヤムナー川南西岸の湊の、その時の景色でした。発掘された遺跡などから、その当時の景色を想像してみました。

農村部では、昔ながらの装飾がないストゥーパに対する供養が日常でした。それによって功徳を得て、利益を得ようとするのでした。

農村部では、仏教僧の居心地は、ほんの少しずつですが、変化していました。仏教修行僧たちは、漠然とした不安を感じていました。この時代がいつまで続くのだろうか。大都市にいる時は喧噪に紛れて、そんなことはほとんど感じなかったのですが、農村部へ行くと、状況は刻々と変わっていました。

この頃から、農村部では、仏教とヒンズー教との、力の逆転の動きが始まりつつあったと考えます。

第3類は、AD200年~250年頃、成立したと思います。

ものすごく大雑把な年代区分ですが、ひとまず、このように考えています。

ただし、法華経の成立に関しては、さまざまな意見が存在しています。

(4) 法華経の中の「阿弥陀仏」

阿弥陀仏は、原語で2通りに表されます。「アミターユス（無量寿）」と、「アミターバ（無量光）」の2通りです。法華経には、二つとも出てきます。

① アミターユス（無量寿）

「法華経に出てくる阿弥陀仏は、阿弥陀経と同じ『アミターユス』である。」（『阿弥陀経講究』藤田宏達　東本願寺　2001年　156頁）

「男子出家者たちよ、西の方向には、〝無量の寿命を持つもの〟（amitāyus）（阿弥陀）という名前の正しく完全に覚った尊敬されるべき如来と、度一切世間苦悩という名前の正しく完全に覚った尊敬されるべき如来がおられる。」（『梵漢和対照・現代語訳　法華経上』植木雅俊　岩波書店　2008年　477頁）（化城喩品第七）

この箇所は、先の分類の第1類に当たります。法華経の最も古い部分に当たると考えられます。

「その女性は、ここで死んで、スカーヴァティー（安楽世界）に生まれるであろう。その世尊である〝無量の寿命を持つもの〟（amitayus）（阿弥陀）という正しく完全に覚った尊敬されるべき如来が、菩薩の群衆に囲まれて、滞在し、存在し、時を過ごしているところ、そこに、その人は、紅蓮華の胎の中にある獅子座に坐って生まれるであろう。」（『梵漢和対照・現代語訳　法華経下』植木雅俊　岩波書店　2008年　447頁）（薬王菩薩本事品第二十三）

この箇所は、先の分類の第3類に当たります。法華経の最も新しい部分に当たると考えられます。

法華経のサンスクリット語本に、「アミターユス」（無量寿）とあるのは、以上の2カ所です。

② アミターバ（無量光）

法華経のサンスクリット語本に、「アミターバ」（無量光）は、3カ所にあります。『正法華経』、『妙法蓮華経』には、この部分は存在していません。サンスクリット語本にだけ存在するのです。

「……〝世間において自在である王〟（世自在王）……

……〝法の源〟（法蔵）……

（観世音菩薩は）〝無量の光明を持つもの〟（阿弥陀）（amitabha）という指導者を、そのように右と左から扇ぎながら、立っていました。〝幻のようであること〟という三昧によって、あらゆる国土に行って、勝利者に供養をしました。

西の方角に、幸福の源である塵埃のないスカーヴァティー（極楽）世界があり、まさにそこに〝無量の光明を持つもの〟（阿弥陀）（amitabha）という指導者で、修行を制御する人が、現在、ただ今おられます。

また、そこには女性たちの誕生はないし、男女の性的結合の習慣もまた全くありません。それらの勝利者の嫡出子たちは、自然発生（化生）したものたちであって、純潔であり、紅蓮華《ぐれんげ》の胎の中に坐っています。

また、まさにその〝無量の光明を持つもの〟（阿弥陀）（amitabha）という指導者も、塵埃のない心を喜ばせる紅蓮華の胎の中にある獅子座に一緒に坐っていて、あたかもシャーラ王（ヴィシュヌ神）のようにまばゆく輝いています。」（『梵漢和対照・現代語訳　法華経下』植木雅俊　岩波書店　2008年　513、514頁）（観世音菩薩普門品第二十五には、この部分は存在していません。）

この部分のことを、法華経を扱うほとんどの方々は、後世、無量寿経の影響で挿入されたものであろう、と言われることが多いです。しかし、なぜ、サンスクリット語本にだけ、挿入なら、挿入がされたのかについて、意見すら述べておられません。

サンスクリット語本にあるということは、インド世界で、法華経の編集者たちが、この挿入を支持したということなのです。それが行われた時代の推定、その場所について、考えることが行われないということが、起こっているのです。そういうことはあってはならないことだと思います。

私は、鳩摩羅什訳の法華経の原本がインド世界を離れた時からまもない時代、インド世界の中で、無量寿経の内容が取り込まれたのだと思います。それが行われた年代は、AD250年から300年の間ぐらいでないかと推測します。場所はガンダーラまたは、カシミールの地です。

観世音菩薩が法華経の弘経を果たしておられるという、観世音菩薩が主人公の章には、観世音菩薩に関してのしっかりした背景を描いた方がよいとの、法華経の編集者たちの判断があったのだと思います。

観世音菩薩のことに関しては、無量寿経が最も権威あるものであるということを、この時の法華経の編集者たちは、当然のことだと考えていたことが分かります。

鳩摩羅什訳に使われた法華経原本は、AD250年頃、パミールを越えて、タクラマカン砂漠周辺のオアシス都市（カシュガル、ホータン）に渡り、その地で重んじられたのでしょう。各地から写本断片が出土していることから、そのことが分かります。そして、次第に東のオアシスに広がっていきました。

鳩摩羅什の出身地、クチャにおいては、彼が生まれる、100年近く前から、法華経は渡来し、講義がなされていたのでしょう。鳩摩羅什は、仏教を学ぶ上で非常に恵まれた時期、場所（土地）にいたのではないかと思います。

このクチャの100年間の理想的な状況は、その後の中国での、本格的、仏教受容に結びついていくのです。その第一人者は鳩摩羅什であることは、言うまでもありません。そして、この100年間に、クチャに既に渡来していたのは、AD250年前後からのものだけにすると、次のような経典が考えられます。

私の推測によると、

230年頃には、阿彌陀経、

250年頃には、法華経、維摩経、

350年頃には、華厳経（十地経を含んで編纂されたもの）

などが渡来していたものと思います。

注　この『法華経』について、最も参考にさせていただいた本は次の二つです。

『100分de名著　法華経』植木雅俊　NHK出版　2018年

『梵漢和対照・現代語訳　法華経上下』植木雅俊　岩波書店　2008年

追記　経典成立の歴史を探究する方法

ある経典の成立の歴史を探究するに当たって、私が、現在取っている方法は、次の通りです。

①　テキストの中で、必ず「ひと続き」と見なされる所をワンパックとします。この場合のひと続きとは、意味内容のひと続きのことです。文章の体裁のことではありません。体裁も考慮に入れない訳ではありませんが、それよりずっと、意味の方を重く考えます。そして、パック同士の繋がりを見て、パックを大きくできる所は、大きなパックとします。

②　特徴的な言葉、特徴的な内容が続いている場合、それをひと続きと見なします。法華経の場合、「遺骨」、「ストゥーパ」、「チャイティア」、「声聞」、「比丘」、「菩薩」、「法門、経典、写本」などが、それに当たります。

それらの言葉が、ある連続をもって使われている所があれば、それらをひと続きのものと見なします。

③　ひと続きのテキストがある時、一般的にそのテキストの前の方が古く、後ろの方が新しいとします。

④　語、そのものが古形を示している場合、その部分は、古いものと見なします。ただし、

このことに関しては、私にそのことを指摘する能力はありません。他の方々のご指摘を重んじるということです。

⑤　あるテキストに関して、客観的な年代が確定していることがあるならば、そのことは最も重く受け止めます。

たとえば、漢訳された年代が分かっている場合などのことです。

後文

２０１８年の冬のことです。ある先輩の言葉を伝え聞きました。その言葉は、「この頃、タケイチくんはどうしてるかなあ」という言葉でした。

それから、なぜか分かりませんが、何かをしたい気持ちが、起こってきたのです。

私が今までお話してきたこと、今まで調べてきたことを、もう一度点検、再吟味してみようと思い立ちました。それから、いろいろな頼りになる本、今まで調べたことがまとめてあるノートを読み返しました。さらに、今まで訪れた遺跡の写真、博物館に陳列された考古学的資料、それらのことが書いてある解説本、さらには、気になっていた各種の論文、私が今まで撮ってきた写真、などなど見ながらぼんやりと考えていました。

１週間ほどぼんやりとしていました。

すると、ある思いがゆっくり湧き上がってきたのです。

今まで私が聞いてきた仏教、読んできた仏教、話してきた仏教、見てきた仏教、これって一体どこから来たのだろうか？一体何ものなんだろうか？

そう考えていると、これって流れて来ているような。なんか分からないけど、どこかから流れて来ているような気がするような、ということをぼんやり。2、3日ぼんやりとしていました。でも時間が過ぎていくうちに次第に、はっきり、すっきりとしてきました。

それからです。どこから来ているのだろうか、と考えるようになったのは。

私たちの教団の中では、「誰々先生を師と仰ぐ」みたいなことを言われる方がありますが、私は、そのような師と仰げるような方にお会いしたことはありません。この50年間でお会いし、言葉を交わしたことがある人の中で、もう少し同じ時間を過ごせたらと思った方は、金子大栄氏です。京都の本山前にある高倉会館の玄関で、ぞうりの話をしました。私が19歳の時です。何かの思い（おもい）をもって話されるのではなく、その時の自らの想い（おもい）をゆっくりと辿って語られる方でした。

それからいろいろな人に出会いました。

自分にだけ関心のある人。どうということのない業績を誇る人。誰かがご自分の主張に反論しようものなら、有り得ないことでも何でも根拠にして反駁《はんばく》される人、そして、それでも食い下がろうとすると、怒る人。自分に対する批判的意見には、一切反応しない人。こちらの意見とは全く関係のない問いかけをして、意見を持っていった者をやり込めようとする人。その方は質問に答えず、最後には「また訪ねて来なさい」とごまかしていたのです。これらの方々は、みなさん大学者であり、教学者です。結構、名のある方ばかりです。

でも、変な表現ですが、この50年間、数少ないですが、いっぱいの人に機会を与えてもらいました。いろいろな事を教えてもらいました。本山のある仕事を依頼された時、私はそれにふさわしい人間ではありませんと固辞していたら、「竹市くんがやらなかったら誰ができるんや」と言ってくれた人。本山の事務室で夜中、明日のお内仏の法話の予習をしていたら、「ぼくにはこれがないんやな」と言ってくれた部長さん。「竹市くんは同志や」と言ってくれた大先輩。私が法話をしていた時、話を聞いていた人が、「あんた見どころあるわ」とか、「ほかのぼんさんとは全くちがうなあ」とか言ってくれたお爺ちゃん、おばさん。

私の話は、しゃべりたいことをしゃべる、が基本です。こういう話に自然になっていきました。でも、押しつけというのとは、正反対です。私のしゃべりたいことは、聞いている人の聞きたいことなのだから。そのために、私は、話を始める前に皆さんにお聞きします。「今日、どんな話をしたらいい?」と。

たくさんの方から温かい視線をいただきました。本当にみなさんに感謝しております。

話は元に戻りまして、私のところに教えを届けてくれたのは、親鸞さんです。これは、今の私の素直な実感です。

親鸞さんが残された言葉、伝承された事蹟（親鸞さん本人にまで遡ることができる事蹟）を以《もっ》て、今の私があります。

親鸞さんによって捉えられた、教えの流れ、お釈迦さまが生きておられた時の、お釈迦さまとの時間、それが、今、蘇《よみがえ》ってきたのです。

この本では、お釈迦さまの教えの流れがどのように流れているのか、ということをお話してきました。

その時に大事なことは、お釈迦さまの圧倒的な教えの総量を、自分の中で現実感をもってイメージ化できるかどうか、なのです。それが少しでもできるなら、私の話は興味深いものになることでしょう。

ほんの少しでもイメージ化できればいいのですが。

もしできなければ、その人の仏教は、世の中の何かからということで、自分で自分に縛りを懸《か》けて身動きが取れなくなっているのかもしれません。

そうでなければ、無意識のうちに自分から自分に縛りを掛《か》けているのかもしれません。

そういう人の仏教は、結果的に陳腐なものになっているのでしょう。

私はただ、「その人のさらなる安らぎ」を願うしかありません。

広く自由な大地で、教えを聞きたいものです。

このような、本というのも恥ずかしいものをみなさんにお目にかけるのは、申し訳ない気持ちでいっぱいです。私の文章を書く力のなさを痛感しております。文章を書くトレーニングを、全くしてこなかったことを悔やんでおります。

ただ書いてある中身については自信を持っています。これが、本当の仏教です、とお勧めできるものになっていると思っています。お釈迦さまに近づき、お釈迦さまの教えそのものを探求し、その流れを辿ろうとする人にとって、この本に書かれてあることは、良くも悪くも示唆に富んだものとなっていると思います。

一人でも多くの方に、読んで聞いていただきたいのです。

そして、ご意見をお寄せいただければ、ありがたいです。

特に、私の本の内容に批判的なご意見、内容の誤りのご指摘、もし、していただければ、私の幸せ、これに過ぎたるものはありません。

この本を読んでいただいて、もし、参考になることがこの本にあるとお考えでしたら、そのことをどこか片隅にでも、書き添えていただければ大変ありがたいです。

竹市　昭英

家族の言葉

この本を読んでいただき、本当にありがとうございます。

著者、竹市昭英は令和5年1月17日に69歳で亡くなりました。

父が、この本を書き始めたのは、ちょうど病気がわかった頃でした。約3年半の闘病をしながらの本の執筆でした。身体がどんどん思うようにいかなくなる中、最後の最後まで「本のことが気になる」と言っていましたが、残念ながら、本の完成は見られませんでした。本の出版にあたり、父の思いをくみ取りつつ、推敲しましたが、読みづらい箇所や注意書きを書き加えきれない箇所があることを、お詫び申し上げます。

この本は、父の生涯を通しての学び、考え、思いがすべて詰まったものになっていると思います。そして、父特有の話し方や、表現になっており、父がまるでそこで話をしているように感じられます。

父は、この本を読んでいただいた方と、もっともっと話がしたかったことと思います。嬉しい言葉、厳しい言葉、どんなご意見でも、嬉しくて嬉しくてしかたなかったことでしょう。大きな声で、時間も忘れて、嬉しそうに話す父の姿をもっと見たかったです。どうか本を読んでいただいた方で、こんなことを言う人がいたと、お話していただけたら幸いです。

竹市 昭英（たけいち あきひで）
1954年1月生まれ
1977年 京都大学文学部哲学科（仏教学専攻）卒業
1982年 名古屋大学大学院文学研究科博士前期課程（インド哲学史）中退
光澤寺（真宗大谷派）前住職

本当の仏教の話　上巻

幹《みき》編第５章まで

発　　行　　日　2023 年 8 月 20 日
著　　　　　者　竹市 昭英
発　　　　　行　光澤寺
岐阜県岐阜市柳津町本郷２－17
株式会社岐阜新聞社
題　　　　　字　竹市 昭英
カバーデザイン　株式会社リトルクリエイティブセンター
臼井南風
編 集 ・ 制 作　岐阜新聞社 読者事業局 出版室
500-8822 岐阜市今沢町 12 岐阜新聞社別館 4 階
TEL：058-264-1620（出版室直通）
印 刷 ・ 製 本　西濃印刷株式会社

ISBN978-4-87797-325-4